财富

在中国是怎样炼成的？

How to

make fortune in China?

温元凯 著

山东人民出版社
国家一级出版社 全国百佳图书出版单位

图书在版编目（CIP）数据

财富在中国是怎炼成的？/温元凯著．—济南：山东人民出版社，2015.3
ISBN 978-7-209-07304-2

Ⅰ．①财… Ⅱ．①温… Ⅲ．①企业家-人物研究-中国 Ⅳ．①K825.38

中国版本图书馆 CIP 数据核字（2013）第 093145 号

责任编辑：常纪栋

财富在中国是怎样炼成的？
温元凯 著

山东出版传媒股份有限公司
山东人民出版社出版发行
社　址：济南市经九路胜利大街 39 号　邮　编：250001
网　址：http://www.sd-book.com.cn
发行部：（0531）82098027　82098028
新华书店经销
日照市恒远印务有限公司印装

规　格　16 开（169mm ×239 mm）
印　张　18
字　数　320 千字
版　次　2015 年 3 月第 1 版
印　次　2015 年 3 月第 1 次
ISBN 978-7-209-07304-2
定　价　36.00 元

序

希腊神话里有个双面神叫亚努斯，它一面回顾过去，一面展望未来。回顾改革开放36年前的起点：那是一个物质极端匮乏的年代。笔者还清晰地记得在用粮票、布票、油票、粮本购买各种必需的生活物资的经历。从邓小平提出允许一部分人先富起来开始，中国开始了下海经商的浪潮，财富的闸门由此打开。我们在经历了价格双轨制的阵痛之后，90年代初期，证券市场的建立开启了资本财富的盛宴，90年代中后期的房地产开发热潮一直持续到今天，2000年后的网络经济更是给了许多草根阶层可以实现逆袭的机会。今天，中国正在迎来一个创造财富的新时代，上演了一系列家族财富的传奇：乐普医疗是夫妻创富，夫妻两人双双成为亿万富翁；华谊兄弟则是兄弟创富，兄弟两人也跻身亿万富豪俱乐部；天龙集团更加厉害，叫全家总动员，有8个家族成员，他们的身家全部超过10个亿。今天，中国正在上演着一系列令人眼花缭乱的财富故事。

改革开放36年来，中国经济取得了令世界瞩目的巨大成功。中国的国民收入得到了巨大的增长，中国也已经出现相当一批财富成功人士，或者已经形成了相当数量的一个富裕阶层。因此，研究中国这批最早的财富成功人士的成功原因、成功因素，甚至有些早期成功的富人又重新走向失败的原因，已经成为经济界、管理界、企业界甚至全社会非常值得研究的一个课题。

36年后的今天,中国已经成为世界第二大经济体,外汇储备突破3000亿美元,在许多制造领域成为世界第一,人均GDP突破6000美元;国家、企业、家庭、个人收入财富增长惊人。但我们现在也面临着如何实现产业结构升级、创新,以及提高核心竞争力的问题;国家、企业、个人如何保卫自己的财富不被通货膨胀所掠夺,是每一个有头脑的中国人应该思考的问题。

也许在很多年后回望,我们会说这是一个多么世俗的年代,人人以物质追求为目标,道德的底线轻易被穿越,心灵的焦虑无处不在,身份的认同时时被颠覆;现在的社会太缺乏对自然的敬畏、对规律的尊重、对人性的反思、对理想的坚持、对极限的超越。尽管我们对现实有种种的抱怨、失落和焦虑,但我们仍然要说这是一个伟大的时代,因为它允许新的变化产生。

将本书送给那些一直奋力前行的人们,因为这个世界并不是掌握在那些嘲笑者的手中,恰恰相反,它是掌握在那些能够经受得住嘲笑与批评、仍不断前行的人的手中。

常纪栋

2014年12月

目　录

下篇　中国经济面临的新形势、新挑战和未来的十大财富新机遇

上 篇

中国36年来的财富神话

第一章

中国崛起和中国财富的崛起

1. 国家GDP、财政、外汇储备、城市建设、人民收入、财产

2. 中外比较

1. 国家GDP、财政、外汇储备、城市建设、人民收入、财产

中国36年改革开放的成就举世瞩目。大国正在崛起,中国正一步步走向富强,迎来历史上的空前盛世,经济繁荣,社会稳定,人民安居乐业。三峡工程,人类历史上最伟大的水利工程;青藏铁路,世界上建设难度最大的高原铁路……我们完成了一个又一个壮举。火车第六次提速,奥运场馆建设,国家大剧院落成……我们的建设如火如荼。

十一届三中全会以来的36年,是我们党团结和带领全国各族人民,解放思想、实事求是,同心同德、锐意进取,进行建设有中国特色社会主义的历史性创造性活动的36年。我们探索和开辟了建设有中国特色社会主义事业的新道路,使我国的社会主义制度焕发出新的生机和活力,人民民主的国家政权更加巩固。我们确立了公有制为主体、多种所有制经济共同发展这一社会主义初级阶段的基本经济制度,实行按劳分配为主体、多种分配方式并存的分配制度。社会主义市场经济体制正在建立,市场在资源配置中的基础性作用显著增强,新的宏观调控体系框架初步形成。农村和城市的各项改革取得重大进展。经济增长方式正在由粗放型向集约型转变。我们实行对外开放的领域和规模不断扩大,已形成全方位、多层次、宽领域的对外开放格局。进出口贸易、国家外汇储备大幅度上升。利用外资为我国的建设开辟了广阔的资金来源渠道。我国经济大踏步地走上世界经济舞台。改革开放不仅使中国的经济实力和综合国力不断增强,人民的生活水平和国民福利得到了实质性的提高,而且也使中国日益融入世界经济和主流文明之中。

具体而言:一是经济实现了持续快速增长,综合国力进一步提高。统

计表明，1978 年至 2013 年的 36 年间，中国的 GDP 年均增长 9.85%，远高于同期世界经济 3.3%左右的年均增长速度。与此同时，中国现已成为世界第一外汇储备大国，1978 年以前，中国外汇储备从未超过十亿美元，2006 年末已突破一万亿美元。2013 年达到 3.83 万亿美元。对外贸易成为中国经济发展的重要支柱。通过引进国外的资金、技术和管理经验，进行消化、吸收和再创新，大大提高了中国的生产力水平，缩小了与发达国家的差距。2001 年，中国加入世界贸易组织，标志着中国的对外开放进入一个新的阶段。截止到去年，中国经济总量已位居世界第二，外贸总额位居全球第三。这是一个了不起的成就。

二是民生得到显著改善，人民生活总体上进入了小康水平。以收入和住房这两大最能反映生活水平的项目为例，从 1978 年到 2013 年，我国城镇居民人均可支配收入和人均住房面积都有大幅提高。尤其值得一提的是，在这 30 余年间，中国农村绝对贫困人口数量从 2.5 亿下降到 2148 万，绝对贫困发生率由 30% 下降到 2.3%。中国是目前全球唯一提前实现联合国千年发展目标中贫困人口减半目标的国家。

三是初步建立了一个适应经济发展的市场经济体制，是市场而不是政府在资源配置中起着决定性作用。目前，中国基本成为一个市场经济国家的共识开始形成。很多国家包括一些发达国家，相继承认了中国的市场经济地位。这表明，我国市场经济的基本框架已经基本确立。

四是融入了世界主流文明，锁定了中国的发展道路。开放是什么？开放就是自主、自发地接受人类社会发展的普遍规则，并以此克服自身传统的特殊规则的缺陷，使其更好地推进国民福利的增加和国家的富强。而真正的对外开放，不仅要引进西方先进的技术，还要学习西方发展市场经济的经验，学习西方文明，进行制度变革。从这个意义上说，开放的重要性有时要远大于改革。中国大批留学生到国外学习，他们中的许多人成为国家建设的有用之才。通过相互学习，人们的思想更加解放，视野更加开阔，开放意识和创新能力有了很大提高。尤其是加入 WTO 后,我们已义无反顾地回归到世界主流文明中,以一个主权国家的承诺和信用锁定中国改革发展的道路。

1978~2013 年中国经济发展指标和城乡居民收入

年份	GDP 人民币(万亿)	GDP 美元(百万)	GDP 增长率(%)	人均 GDP(元)	人口(亿人)	进出口总额亿美元	城镇居民年收入(人民币)	农民纯收入(人民币)
1978	0. 3645	216,462	11. 7	381	9. 62	206. 4	343	134
1979	0. 4063	261,259	7. 6	419	9. 75	293. 3	406	161
1980	0. 4546	303,446	7. 8	463	9. 87	381. 4	478	191
1981	0. 4892	286,895	5. 2	492	10. 01	440. 2	458	223
1982	0. 5323	281,287	9. 1	528	10. 17	416. 1	495	270
1983	0. 5963	301,799	10. 9	583	10. 30	436. 2	526	310
1984	0. 7208	309,757	15. 2	695	10. 44	535. 5	608	355
1985	0. 9016	307,023	13. 5	858	10. 59	696. 0	739	398
1986	1. 0275	297,590	8. 8	963	10. 75	738. 5	900	424
1987	1. 2059	323,973	11. 6	1,112	10. 93	826. 5	1002	463
1988	1. 5043	404,149	11. 3	1,366	11. 10	1027. 8	1181	545
1989	1. 6992	451,311	4. 1	1,519	11. 27	1116. 8	1376	602
1990	1. 8668	390,279	3. 8	1,644	11. 43	1154. 4	1510	686
1991	2. 1782	409,173	9. 2	1,893	11. 58	1357. 0	1701	709
1992	2. 6923	488,222	14. 2	2,311	11. 72	1655. 3	2027	784
1993	3. 5334	613,223	14	2,998	11. 85	1957. 0	2577	922
1994	4. 8198	559,224	13. 1	4,044	11. 99	2366. 2	3496	1221
1995	6. 0794	727,981	10. 9	5,046	12. 11	2808. 6	4283	1578
1996	7. 1177	856,085	10	5,846	12. 24	2898. 8	4839	1926
1997	7. 8973	952,653	9. 3	6,420	12. 36	3251. 6	5160	2090
1998	8. 4402	1,019,462	7. 8	6,796	12. 48	3239. 5	5425	2162

续表

年份	GDP人民币(万亿)	GDP美元(百万)	GDP增长率(%)	人均GDP(元)	人口(亿人)	进出口总额亿美元	城镇居民年收入(人民币)	农民纯收入(人民币)
1999	8.9677	1,083,279	7.6	7,159	12.58	3606.3	5854	2210
2000	9.9215	1,198,475	8.4	7,858	12.67	4742.9	6280	2253
2001	10.966	1,324,818	8.3	8,622	12.76	5096.5	6860	2366
2002	12.033	1,453,820	9.1	9,398	12.85	6207.7	7703	2476
2003	13.582	1,640,966	10	10,542	12.92	8509.9	8472	2622
2004	15.988	1,931,644	10.1	12,336	13.00	11545.5	9422	2936
2005	18.494	2,257,619	11.3	14,185	13.08	14219.1	10493	3255
2006	21.631	2,713,495	12.7	16,500	13.14	17604.4	11759	3587
2007	26.581	3,495,664	14.2	20,169	13.21	21765.7	13786	4140
2008	31.405	4,521,827	9.6	23,708	13.28	25632.6	15781	4761
2009	34.090	4,990,526	9.2	25,605	13.50	22075.4	17175	5153
2010	39.798	5,879,063	10.3	29,748	13.71	29740.0	19109	5919
2011	47.156	7,473,276	9.2	53,127	13.77	36418.6	21810	6977
2012	51.932	8,355,891	7.8	37,516	13.84	38667.6	24565	7917
2013	56.885	9,325,410	7.7	41,796	13.61	41603.0	29547	8896

2. 中外比较

GDP

中国大陆改革开放后GDP指数以年均9%以上的高速度增长，是历史上增长速度最快的经济实体。2010年中国GDP总量超越日本，位居世界第二（居美国之后）。有学者认为，2020年到2030年间中国GDP将超过美

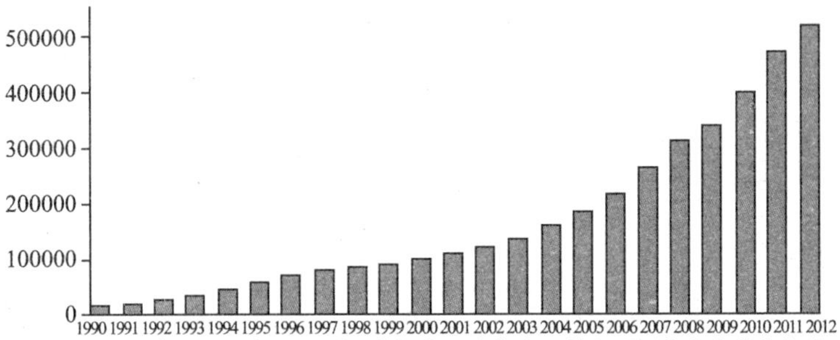

国内生产总值的变化(亿人民币，数据参见中华人民共和国国内生产总值核算)

国;而经济合作与发展组织认为,根据购买力评价,中国 GDP 可能在 2016 年超过美国的 GDP。同时,中华人民共和国政府使 3 亿人口脱离贫困,而且使中国内地的人均 GDP 增长了 8 倍,2011 年达到世界平均的 1/2。根据 2010 年 10 月达成的相关共识,在 2012 年内中国在 IMF 的份额将从世界第六提升至第三。

城市

中国有很多大城市,有 170 个城市的人口超过 100 万。大多数这样的城市都有高速公路,将近二十个特大城市拥有地铁或城市轨道交通,还有二十多个城市正在建造地铁或已经被批准建造。这些大城市都是国家或地区的工业、经济和文化中心。上海是中国最大的城市,同时也是亚洲地区一个重要的经济和金融中心,上海还拥有世界最繁忙的港口,2010 年 3 月上海地铁总长超过伦敦,跃居世界第一。

贸易

2010 年,中国出口总量占世界的 10.4%,进口总量占世界的 9.1%。2013 年,中国成为世界第一贸易国。中国政府大力推动出口医疗器械和软件等高附加值产品。中国的外汇储备在 2006 年 2 月以 8536 亿美元超过日本成为世界第一,至 2013 年 12 月为 3.82 万亿美元,持续保持世界最大的外汇储备国地位。

交通与通讯

至2013年12月底，中国时速达200公里以上的高速铁路里程已经超过1万公里，拥有世界最大的高速铁路网，武广客运专线是2009年12月26日起世界最高平均运营速度的保持者。2012年12月26日开通的京广高速铁路全长2298公里，是当今世界上运营里程最长的高速铁路。2001年7月起，中国手机用户数量超过美国成为世界第一，2013年3月中国手机用户达11.46亿户，同时中国也拥有最多的电话使用者。

科技

中国是世界第二大科技研究国，花在科技上的开支仅次于美国，继上年的科技开支增加20%后，2009年中国在科技方面的开支预期达1360亿美元。中国现今大约有926000位研究员，仅居美国之后。自1998年起，中国政府在科技研究方面的经费翻了三倍。许多跨国公司都在中国建立了研究中心。2010年10月，天河一号超越美国“美洲虎”超级计算机，成为当时世界上最快的超级计算机。中国研制的蛟龙号潜水器于2012年6月27日下潜深度到达7062.68米，创造中国载人深潜新的历史纪录，这也是世界同类型的载人潜水器的最大下潜深度。

太空科技

1970年，中华人民共和国首次发射卫星东方红一号进入太空，成为第五个有能力发射卫星的国家。北斗卫星导航系统是联合国确认的全球四个卫星导航系统核心供应商之一。2003年，中华人民共和国成为世界上第三个可以独立将人类送入太空的国家。2007年，中国成为世界上第三个有能力以导弹摧毁人造卫星的国家。同年嫦娥一号绕月卫星的成功发射标志着中国已经成为月球俱乐部的一员，是第五个探测月球的国家。2008年首次成功实现宇航员出舱活动，这说明中国已经掌握载人航天、太空行走两大载人空间技术。2010年发射第二颗探月卫星嫦娥二号，成功获取了世界上分辨率最高的7米分辨率的全月图。2011年发射了天宫一号并在轨运行,开启了中国空间站构建的序幕,预期在2020年左右完成重60吨的空间站的建造。2011年和2012年嫦娥二号先后探测了日地拉格朗日L2点(中国成为第三个探测拉格朗日点的国家和组织)和小行星4179(中国成为第四个探测小行星的国家和组织),使得中国进入深空探测俱乐部。另外,中国在2013年12月成功发射嫦娥三号月面着陆器和巡视车,并将在2020年左右执行载人登月计划。

文化外交

孔子学院的设立是提倡对中国及其语言文化的认识,以进行文化及教育交流的方式来施展软实力。2004年在韩国汉城设立的第一个孔子学院。在2006年于北京首次召开的孔子学院国际会议,共有来自38个国家的200多个代表参加。从2004年世界上第一所孔子学院成立至今,全球120个国家和地区已在大学建立了四百多所孔子学院,在六百多所中小学建立了孔子课堂,注册学员达85万人,孔子学院已经成为连接中国和世界的文化桥梁。

第二章

36 年来的中国财富神话

1. 从《中国富豪排行榜》谈起
2. 中国财富大爆炸现象、案例分析
3. 1994～2013 年“中国富豪排行榜”剖析
4. 中国成功企业家统计分析

1. 从《中国富豪排行榜》谈起

研究财富在中国是怎样炼成的。观察36年来中国发生的震撼世界的财富神话。我们找到了一个很好的切入点，那就是研究中国富豪排行榜。

我们收集了这十几年上过各项财富排行榜的一共有7791位亿万富豪，应该说他们是我们中国这36年来创造财富最成功的人。当然我在这里也必须指出的是，这7791个亿万富豪只不过是我们中国这36年来创造财富成功者冰山露出水面的那一角，水面下面有更大的一块，尤其是广东，广东有钱人还是比较低调的。我就认识一个深圳大学的老师，通过炒股身家早就过亿，有一辆非常漂亮的金色的奔驰600，上次我去深圳招待我就开的它，但是据说他每天上班还是骑一辆破自行车，平时在学校还是很低调的，仍然还在教书，中国这样的富豪很多。

胡润对中国的亿万富豪有多少估计呢？根据最新的胡润财富报告，他认为中国今天身价过亿的人有6万多。我这里只有7791个，大家可以看到这只是露出水面冰山一角的那个尖尖和冰山的大致比例。当然，我们只可以研究露出水面的人，而那些低调的人我们就无从了解。

怎么个研究法呢？我系统地收集了这7791个亿万富豪的学历、出身、创业资本。尤其是分析了他们的成功要素，我们称之为“成功基因”。另外，也研究了少数富豪成功之后又遭到了失败的经历。你们都听说过当年倒卖过4架图－154飞机的被当时称为中国“首富”，后来又被人指责为中国“首骗”的牟其中。还有当年创办了国美电器，全中国最大家电连锁企业的老板黄光裕，是广东人，他2010年被判处有期徒刑14年。还有一个辽宁大学毕业的年轻人袁宝璟，非常能干，到北京闯荡，从卖黑小麦麦种开始起家，四年赚了 30 个亿，被称为“北京的李嘉诚”。曾经是全国青年委员，后来杀人，被处死刑，这是新中国成立以来世界上也是非常少见的亿万富豪被处死刑而且被执行死刑的。

我们要回答一个很重要的问题，财富的成败有没有规律性的东西？我们来研究这些规律性的东西，就可以给后人提供启示，以及非常重要的宝贵经验和教训。我做这项研究也有一个很有利的条件，1994 ~ 1997 年我曾经在全世界著名的财富宝地华尔街工作了三年。这三年我很珍惜，交往了几百位来自于美国和其他世界各国的投资银行家、金融家、企业家和管理专家，和他们做了非常广泛的交流。回国以后我就创办了一家企业顾问公司，开始是想帮中国企业到海外去上市，后来就更多地关注中国企业的管理提升。我 1997 年曾经走访过 107 家企业，1998 年 110 家，1999 年 135 家，2000 年至 2013 年，我差不多每年都要走访超过 100 家企业，所以十几年来我已经走访过 1600 多家各种各样的行业、各种各样所有制和规模的中国企业。由于我们做企业顾问，我凡是在北京，现在有的时候到外地也是，经常有一些老板约我和来访请教探讨一些问题，每年到我们公司来访的老板超过 500 个，所以十多年来我已经和七八千位中国老板、企业家做过非常深入的交流。每年这样的报告、讲演我要做 80 至 100 场。所以听众中间，企业家、老板、董事长、总经理级别的人每年至少有两三万人。所以十多年来我面对面交往过的企业家至少有二三十万，官员也有这么多，高管可能比这个数字还要多。1997 年以来，接受我们公司咨询、培训服务的企业已经超过 300 家，7791 个亿万富豪中间我直接认识和来往过的有 500 多人以上。所以我相信我是中国经济界某种意义上接触老板、接触富豪最多的人之一。

中国有句老话：“久病成良医。”我现在也练出了一种很高的道行，任何老板我们只要谈上几小时，到你企业去考察上半天，我立马能找出你的短板。管理学上这叫"企业管理诊断"。经济学上有一个水桶理论,水量是决定于桶上最短的一块板的。所以我认为企业家来参加学习,都应该经常想一个问题,如果你想进一步发展你的企业,你就一定要搞清楚你企业的这块短板在哪里。我已经有机会和不少中小企业的企业家做了交流,我注意到中国中小企业现在非常大的一块短板是创新不够,甚至是基本上没有什么创新,原来怎么做也就继续怎么做,后来发现企业越来越难做,因为你没有创新。竞争对手给你打价格战,你卖 10 元,我就卖 8 元,那你的单就被别人抢走,而且质量差距也不大。所以这就是我们现在面临的挑战,而且可以说中国企业普遍的问题是创新能力不足。

另外,管理、人才,老板本人的修养、管理技能、胸怀需要不断提高。中国有几千万个中小企业,大家有没有注意到,中国的中小企业 99% 做不大,真正能做大的 1% 都不到。但是,作为老板来讲,每一个老板都想做大,但是为什么做来做去做不大呢? 中国 99% 的中小企业为什么做不大呢? 我做过分析,可以告诉大家,根据我的观察,中国千千万万个中小企业做不大,大部分的原因是出在老板本人身上,老板本人就是企业的一块短板。当然,我讲这样的话要有根据。什么样的老板是短板呢? 我也归纳了 16 个字和大家分享,我认为中国有相当比例的老板有这 16 个字的毛病,叫:"目光短浅、心胸狭隘、小富即安、自以为是"。我相信你们周围的老板也非常多,你可以观察观察你那些老板朋友有没有这 16 个字的毛病。

我们这样的工商管理培训已经做了十多年,公司的招生也都越来越困难,我相信社会上太多的老板都不愿意来学习。他们心里会想,听什么课,你讲这个课你能赚多少钱? 我都赚了几百万了、几千万了。他们宁可去泡妞、去洗脚,都不愿意来听什么课。你们问问看,你们周围的人愿意花时间学习吗? 他一年读几本书? 是不是每天上上网,看看各种东西? 这样的老板，我要告诉大家，大部分将来是会出问题的，即使做大了他将来也会出问题。我相信你们也已经看到太多的老板最后出了问题。

我们这本书有两部分的内容。第一部分给大家解析一下 36 年来中国发生的财富神话。因为我常为企业家的讲课叫《战略决策与企业家》，所以我会比较多地从战略决策和企业家的成功路线图角度进行分析，希望大家能够从他们的经历中获得一些启示。我大概花了两整年的工夫研究这个话题，怎么个研究法呢？我主要研究“财富在中国是怎样炼成的”，这个话题应该说在中国上上下下都很感兴趣。

第二部分研究中国未来的财富机遇、发展趋势和创新的话题。

2. 中国财富大爆炸现象、案例分析

由于研究中国富豪，我注意到中国出现过“财富大爆炸”现象。我专门收集了一张表，这张表上的企业家 2006 ~ 2007 年一年内他们的财富增加了 10 倍，或增加了 100 个亿。从赚钱来讲，他们就是你的榜样，一年就增长 10 倍，增加 100 个亿。

2006 ~ 2007 年中国财富增长 10 倍或 100 亿的企业家

企业家	2006 年	2007 年	增长倍数	行业	原因分析
杨国强家族	12 亿	1500 亿	125 倍	房地产	香港上市
张茵	30 亿	770 亿	近 26 倍	纸业	香港上市
许荣茂	160 亿	550 亿	3 倍多	房地产	香港上市
黄光裕	200 亿	450 亿	2 倍多	电器	香港上市
彭小峰	—	400 亿	超百倍	太阳能	香港上市

续表

企业家	2006 年	2007 年	增长倍数	行业	原因分析
史玉柱	18 亿	280 亿	15 倍多	电脑游戏	美国上市
黄伟	15 亿	250 亿	近 17 倍	房地产金融	A 股业绩
潘石屹家族	13 亿	200 亿	15 倍多	房地产	香港上市
马化腾	40 亿	200 亿	近 5 倍	互联网	美国上市
张力	38 亿	180 亿	近 5 倍	房地产	香港上市
李思廉	38 亿	180 亿	近 5 倍	房地产	香港上市
张近东	65 亿	180 亿	近 3 倍	电器销售	A 股业绩
李彦宏	35 亿	180 亿	5 倍多	互联网	美国上市
马云	30 亿	100 亿	3 倍多	互联网	香港上市

所以我希望给大家布置一个作业。你对照这张表，给你们出个题目：如何让你这个企业，你这个个人，在下面的 3～5 年内让你的财富和资产增长 10 倍。这张表上的人是一年增长了 10 倍，增加了 100 亿。我给你的要求放低一点，未来 3～5 年你能不能增长 10 倍？如果你现在有 2 亿的话，3～5 年以后要 20 个亿。如果你现在有 8000 万，净资产身家，那么 3～5 年以后要 8 个亿。如果你现在少一点，只有三五百万，那么 3～5 年以后也要三五千万。因为我了解你们有不同的状况，你们有没有可能，把这点作为一个工商管理博士论文的研究课题，能不能把这个作为一个论文题目来好好写一写？如果你们愿意写，愿意发给我，我愿意免费为你们批改、点评。我个人认为我们每一个人都能做到这一点，好好动脑筋，3～5 年后资产增长 10 倍。人家增长 100 个亿呢，一年就增长了 10 倍。

怎么做呢？你看这张表比较抽象，下面我讲几个案例你就感觉比较真实了。

第一个案例，江西赛维太阳能公司董事长彭小峰。他是江西安福人，

突然冒出来的江西省新首富——江西赛维太阳能公司董事长彭小峰

彭小峰，江西安福人，出生于 1975 年，1993 年毕业于江西外贸学校，如今升格为江西外语外贸职业学院国际贸易专业，2002 年毕业于北京大学光华管理学院 EMBA。

彭小峰 1993 年毕业后，分配到吉安市外贸局工作。3 年后，彭小峰毅然辞职下海经商。1997 年 3 月 24 日，彭小峰注册成立流星实业有限公司，公司主营进出口贸易，是一家以专业从事劳保服饰、安全鞋、劳保手套、职业服等出口贸易为主的生产型贸易实体。

成功要素：机遇、贵人、德性、才能、勤奋、坚毅

彭小峰 2003 年才接触到太阳能行业，立即认识到了新能源行业的发展潜力，2004 年他辗转世界各地考察，2005 年 7 月，彭小峰创立了民营企业江西赛维，2006 年 4 月投产，当年完成销售收入 9.5 亿元。2007 年 6 月 1 日，赛维 LDK 成功在美国纽约证交所上市，是历史上中国企业在美国单一发行最大的一次 IPO，融资额高达 4.69 亿美元，赛维成为继无锡尚德之后中国太阳能产业的又一巨头。2008 年赛维完成销售收入 120 亿人民币，是目前亚洲规模最大的太阳能多晶硅片生产企业。

财富：2007 年《胡润中国富豪排行榜》估计彭小峰财富 400 亿人民币

2008 年 270 亿，2009 年 55 亿，2010 年 40 亿，2011 年 35 亿人民币。（胡润榜）

2013 年 7.3 亿（理财周报）

（安福是江西井冈山区的一个小县城）出生于 1975 年，学历不高，中专毕业。毕业于江西省外贸学校，分配在吉安市外贸局工作，也就是当个小公务员、小职员。三年以后他下海经商，注册了一个流星实业公司，主要生产劳保服饰、安全鞋、劳保手套、职业装等等，做出口、加工。这是一个小公司，也是一家非常不起眼的小工厂，做的产品也是大路货，毫不起眼。

有一次上海有一个胡润百富十周年活动，他们请我做一个分论坛的主持人，正好彭小峰是我这个论坛的嘉宾，所以我们坐在一起聊了半天，聊得很投机，我还送了一本当时我写的书和简介给他。下面我们来看看我们给彭小峰的成功画的这张“彭小峰创富路线图”，希望你们慢慢也给自己画这么一张图，做一个总结。因为你现在或者 30 多岁了，40 多岁了，或者 50 岁了，给自己前半生应该做一个小小的总结。

彭小峰创富路线图：太阳能

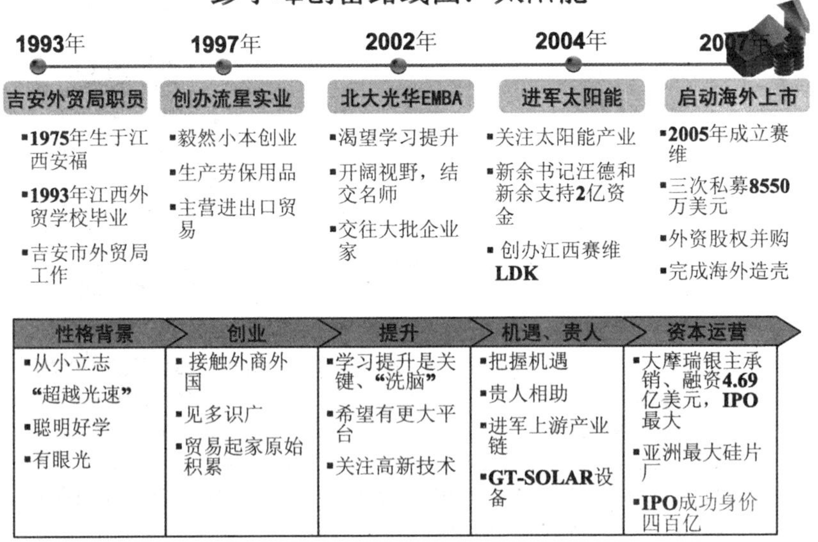

所以从某种意义上来讲，每个人回顾一下走过来的路其实蛮好的，我们以后就会走得快一点，这就是我们为什么要画这个图。后来彭小峰跟我讲，他关键的变化发生在 2002 年，他报了一个北京大学光华管理学院的工商管理总裁研修班。这种班是我们在全国最早创的，我们是在 1999 年和北大的企业研究中心开创了这样的在职工商管理研修班，叫 EMBA 班，一个月到北京上两天课，一年发一个结业证书，当时火爆得不得了，后来在全国遍地开花。他跟我讲北大一年的学习让他彻底开阔了视野，结交了一批名师，交往了一大批来自全国的企业家。所以我跟学员吃晚饭很开心，我认为这个团体非常团结，每个人还有一个绰号，还一起唱歌。其实来上这样的班很宝贵的，我给他们做一点小小的广告，将来要动员更多的人来上。

来上这样的工商管理研修班有三个功能，第一个是望远镜功能，开阔视野。我们班老师上的课肯定能开阔视野，你可以看到前景，站得高看得远，这个对你将来的大决策是很有好处的。你不一定马上有用，但是你听过一定有很大的好处。

第二个是加油站功能，是提醒你，你需要加油，需要学习各种案例给你启发，像车一样要加油、充电。

第三个功能是商务俱乐部人脉圈，你们要好好发挥，你们发挥得还不够。就是要集成一个新的更高的人脉圈，我们经常探讨，怎么样为大家营造一个更好的人脉圈。探讨怎么才能够把我们这样的工商管理博士班，这个班层次比较高，变成一个更大的人脉圈，将来编一本统一的更全的通讯录发给班里的每一个人。

你不用担心人家利用这本通讯录给你打一些骚扰电话，你要知道人脉就是钱脉。而且更重要的是，昨天有一位老总跟我讲了，他希望在你们中间慢慢变成一个 PE 投资基金，变成一个私募股权投资资金，你们都可以发起。我上过清华 160 多个班，其中至少有 20 个班告诉我他们都在发起成立这样的以工商管理研修班同学为基础的私募股权投资基金，每人 10 万到 100 万。长江商学院也是如此，他们的 PE 班班上的同学每人可以加入 10 万。长江商学院的那些项目他们挑起来很苛刻的，挑好了大部分一两年就能上市，10 万的话一两年就是 10 倍、20 倍甚至更多，很简单的道理。所以要考虑怎么样更好地利用这个人脉圈。当然如果你们信赖和需要，我们可以帮你们更进一步地推广，帮你们结交更高层次的朋友。有机会到国外留学和游学，他们也在组织企业家到以色列，拜犹太人为老师，买他们的技术、专利。到北欧、到德国、到美国，去买各种高新科技，找高人、找高端人才，把他拉过来成为你的合伙人，这就是我们这样的班可以起的更大作用。

回头再接着说彭小峰，他在北大上完课之后发现他原来做的这个生意太微不足道，他渴望有一个更大的平台，在这样的背景下他的贵人就出现了。贵人是谁？是江西省新余市市委书记，叫汪德和。这位汪书记是一位开拓性的领导，经常教育他们市里面的干部、企业家，要学习、创新，重视人才,关注高新科技、新能源、太阳能。你们知道新余是江西一个很普通的地级市,除了有一个钢铁厂叫新余钢厂稍微大一点外,没有什么大的企业。所以汪书记在台上讲了半天,下面反应也很一般,他作为领导干部也只能呼吁呼吁。一次偶然机会,他见到了彭小峰。彭小峰见多识广,和汪书记两个人一见如故。谈到新能源,彭小峰就对汪书记讲,我听过专家报告,太阳能将来会发展很快,但是设备很贵,只要有钱,全套设备可以引进购买,将来太阳能发电价格会越来越低。很有发展前景。汪书记作为一个领导干部,他随时都想着招商引资的问题。他就说我这里有一个新余经济开发区,你如果认为太阳能电池真那么好,可不可以到我新余市来办一个太阳能企业,我们全力支持你,有什么困难我可以帮你。彭小峰就对汪书记讲,我创业到今天已经有两三亿的资产,我现在可以拿出几千万人民币来投资,但是做太阳能电池这点钱不够,差2个亿。汪书记也是很谨慎的领导,他说你可不可以给我一份生产太阳能电池的可行性报告或商业计划书,我先看一看。当时并没做任何承诺。彭小峰看汪书记很感兴趣,他是一个很敏锐非常善于抓住机遇的人,就连夜出差到北京、上海,出了不少钱请专家给他写了一份太阳能多晶硅的商业计划书出来。专家拿了他的费用连夜赶写出来,他把它装订得漂漂亮亮,连夜赶到新余送到汪书记的手上。汪书记看到这份太阳能多晶硅商业计划书,马上对彭小峰刮目相看。为什么?因为他觉得他随便讲一句话,这个小伙子就马上去办,觉得他做事很认真。汪书记也是见多识广的人,一看到这份商业计划书就知道这是请专家写的,写得非常有水平,很具有可操作性,关键是需要2亿资金。

你们知道一般市委书记很少给项目融资具体做什么事,但是汪书记是市长出身,他求地方经济发展心切,也非常看好彭小峰这个人,亲自出马为这个项目融资。他说服了当时并不宽裕的新余市财政局拿出3000万人民币打底,又动员了新余几家银行为这个项目提供了7000万贷款。当时有的行长对汪书记讲，这个太阳能电池项目风险很大，将来一旦失败了我的钱就打水漂了。汪书记为了让他们安心，找到了他在省信托当老总的一个老朋友为这个项目提供了担保，同时也委托这家信托公司在新余市发了一个集合理财信托投资产品。你们将来要投融资，这就是一种渠道，正规的集合理财信托投资理财产品就是由正规有资质的信托投资公司发行，回报率比在银行里定存要高两三倍，一般能年化回报率 8% ~10%，企业请信托公司的融资回报 10% ~12%，信托从中赚两个点，房地产开发商经常拿这样的方式融资，因为肯定回得来。老百姓也很愿意买这样的信托产品，因为房地产开发公司的土地证押在信托公司，所以很放心。一般比较可靠。所以这个一个亿的信托理财产品在新余一发行就被新余市干部群众一抢而空，加上 7000 万贷款和 3000 万财政，2 个亿交到了彭小峰手上。当然我们的汪书记没看走眼，彭小峰也不负厚望，他就在这 2 亿资金的基础上，仔细研究了太阳能设备的各国设备供应商，确定了一家美国太阳能设备公司叫 GT SOLAR，引进了全套设备，调试安装，生产出了合格产品。当然，彭小峰这个人很能干，最后他把这家跨国太阳能设备供应商的一位华人销售总监挖了过来，当了他公司的 CEO。这家称为江西 LDK 的太阳能公司 2007 年 6 月 1 日成功在纽交所上市，成为当时中国在美国发行的最大一个 IPO，融资金额 4. 69 亿美元，成为继无锡尚德以后中国太阳能产业的又一个巨头。

2009 年两会期间，有热心的朋友介绍我认识了汪书记，汪书记对我也很器重。两会一结束，2009 年 5 月份他就热情地邀请我到新余给他们市委、市政府、政协、人大（地方上一般称为“四大班子”）和所有规模企业的董事长做了半天报告。下午他又亲自陪同带我去考察了赛维。赛维的主管当时告诉我们 2008 年赛维完成销售收入 120 亿，2009 年 300 个亿，是目前亚洲规模最大的太阳能多晶硅企业。彭小峰的财富，一年内从榜上没有他的名，估计有个几千万，一下子跳到 400 个亿，他是一年增长了 400 倍以上财富的人。而且,彭小峰不但个人致富,他还在江西新余这个小小的地级市创造了一千个百万富翁。因为对赛维的第一批员工,彭小峰很大方,每个人都发了股票,这个股票最贵的时候在华尔街是76美元一股。当然,去年彭小峰的企业遭到了重挫,他现在身陷困境,应该说和无锡尚德差不多,这和整个中国太阳能光伏电池产业一哄而起,盲目发展产能严重过剩有关,欧洲、美国又遭遇金融危机,取消了原先对使用太阳能电池的高额补贴。但是他当年的辉煌仍然是一个非常值得称道的成功案例和故事,他就是一年内增加了400个亿。

我们总结彭小峰的案例可以归纳出一个人想要一生事业成功有六大要素,十二个字。这是我这么多年来听到的关于人生成功最精练的一个归纳分析。我也归纳过,一个人一生要事业成功一定要有4个人帮忙,这也是我总结的一个经验:高人指点、贵人相助、能人相帮、小人监督。

六大要素的第一个要素是**机遇**。可能有的人说"机遇"这个词太普通了,但是我要告诉你"机遇"对社会上大部分人是白搭的,对绝大部分人来说,机遇撞在他的鼻子上他也搞不清,他也用不起来。你们是比较能够抓住机遇的人,所以你们现在有了千万身价,甚至上亿身价,现在当了董事长,开了好车,买了漂亮的房子。你们在你这个家庭、家族中间可能会被称为"成功人士"了。但是,我们要研究少数的人,怎么样才能够抓住更大的机遇为我所用,所以我们仍然需要学习。

第二个要素叫**贵人**。你这个人生和事业上的贵人在哪里?你怎么能够找到一个贵人来帮自己?人家贵人为什么要帮你,而不去帮别人啊?贵人是不是一定要是大官,一定要是大老板?不一定,有的时候极其普通的一个人也会成为你的贵人。我人生中就出现过一个贵人,她是一个很普通的女孩子,叫王莺莺。1970年我被下放到安徽军垦农场劳动,我在学3连,她在学6连。当时我们团搞活动,她在台上跳过舞蹈,也不知道她叫什么名字,后来我们一起分到浙江省当时一个小县城,叫绍兴县,她在工业局,我在工厂当技术员。我搞技术革新就要到县工业局去汇报,她作为工作人员就接待我。互相聊起来,得知我们都是同一个农场来的,算半个同学。她的未婚夫夏南当时是中国科技大学的一个助教,正在帮她从绍兴调到合肥去团聚。这个女孩子比较热心,她问了我一句话,她说:我们中国科大在招回炉生,68、69、70 届科大毕业生可以调回中国科大培训后当大学助教。你不是 68 届吗,你愿不愿意到我们科大来教书? 她蛮热心,因为她知道我过去的情况。“文化大革命”前我是南京大学三年级的学生,当时我比较冒尖,在大学二年级就学了三门外语,英语、德语和俄语,写出了两篇创造性的论文,后来被高教部全国通报表扬过。高教部 1966 年 3 ~4 月份出过一份通报全国的简报《一个生动学习主动学习的好学生——南京大学化学系化三四班学生温元凯》,也被共青团中央全国通报表扬过,中国科技大学当年推广过这个简报,所以她知道我的情况。她也知道我是一个科学青年,想从事科学研究,梦想将来当科学家。我觉得她的提议很好,我朝思暮想要回到大学里做研究。她就告诉她的未婚夫,她未婚夫也是一个热心正派的人,马上就把我想去中国科技大学的信息传递给当时中国科技大学的校长刘达,后来刘达当了清华大学的校长。刘达是一个非常爱才的领导,立刻派了一个人事处处长到绍兴,把我调进中国科技大学。怎么调呢? 当时国家有个超级重点项目——受控热核反应,安排在中国科学院合肥等离子物理研究所。要有招人的编制,科大当时还没有,因为这个项目是和中国科大近代物理系全面合作,他就跟绍兴县领导说。因为受控热核反应县里面都搞不清楚,他就说研制氢弹,因为受控核聚变反应就是氢弹的受控反应,说我们国家的氢弹相关研究任务需要温元凯。哇,那就不得了了,县里面都吓坏了,赶快把我放走,我就这样进了中国科技大学。比她还早去,她是又过了一两个月才调到科大的。后来她结了婚,我也成了家,我们很少交往,君子之交淡如水,校园里见面打个招呼什么的。但是大家有没有注意到,她就是我人生中的一个贵人,没有她我就进不了中国科技大学。为什么我要讲这一段历史呢?就是我们要善待周围的所有人。你不要看不起一些小人物,他到关键的时候甚至可以改变你的命运甚至救你的命,我这句话讲得比较重了。总之就是善待人,广结善缘,花会开在意想不到的地方。

我曾看过凤凰卫视 2012~2013 全世界杰出华人颁奖大会,最后一名终生成就奖给了星云大师。星云大师 87 岁,讲好话,做好事,存好心,广结善缘。他劝人为善,他讲这些话绝对是有道理的。

第三个要素,**德性**。是指品德、性格,我们要修身养性,培养高尚的品德、情操。社会上,尤其我们在商界,尔虞我诈,怎么样能做到你认识一个人,半小时谈下来人家就很信任你?更重要的是,层次高的人你要判断,这个人将来会不会成为你的合作伙伴,要不要和他做生意,这是一个人的直觉,非常重要。德性、品格,它会表现在面相上,这个和长得漂亮不漂亮没关系。眼睛是心灵的窗口,本事越大的人,这种识人的眼光越厉害。就像那些破案高手凭一些蛛丝马迹就可以察觉出罪犯在什么地方。

第四要素,**才能**。做事情要有本事,给你机会你得把事情做好。贵人相助,提拔你当官,你得做出政绩;让你经商,你得把钱赚到,把企业做大,为社会做贡献。所以你得有才能,管理才能、用人的才能、掌握技术的才能。

第五要素,**勤奋**。做事要努力、卖力,认真。先讲四个字一定做到——守时守信。要有良好的时间观念,8 点钟就 8 点钟,养成良好的习惯。不迟到、不轻易许诺,尤其你们当老板的人,对员工一诺千金,对客户一诺千金。签了合同,不管发生什么情况都要履行,万一不能履行,砸锅卖铁也要履行赔偿承诺,你坚持这样做,你就一定能做大。

现代的中国社会有一个显著缺点:诚信缺失。

现在在中国做生意就非常难,很大原因就在于诚信缺失,一不小心就被人骗。我就想,为什么会这样?这个社会上骗子太多了,一不小心就被人骗,所以对任何一个陌生人她们都会很警惕。但是我要告诉你的是,事业做大以后的人,他的眼光会慢慢变得平和下来,这叫淡定,你能做到淡定就不得了。具体来讲,也没那么容易。你面临小人怎么办?至少要警惕,至少要和他周旋,至少不能着他的道。所以这也是人生阅历,这也就是你们有时候对孩子出国留学担心的最大所在。尤其是女孩子,女孩子有一个要命的毛病,你们有女儿的家长尤其要担心。女孩子最糟糕的就是情绪化,尤其在找对象这个问题上,你做妈妈的就最担心了。一冲动找了一个二流子,花言巧语,她一生青春就被他毁了,这种现象太多了。所以,要警惕小人也是非常重要的。

第六要素,**坚毅**。性格坚定、不屈不挠,不轻易向困难低头,碰到挫折非常坚强。我们现在这个社会上大部分年轻人赚不到钱,一碰到挫折就掉头,马上就去改行,马上就跳槽,今天做东家,后天做西家,他自己一直没有提高,所以也赚不到大钱。

刚才讲了一个多少有点高科技性质的企业案例。下面我们讲一个低科技没有多少技术含量的企业味千拉面。最早就在深圳起的家。创始人是位女士叫潘慰,把拉面做出 70 亿元的奇迹。潘慰出生在山西,1988 年读完高中以后就跟随返港的父母亲到香港去定居。到了香港想打工,发现学历也不够,只有中学学历。也不懂什么专业,就在香港半工半读上夜校,学一点财务、英语。第一份工作是在一家卖食品的贸易行做财务,当时她 20 岁出头,所以看起来就是一个小姑娘、小会计、小出纳而已。但是潘慰这个人很有志向,她在香港这个繁华的城市脑子里想的不是漂亮的时装和衣帽橱窗,而是要创业当老板。做了三个月的潘蔚就辞工,开始了自己的食品

拉面做出七十个亿奇迹——味千中国董事长潘慰

潘慰出生于山西,1988 年,在内地读完高中后,潘慰跟随返港的父母回到香港。

此后,她一直在香港半工半读,学过财务、英语,但从没有上过正规大学。半工半读期间,潘慰第一份工作是在一家售卖食品的贸易行做财务。当时,20 出头的潘慰身处香港这个繁华城市,脑子里想的不是美丽的时装衣帽橱窗,却是创业做老板。

刚工作 3 个月的潘慰就辞掉了第一份工作,开始做自己的食品贸易,想来如此年轻的她,所表现出的果敢实属少见。这一做,就做了 10 年。她在内地走南闯北,"贩卖"土特产、海产品等各种食品出口海外,规模日益做大,并在内地拥有了自己的厂房、设备。这期间也认识了她的先生,对方同样从事食品贸易,只是一个是卖家,一个是买家。

潘慰不甘心只做贸易,她想寻找现金流更大的食品项目,她在世界各地考察,寻找美食。

在日本,潘慰吃到了味千拉面,并被骨头浓汤所吸引。她凭借她在内地的资源、厂房优势,以及她过去 10 年与内地食品行业建立的关系,赢得了味千拉面的代理权。1996 年,味千在香港铜锣湾开下了第一家店。

2007 年 3 月,味千在香港上市,获 192 倍认购,融资 2.5 亿美元,目前市值约 70 亿港元,其中潘慰占股 53.26% 。

财富:2008 年《新财富》"中国 500 富人榜"估计潘慰财富 68.7 亿人民币

2007 年 44.7 亿,2008 年 14.3 亿,2009 年 35.8 亿,2010 年 64 亿,2011 年 51.8 亿

2012 年 31.5 亿,2013 年 41.5 亿(福布斯)

贸易,把内地的海产品和食品卖到香港和海外,规模日益做大,慢慢在内地有了自己的厂房、设备做加工包装,一做就做了十年,在这期间也认识了她的另一半,她的先生也是做食品贸易的,不过他们一个是卖家,一个是买家,所以两人志同道合联手做生意。

我们来看看为潘慰绘制的一张创富路线图:1988 年,20 岁出头的小姑娘当小会计、小出纳,1989 年小本创业做贸易赚到了一些钱。潘慰的事业关键变化也是发生在中间那一段,1995 年,她赚到一点钱以后没有小富即安,安排到世界各地去考察美食,在日本吃到了一种味道非常好的拉面,叫味千拉面,是用骨头熬的浓汤做的,味道非常鲜美。她就跟日本人洽谈愿意在中国发展他们的品牌,做他们的总代理,日本人当然很高兴,1996 年

她就在香港的闹市区铜锣湾开了第一家味千拉面馆。潘蔚意识到中国内地的市场更大,1997 年又到深圳开了一家味千拉面店。这两家店的规模不大,都只有一两百平方米。2009 年的时候香港贸发局安排我去参加一个论坛讲演,就住在湾仔,湾仔离铜锣湾就只有地铁一站地,所以我和我太太三四次到铜锣湾去购物,有一次我专门去找这一家味千拉面馆,一看开在马路边上,装修也很一般,店的规模就一两百平方米。潘慰当了拉面馆的老板以后,知道自己不懂管理,因为她只是高中生,但要做老板就需要管理。她是一个爱学习的人,就去学习听课,香港有各种各样的管理课,只要出钱都可以去听。听多了之后就慢慢知道,有的老师讲得很好,有的老师讲得也很一般,有的老师有实战经验,有的老师只会纸上谈兵。慢慢潘蔚就找到了一位她很信赖的有实操经验的老师,请他到她的企业里面当顾问,把潘蔚开的拉面馆的盈利最佳模式、管理模式、产品线、人员管理都研究清楚。你们知道开一家店也是有盈利模式的,卖多少产品,员工怎么管理,定价定多少,流程如何?这都有一整套学问,麦当劳就在这方面做到了极致。当老师帮她把这个味千拉面店的商业模式整理出来之后,她就开始扩张,因为她有了一个扩张的模板,短短十年左右在内地 17 个省 40 个城市开出了 323 家味千拉面馆,这样就形成了规模效应,2007 年成功在香港上市。这里有一个小细节,香港一家私募基金的经理,两次到上海去见她,发现她的味千拉面馆中午都有人在门口排队,就为了进去吃一碗面。你们都知道上海的白领是很珍惜时间的,一般中午只有一个小时到一个半小时的休息时间,但他们居然愿意排 20 分钟半小时的队为了进去吃一碗面,可见她的面味道一定很好。所以,这个经理后来热心地帮她私募,帮她上市。一上市,潘慰的股份一下子就变成了 69 亿港币,当时的港币是比人民币高的,69 亿港币就相当于 70 亿人民币,所以小小拉面做出了 70 亿的奇迹。

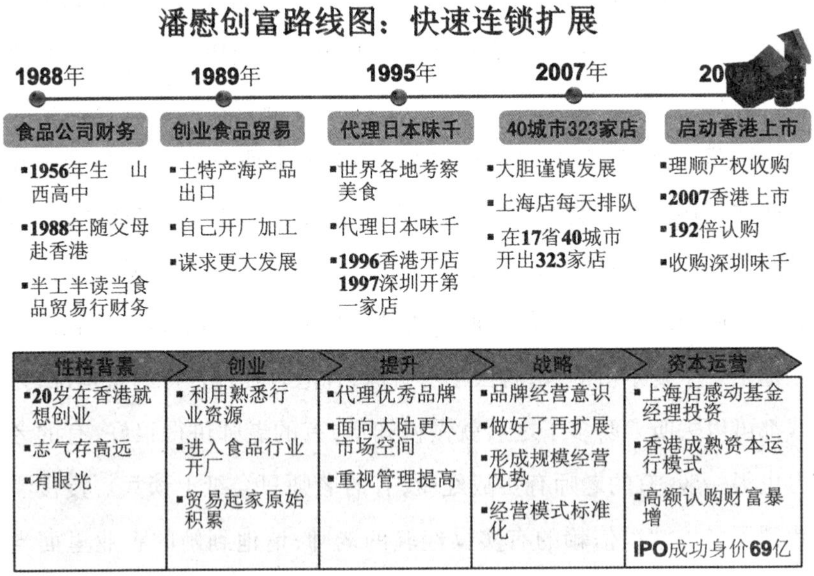

这个案例和刚才那个案例都是特别值得大家借鉴的，你们都不比他们笨，学历也都比他们高，他们原先也都不是什么专家，都不是什么工程师、技术人员出身，可他能够做太阳能，她能够做连锁店，最后都能把公司股票上市。所以这些案例是非常值得我们思考的。

第三个案例叫“重新站起来的巨人”，史玉柱的故事。史玉柱的前半段故事媒体都报道过很多，大家比较了解，我就讲得比较简略一点。史玉柱出生在安徽淮北的一个小县城，读书非常好，是当年县里面高考第一名，考上浙江大学数学系，毕业以后分配在安徽省统计局。当年 24 岁，工作很努力，领导很看重，把他作为第三梯队准备重点培养他，送他到深圳大学进修。史玉柱在深圳大学读完研究生以后，被深圳的创业商业氛围所感染，回去以后不想当官，想创业经商。当他从合肥买了机票去深圳的时候，他身上的全部家当只有东拼西凑的 4000 元钱，以及他花了很多心血开发出来的一个计算机软件，叫 M6401 桌面排版系统。1989 年，史玉柱利用当时一张报纸——《计算机世界》先打广告后收钱的时间差，非常有魄力地用 4

千块钱做了一个 8400 元钱的广告，这个广告效益非常好，短短四个月他就赚到了一百万，所以史玉柱的创业是比较顺利的。有了一百万，他就不断改进了他的产品，开发出 M6402、M6403，到了 1991 年的时候，史玉柱的巨人公司居然在全国开出了 38 家分公司，卖出了 2.8 万套软件，盈利了 3500 万，成为当时仅次于四通公司的全国第二大的民办高科技企业。赚到钱、有名气，领导很重视他。当时珠海市的市委书记叫梁广大，很有魄力，听说了史玉柱的创业故事，亲自跑到深圳拜访他请他吃饭，热情地邀请史玉柱到珠海创业。梁广大书记对史玉柱说：你现在已经完成原始积累，公司初具规模了，但做计算机软件，深圳这样的高科技公司太多了，我珠海是空白，你如果愿意，把你的公司总部搬到珠海，我批一块土地给你，不收你的钱，你拿这块土地盖个总部，将来向全国拓展，我政府全力支持。史玉柱当时是一个 20 多岁的年轻小伙子，人家梁广大是市委书记，珠海也是特区，竟然亲自跑到深圳登门拜访热情邀约，还要给他一块土地，他当时已经知道土地价格很贵的，他就决心到珠海去建立他的总部。这块地的位置很好，你们去过珠海的都知道，市政府中央大道的斜对面，相当于北京的王府井、上海的南京路位置，就像深圳的深南大道旁边的黄金地块。他原先准备盖一个 18 层的楼，因为他当时已经有近一亿人民币的现金。准备取名“巨人大厦”。这个时候有人就向他建议说：史总啊，那么好的一块土地你盖一个 18 层的楼可惜了，你看看对面香港，人家的楼都是高层，细细长长，30、40、50 层，这样你就可以卖房卖很多钱了，你要重新考虑。他在这些人的鼓动下不断地修改方案，18 层变成 30 层，又改成 54 层，最后动工的时候变成了 88 层。88 层需要多少钱？需要 12 个亿才能盖成。他才有一个亿资金。差太多。怎么办呢？这时又有人告诉他你盖这样的楼可以到香港去卖楼花，找香港人买房，香港人当时都很想投资内地尤其是广东的房地产。他就在朋友帮助下，到香港租了五星级酒店，报纸上登大幅广告，开新闻发布会，开始卖他的巨人大厦预售房楼花。香港人当时买楼花很火爆，

重新站起来的巨人——北京巨人网络科技公司董事长史玉柱

史玉柱,1962 年出生在安徽北部的怀远县城。1980 年,史玉柱以全县总分第一,数学 119 分(满分 120 分)的成绩考入浙江大学数学系,毕业后分配到安徽省统计局,时年 24 岁。由于工作出类拔萃,被作为第三梯队,送往深圳大学进修。

可是,读完研究生之后,史玉柱决心辞职创业。当他登上飞机飞往深圳的时候,身上全部的家当就是东挪西借的 4000 元钱,以及他耗费 9 个月心血开发出来的 M6401 桌面排版印刷系统。

1989 年 8 月 2 日,他利用报纸《计算机世界》先打广告后收钱的时间差,用全部的 4000 元做了一个 8400 元的广告。4 个月后,新的广告投入又为他赚回 100 万。

这一年,史玉柱产生了创办公司的念头,他想:"IBM 是国际公认的蓝色巨人,我办的公司也要成为中国的 IBM,不如就用'巨人'这个词来命名公司。"

1991 年 7 月,"巨人"实施战略转移,总部由深圳迁往珠海,"珠海巨人新技术公司"迅速升格为"珠海巨人高科技集团公司",下设 8 个分公司。这一年,M6403 桌面印刷系统共卖出 2.8 万套,盈利 3500 万元。到 1993 年 7 月,"巨人集团"下属全资子公司已经发展到 38 个,是仅次于"四通公司"的全国第二大民办高科技企业。

2007 年 11 月 1 日美国东部时间上午 9 点 30 分,随着史玉柱敲响钟声,巨人网络成功登陆纽交所,开盘价为 18.51 美元。据史玉柱透露,巨人上市造就了 21 个亿万富翁,186 个百万千万级的富翁。

财富:2007 年《胡润中国富豪排行榜》估计史玉柱财富 280 亿人民币

2004 年 5 亿,2005 年 28 亿,2006 年 55 亿,2008 年 160 亿,2009 年 145 亿,2010 年 150 亿,2011 年 200 亿,2012 年 180 亿,2013 年 215 亿(胡润榜)

史玉柱卖楼花的钱就收了 2 个多亿港币,他的楼还没有盖,就有 2 个亿现金在手上,盖这个楼的资金就完全不成问题了。

可是没想到,一个人有时来起厄运来也是没办法的。史玉柱的巨人大厦刚开始挖地基挖到一半的时候,工程人员告诉他说下面不对头,中间空了,有断裂层。大家一听吓坏了,马上请专家来进一步调查,仔细勘探发现这块土地下面有三个断裂层。立刻就请更多的专家来会诊,结论是这块地不能盖高层,更不用说要盖 88 层,盖上去肯定要垮塌。这个时候巨人大厦 88 层近一个亿的地基桩基投资已经花下去了,史玉柱很着急地问专家怎么办,专家说这个地方不行,会塌掉,要换地。但是换地谈何容易。史玉柱问,只能用这块地盖房,有没有补救办法?大部分专家当时都不吭声了。

史玉柱创富路线图：重新归来的巨人

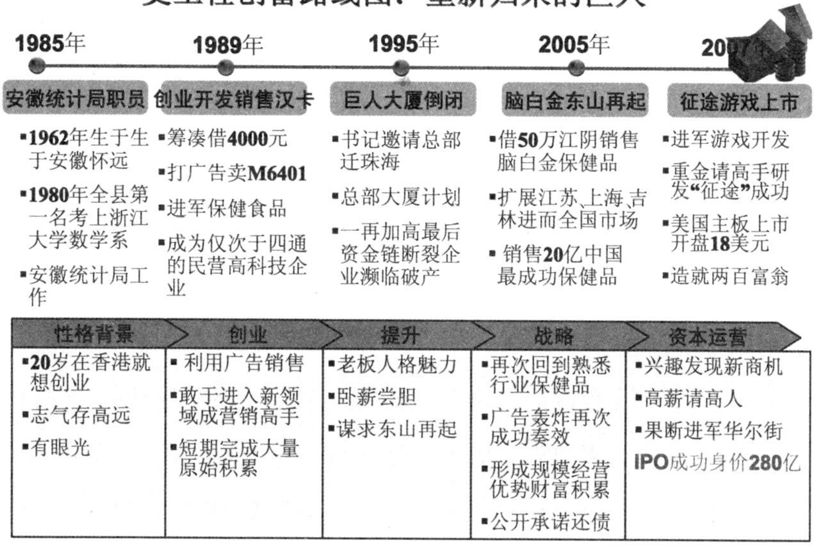

最后有位专家勉强地建议，你非要在这块地盖高楼，要冒险，朝下面断裂层灌混凝土，把断裂层全部填满夯实。但是他随即警告他不知道断裂层有多宽，因为这个地底下情况搞不清楚，如果你能够夯实灌满盖上去问题就不大。人家专家讲的话很实在，史玉柱是一个敢豪赌的人，想来想去挪地方不可能，因为一个亿的桩基地基都已经打下去了，否则就会变成烂尾楼，再说要挪地方市政府也不可能再给你一块地。赌一把，填混凝土，看能不能把断裂层给填满。结果所有的钱都买成了混凝土灌下去填断裂层。结果全部可动用的现金全部变成了混凝土填光了还没有填满，因为下面太宽了。这个时候史玉柱公司的现金流出了问题。当时史玉柱卖保健品脑黄金也卖得非常好，年纪稍微大一点的知道，当年脑黄金报纸广告电视广告像炸弹轰炸一样打广告，结果他把脑黄金的流动资金也全部抽过来买混凝土，但是仍然填不满下面的断裂层。这个时候公司的财务就出大问题了，当时深圳有一家报纸叫《投资导报》，有一个记者消息很灵通，写了一个小文章《巨人集团出现财务危机，资金链断裂》，这个消息出来以后香港那些买楼的投资人吓坏了,若巨人集团投资不成,他们的楼花定金也要打水漂了,赶快打电话相互通知,全部约定来到珠海,就住在他写字楼旁边的旅馆里面,天天找他退钱,说我们不要利息,你把本金钱退给我们就好了。史玉柱此时哪有钱可退,因为他的钱全部已经变成混凝土了,全部已经埋在地底下了。史玉柱此时狼狈不堪,到处被人追债,公司慢慢散伙,有些高管甚至拿了他的脑黄金货款潜逃。但是史玉柱这个人是绝对很有毅力的,他人缘也不错,上海一家房地产开发商借给他50万现金,他借此开始了他的脑白金的第二次创业。

脑白金,我们在美国住过的都知道,是一种很普通的保健品,叫褪黑激素,对改善睡眠有一点效果。史玉柱把它包装叫成脑白金,在江苏省江阴市——我家乡无锡旁边一个富裕的县级市,启动这个项目。当时,他50万元要租写字楼,要开员工的工资,要买原材料,要让人家加工生产,要维持公司运行。史玉柱很有魄力,居然抽出15万块钱打广告,史玉柱经商最成功的策略之一就是广告策略。你们知道15万块钱的广告费其实是很少的,但是在小县城里打广告,规模和效果就很大,15万可以打很多广告,结果脑白金在江阴一炮走红,成为畅销产品。你们知道现代社会条件好了生活紧张压力大,睡眠好成了问题,所以脑白金卖得非常好。江阴打响以后他就迅速地从江阴扩展到江苏沪宁线上更加富裕的城市,无锡、苏州、南京、常州、上海,这一条线的市场被他打下来以后,他又转战他原先卖脑黄金成功的吉林长春市,两地成功后,史玉柱就满怀信心地进入中央电视台,在中央电视台大打广告。脑白金成为前几年中国销售最好的一个保健品,每年平均卖20亿,利润超过2~3个亿,几年下来他还清了欠香港人买楼花所有的债,积累了大量的钱,买了一家上市公司,叫健特生物。

他在事业上再次成功,但家庭生活有问题,下了班干什么呢?他没有孩子可带,没有家务可做,他就喜欢打游戏,整天打游戏,打得昏天黑地,后来上班到了办公室也在打,因为他是老板也没有人敢管他。但是史玉柱毕竟是一个销售高手，他在打游戏过程中发现电脑游戏本身就是一个很好的项目。他就转而开发电脑游戏软件，聘请了一批电脑游戏软件工程师，还从上海盛大科技挖了两个高手。史玉柱这个人做事就这点厉害，他敢砸大钱，他居然花了400万年薪高薪聘请了日本动漫界的一位美术大师为他的游戏软件润色，结果就开发出了一个青少年都非常喜欢玩的软件，叫《征途》。最壮观的画面是在一个电脑屏幕上有1万个人在打仗，做得非常细致。400万年薪，当然是世界上水平最高的人。结果一下子全国在他这个游戏上在线玩的人有50万之多，这就是一家游戏公司的市场价值。这家游戏公司2007年12月1日成功地在美国华尔街主板上市，一开盘股价就是18.51美元，史玉柱当时透露，史玉柱的巨人网络游戏公司上市造就了21个亿万富翁，186个百万、千万级富翁，说明他的高管激励机制和员工持股制度设得非常好。你想一个公司不要说多少人，就这186个人就够厉害了，这是多么强大的凝聚力。

所以这是你们以后非常需要改进的地方，制度提升的地方，制度创新的地方。怎么样把你的骨干，把你的高管，把你最宝贵的这些员工用"金手铐"的办法把他们牢牢地捆绑在你的企业上，这是一个企业成长非常重要的要素。当然，史玉柱本人是最大的赢家。他的财富从2006年的18个亿一下子跳到2007年的280个亿，他也是一年内资产增长了十几倍，增加了262亿的人。

另外有一点也非常值得一提，史玉柱去年炒股也赚了大钱，炒的公司股票叫民生银行，他赚了53.4亿，投资了54亿，整整翻了一倍，在去年国际大投资银行普遍看空中国银行业的时候，史玉柱不信邪，68次增持民生银行股票。所以这个事情你也可以做，史玉柱却能赚了50多个亿。这说明中国股市还是有机会的，民生银行是谁都知道的银行，去年华尔街看低中国的银行，实际上是华尔街的阴谋，华尔街看空中国银行，说中国银行股票要猛跌，所以这就是眼光的问题，68次增持，凡是跌的时候他就买，最后民生银行涨到11块，他是5块多买的，他赚了53个亿。所以我们应该看到,2012 年全中国的投资界一致公认,所有的美国华尔街银行高盛也好,摩根史丹利也好,华夏基金也好,没有人做得过史玉柱,所以他成为 2012 股民评选的中国第一投资成功人。

第四个故事叫《黑金王子,8 年从一个警察变成一个百亿巨富》。鲜扬,四川攀枝花恒鼎集团董事长,35 岁就有 130 亿的身价,他来自于四川一个偏僻的地方攀枝花,1994 年毕业于四川省人民警察学校,当了一个缉毒警,抓毒贩,很英勇,获得过公安部颁发的三等功。鲜扬这个人很爱学习,先于 1994 ~ 1997 年在西南政法大学读了法律,后来又在四川大学读了工商管理硕士。现在我们来看看鲜扬的创富路线图,1994 年他就是一个普通的警察,缉毒警,后来身体不大好就转到海关当干部。2001 年他毅然放弃了仕途创业,利用四川的自然优势做煤炭矿石贸易,赚到了一点钱以后,他发现贸易风险大,利润薄,就决心自己来开煤矿。

黑金王子:8 年从公务员到百亿巨富——四川攀枝花恒鼎集团董事长鲜扬

35 岁,130 多亿元身价,来自四川偏远地区的攀枝花。鲜扬,这个连名字都极有个性的年轻人,高调亮相《理财周报》新富排行榜,并高居第 10 位,身家甚至超过一度为中国首富的张茵家族,成为新富榜最大黑马。

鲜扬于 1994 年毕业于四川省人民警察学校,1994 年至 1997 年间于西南政法大学修读法律,后又在四川大学攻读商业管理硕士课程。他在 2005 年 5 月成立本集团前,任职攀枝花市警队及海关部门,中国公安部曾颁授三等功以表扬他的杰出表现。

2002 年,鲜扬通过收购务本大河沟煤矿,成功进军煤炭开采及洗选行业。该笔收购,鲜扬用了 110 万元,据说这笔钱主要从家人处筹集。这为鲜扬日后成为亿万富翁打下了第一块基石。此后,收购煤矿成为鲜扬积累财富的不二法门。

到 2007 年,鲜扬已经先后收购四川、贵州两省的 20 个煤矿、2 家洗煤厂及 1 家炼焦厂,成为西南地区最大的煤焦化民营企业。

2007 年 9 月 21 日,伴随恒鼎实业(01393. HK)在香港上市,鲜扬第一次走上财富前台。如果换在一年前的这个时候,攀枝花以外,几乎无人听闻过鲜扬的名字。

财富:2007 年《胡润中国富豪排行榜》估计鲜扬财富 140 亿人民币

2008 年,95 亿,2009 年 80 亿,2010 年 70 亿,2011 年 45 亿,2012 年 80. 7 亿,2013 年 21 亿人民币(胡润榜)

鲜杨创富路线图：收购成为战略

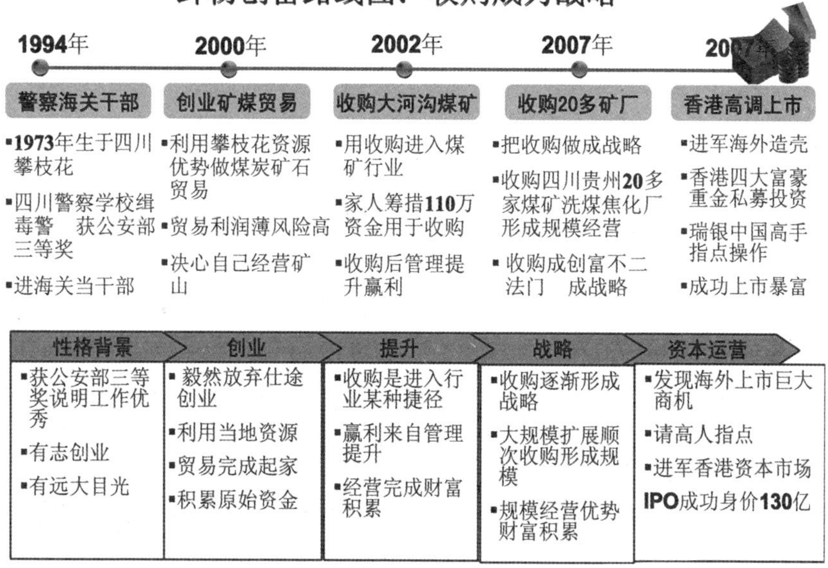

2002 年鲜扬和家人加起来一共凑了不到 110 万块钱，买了一家亏损的小煤矿，叫大河沟煤矿。鲜扬这个人管理能力非常强，这家亏损的煤矿在他手上很快就扭亏为盈。2003 年开始中国的煤炭价钱就开始不断攀升上涨，他抓住了这个机会，赚了很多钱。赚了钱以后他有一个非常重要的战略，就是把收购作为战略，短短 5 年内在四川、贵州收购了 20 多家小煤矿、2 家洗煤厂和 1 家焦化厂，这就完成了他的产业链的整合。2007 年到香港高调上市。什么叫高调上市？他请了一个高人，这个人叫蔡洪平，当年是香港一家最有名的投资银行红筹股之父梁伯韬的合伙人，后来担任瑞银集团的投资银行部总裁。这样的人帮他上市就完全不一样，蔡洪平给他找了四个私募投资人，两个房地产大亨，一个叫李兆基，香港恒基房地产集团董事长；一个叫郭鹤年，香格里拉集团董事局主席；第三个是一个银行家，国宝银行董事长李国宝；第四个你们在香港的报纸上经常读到他的名字，是香港的炒股高手刘銮雄，与其兄弟被称为香港“股市刘氏双雄”，兄弟两个都是炒股高手，也被人称为“香港股市狙击手”，花边新闻很多，经常搞一些桃色新闻出来,但是他们绝对是赚钱高手。四个人,每个人给他2000万的私募投资,大家要注意,这种私募是非常宝贵的,香港报纸说“四大天王护驾他这个股票”,所以他这个股票很厉害,在香港一上市鲜扬股份就一下子变成135个亿,成为中国近30年非常少见的案例,他从一个普通警察到拥有130个亿身价,只花了8年。

我们从这些故事中间可以看到每个人都有一些关节点,如果你能够非常好地体会这些关节点,你就可以慢慢地加速你企业的发展。

第五个案例故事,就是前些日子传闻面临要破产的无锡尚德董事长施正荣!尽管他面临破产,但他当年的成功,包括政府起的作用,我认为仍然是非常值得研究的。施正荣1963年出生在江苏扬中市的一个农民家庭,扬中是离江苏镇江市不远长江中间的一个江心洲,家里很穷,但他从小念书很好,1983年考上了长春光机学院,今天叫长春理工大学。1986年,考上了中国科学院上海光机所硕士研究生。你们知道一般在上海读了研究生以后,大部分人都想出国留学,他想去美国,就自学了托福和GRE,但是当时美国没有名额,因为他是公费生。1988年中国科学院上海分院拿到了一个澳大利亚的留学名额,问他愿不愿意去,愿意去立马就可以走了,美国还要等,遥遥无期。施正荣回去跟朋友和家里人商量,认为美国最好,但是美国没有名额给公费生。澳大利亚也讲英语,也有很多好大学,所以商量了之后决心改道去澳大利亚,进了悉尼一家有名的大学,叫新南威尔士大学。新南威尔士大学有很多名教授,你报谁呢?这个时候施正荣就非常有眼光,他报了一个非常厉害的人,在世界上被称为“世界太阳能产业之父”的马丁·格林教授。他是德国人,在澳大利亚教书,是太阳能专家。但是这种世界级的著名教授,想读他研究生的世界各国优秀青年多了去了,你这个中国来的小伙子施正荣有什么与众不同的地方?这种时候老师往往要对学生进行测试来选择,有一个简单的办法,我过去在科技大学当教授录取研究生也经常用。随便找一个题目,薄膜太阳能,你到图书馆去查资料，一个礼拜后给我交一份这个题目的研究报告、调研报告。施正荣一看就知道这是老师对他的入门考试。这难不倒他，他学习优秀，科学功底很好。他到图书馆用了短短一个礼拜时间，弄出厚厚一摞薄膜太阳能电池的调研报告，把它装订得整整齐齐。将来你们要对你们的孩子讲，做事情要引人注意要注意有一个工具，就是做很漂亮的文本，非常重要。你要很好地学习排版，包括版面设计、目录、字体、行距等等。一本东西做得漂亮和不漂亮差别大了，你们都知道一本书印得好看与否与用什么纸、版式、字体都有关。施正荣很懂得这个，厚厚一摞，花钱把它装订得非常漂亮，送到马丁·格林教授那里。马丁·格林教授看到后大吃一惊，厚厚一摞全是英文，说明他英文很好；内容非常丰富，说明他调研能力非常强；段落结构非常清楚，说明这个小伙子对这个领域的研究思维非常到家。好几个地方，施正荣加上了自己的见解，专门用黑体字打出来。教授一看就知道这个小伙子非常有创新能力，那就是博士的好苗子，马上把他录取为博士。

这方面我跟大家讲，外国大学跟中国大学有什么差别？外国大学的教授只要发现这样的好苗子一定是立刻把他收到门下，所以在外国你如果是一个优秀的学生，教授就会抢你，主动给你奖学金，主动给你找助教的职位，每年能有两三万美金的补贴。所以为什么到国外，我昨天跟一个培训学员讲，他的儿子要读美国大学只要优秀根本不成问题，你要到哈佛就到哈佛，关键就是你能不能找到那个教授对你感兴趣的地方，然后要写一封非常好的自我推荐信。而且这些本事大的教授找钱很容易，随便找一个企业拉一个赞助就是一个博士完成学位的钱。施正荣当了马丁·格林教授的博士研究生，短短几年他就获得了这个领域的博士学位。国外这样的博士学位非常宝贵，写出来的博士论文也非常宝贵，是一个国家重要的知识产权。你们看世界各国的图书馆，博士学位的论文是有专门的目录的。所以严格说来，清华有一件事还要继续做，要帮你们将来写出一篇博士论文。什么叫合格的博士论文？要 500 页，将来要印成书。你们有一位校友做得非常好,就是四川做鱼饲料的刘汉元,他写的博士论文就是光伏电池,出了一本书,也是维多利亚的博士。施正荣这个博士论文做得非常好,老师很喜欢他。

所以你们有没有注意到,一个人要成功,高人指点、贵人相助很重要。马丁·格林教授既是施正荣的高人,也是施正荣的贵人。教授请施正荣在他于澳大利亚创办的太平洋太阳能公司当董事,当研发部总经理。董事,就意味着教授给了他股票。这样的位置在澳大利亚一年能挣多少钱?根据我去澳大利亚的经验,至少一年挣几十万澳元,澳元比美元还贵,相当于两三百万人民币,就过上了一个很好的金领的生活,还不是白领,金领跟白领有什么差别?金领有股票,白领没有股票。所以他在澳大利亚买了很大的洋房,买了汽车。经济上很宽裕了,当然也很潇洒,他每年到国内探亲、访友,参加一些学术活动,每年去澳大利亚的国内的企业家、市长、考察团,他都乐意接待,请他们吃饭。到了2000年,他做出了一个让周围的人大吃一惊的决定,他毅然辞掉了澳大利亚的工作,卖掉了洋房、汽车,带着40多万美元的现金和30多箱太阳能电池的技术资料回国回家乡创业。开始在他的老家,他的老家很有名气,是扬中市,是江苏省乡镇企业最发达的地方之一,有很多有钱人。但是扬中市人民政府当时就没有这个眼光,也拿不出几千万来给他投资,后来后悔不已。但是扬中市有一个官员很开明,在无锡市当副市长,叫解学民。这个解副市长很开明,知道扬中市有一个老乡是澳大利亚科技博士,回来创业,千方百计找到他动员他到无锡创业,无锡经济很好,很快给他找了几家企业,给了他800万美元,当时相当于差不多5000万人民币。而且这个解副市长代表无锡市人民政府做了一个更加厉害的决定,给他25%的技术股份,但是要他拿出5%的现金放在公司里。5%是多少?40万美金,几乎就是施正荣从澳大利亚带回来的全部积蓄,因为他一共就带回来40万,这就是对一个技术投资创始人的信心和勇气的考核。所以你们将来做私募股权投资基金会会碰到很多有技术的博士,

中国太阳能产业之父——无锡尚德太阳能公司董事长施振荣

“尚德”只有 4 岁多，可她已经建立起具有国际一流水准的光伏技术研发中心，先后引聘了国内外高级专家 20 多名，其中 7 名博士都是海内外一流的科学家，相继研制开发成功了光伏屋顶组件、光伏玻璃幕墙组件、STPISOE 型多晶硅太阳能电池等新产品，多个项目获得国家科委、省政府的支持。最近，尚德光伏研发中心因拥有国际一流的太阳能电池制造技术而被确立为江苏省光伏能源工程技术研究中心。

尚德公司已定下的近期战略发展的新坐标：以尚德公司为龙头，带动和集结材料配套企业、应用系统开发与服务企业、高亮度的 LED 制造和封装企业，形成光伏产业链，带动全国的光伏产业的发展。到 2007 年实现 300 兆瓦线的实际生产量，销售达到 100 亿元，跻身同行业世界前三位。

财富：2008 年《新财富》“中国 500 富人榜”估计施正荣财富为 348.2 亿人民币。

2005 年 16.2 亿(福布斯)，2006 年 155 亿，2007 年 200 亿，2008 年 102 亿，2009 年 100 亿，2010 年 290 亿，2011 年 70 亿，2012 年 30 亿，2013 年 20 亿(胡润榜)

他们会说我这个产品多好，我这个技术多好，可以，你投资，但是你一定要让他拿出一些积蓄放在公司投资，玩砸了一起受损失赔钱，千万不要让他仅仅拿技术入股，这对你们来讲是很重要的一个制度上的设计。他虽然拿了 5%，但是给了他 25% 的股份，相当于一送四，或者叫一配四，这是私募股权基金将来很重要的一个原则。如果这个海归博士连 5 万美金都拿不出来的话，十有八九就是骗子或毫无诚意，你都不用再理他。因为你要开公司连 5 万美金都拿不出来，说明你在国外混得很惨，你干吗要理他？所以这就是我们检验海归人士的一个办法。我这些年见过太多的海归，很多人都是唱唱高调到处忽悠人，但没有什么真本事，所以你们要学会鉴别，不要迷信和上当。

施正荣当然对这个项目非常自信，毫不犹豫地把 40 万美金放在公司里面。那政府一看他是动真格的，人家一共才带回来 40 万美金，40 万全放在公司里，于是政府全力支持他，引进设备，投产。销售方面，老师帮了他大忙，当时欧盟正在鼓励使用太阳能电池，动员老百姓装屋顶太阳能电

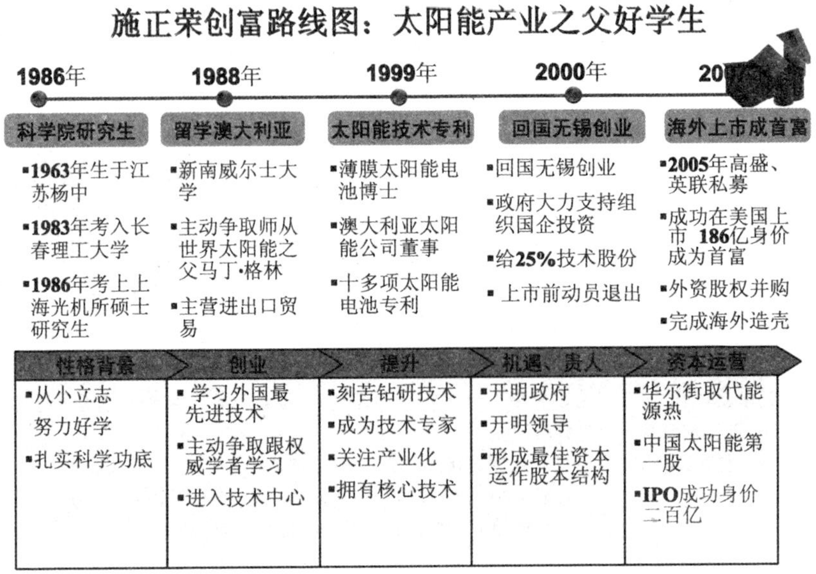

池，白天卖给电力公司，晚上自己买回来自家用，一般卖的电比买的电多。因此就有现金收入，德国人装了太阳能电池以后，等于在屋顶上装了一个银行。所以当时欧盟的太阳能电池的订单像雪片一样飞到中国无锡来，飞到无锡尚德来，施正荣当年赚钱快得简直吓人，加班生产都来不及做，可以说是暴利。这个时候，企业就有上市的前景，无锡市人民政府第二次做出了明智的决策，动员当年投资的机构退出，因为当时有好多国企，也有民营企业投资。我有一个朋友叫新远东，当时投了尚德2000万人民币，退出的时候拿了6倍，就是1.2亿人民币，开始高兴得不得了。后来又跟我讲，说如果不退出的话在美国上市就拿20倍。但是政府要你退出，为什么？因为要卖给愿意帮无锡尚德上市的美国投资银行高盛和欧洲的英联集团，这就是华尔街金融大鳄的厉害。你必须卖给它，必须让它有一定的股份，它才愿意帮你把这个股票炒上去。2005年12月，高盛和英联成功地把无锡尚德在华尔街上市，施正荣的股份一下子就达到186亿人民币，成为当时的中国首富。无锡市人民政府通过引进施正荣这个人尝到了甜头，2005

年无锡市人民政府和无锡市人民代表大会推出了一个“530 计划”,5 年引进 30 个像施正荣这样的高科技领军人才。我就是无锡人,家乡的政府在最近 3 年曾经 10 次请我回去,给这些海归的创业家讲课、教练和指导。无锡市在引进人才上获得了巨大的成功,“530 人才”,“530 公司”,是全中国只有无锡人听得懂的一个专业名词,就是施正荣类型的人才,施正荣类型的公司。每人给“4 个 100”:100 平方米的住宅、100 平方米的写字楼、100 平方米的标准厂房免费使用 3 年,同时给 100 万人民币的现金作为启动资金。2005 ~2009 年短短几年间,无锡召回了 400 多个博士,开了 300 多家“530 公司”。无锡这样做以后,有钱的城市如苏州、常州、常熟纷纷效仿,无锡出 100 万我们出 120 万,你无锡给 100 平方米我们给 130 平方米,互相竞争。无锡 2009 年就升级涨价了,变成“4 个 150”,就是凡是到无锡创业的海归博士一概给 150 平方米住宅、150 平方米写字楼、150 平方米标准厂房免费使用 3 年,同时给 150 万现金作为创业启动资金。于是 2009 年无锡一下子 800 多个来自世界各国的科技博士报名希望来无锡创业开公司,所以无锡市是这两年转型升级做得最好的城市,国务院总理 2012 年四次到无锡考察。希望向全国推广无锡引进高端人才创业推动产业升级、转型和创新的举措。

下面就要看国家对于太阳能电池能不能给予进一步的支持,我这几个月多次向政府呼吁,因为我不久前从马来西亚回来,马来西亚政府鼓励老百姓在窗外装壁挂式太阳能电池,装了壁挂式太阳能电池政府就给予补贴,5 年以后你家里就不用交电费了,所以这样推广就快。如果中国的政府也能以这样的力度来支持的话,太阳能电池产业马上就能翻身。当然,政府最近也出了很多政策,但力度不够,要有更大的力度,我仍然非常看好太阳能电池。当然,施正荣的事情还是有教训的,这方面我们应该很好地来探讨。

我这几年写了两本有关股市的书,给大家分享一下为什么要写这些书。2007 年写了一本《牛市一万点》,因为当时股市正在冲 5 千点、6 千点,我也有点头脑发热,什么时候中国股市能上一万点?但是我作为一个学者,也不是信口开河,为什么说中国股市要一万点呢?因为有9个因素,这是我当时写那本书的根据。我在2007年看到了印度的股市,从2002年的3千点上升到2006年12月就达到1.3万点。我当时想,我们中国经济各方面都比印度经济好得多。印度股市能三四年从2000点涨过1万点,我们中国股市为何不能同样涨到1万点吗?我想中国的经济比印度至少强很多,因为我去过印度,感到印象中其发展情况一般。那么印度股市能上1万点,我们中国股市为什么不能上1万点呢?我就归纳了9个成因和大家分享。我们看看这9点现在有没有发生变化。

第一,中国经济持续高速增长。我们30多年来平均增长9.8%,这在全世界来讲都是奇迹,去年增长7.8%,今年估计仍能超7.5%。

第二,中国的制造业正在成为"世界工厂"。当然我们现在正研究如何成为头脑工厂,但世界工厂仍然了不起,向全世界提供物美价廉的产品。

第三,中国正在成为世界最佳投资地,我们吸引了几千亿的外资。

第四,中国人均GDP 2006年超过2000美元,2008年超过3000美元,10年超过5000美元,2012年超过了6000美元,2013年达到6767美元。所以这一种增长是非常迅速的。而且这个人均GDP象征着一个社会的消费水平。我昨天也讲过了,中国未来最大的发展机会就是消费的巨大潜力,你想十几亿人的消费还了得,2012、2013年国庆、中秋节就有6亿多人参加了旅游,这个数字对世界的旅游、消费行业来讲都是惊人的。在中国无论从事哪一个行业,只要你做好了都有大量的客户。零售餐饮业就创造了8006亿人民币的消费,另一个数字2012年11月11日,社会上年轻人称之为"光棍节",淘宝一家企业一天就做了191亿人民币的生意。2013年11月11日淘宝销售352亿,2014年光棍节淘宝销售一天高达572亿人民币。这说明了中国未来的消费潜力有多大。

第五,中国正在崛起一个越来越庞大的中等收入家庭和富裕阶层,他们的消费投资渴望十分可观。你说实在话,你有没有看到巴黎的香榭里大街、伦敦的牛津街、美国的第五大道,中国人在里面竞相买奢侈品的镜头令全世界都震撼。

第六,人民币增值巨大。我一个华尔街的朋友跟我讲过,温老师,人民币在 3 年以后将升到 1:5,当然这对我们的出口是有了一点打击,但是我们拿人民币出去买东西、出去留学现在就相对便宜了。

第七,越来越多的中国人开始懂得投资、理财、财富管理。

第八,中国崛起了一大批蓝筹股。

第九,中国的股市、管理层、上市公司和股民都希望中国维持一个牛市。

在 2007 年写这本书时,我也算明智的,写到了中国股市要登 1 万点有七大前提,我们注意到这七大前提的第一、第二条现在发生了根本性的变化。

第一,世界经济平稳增长,不发生全球性的衰退。

第二,美国、日本、欧洲不发生重大危机。

这两条有改变,中国的经济也受到了波及,所以不但没有上 1 万点,反而跌下了 2000 点。

下面第三条就非常重要,叫“金砖之国继续引领全球经济增长”,金砖之国全球首脑会议就说明了这一个影响的加剧。

第四,不要发生 1970 年那样的全球能源危机。所以我们对伊朗、朝鲜发生战争的可能性是非常警惕的,因为伊朗、朝鲜战争打起来就有可能发生全球性的能源危机,对中国的经济将是一个巨大的威胁。所以大家有没有注意到,我们的领导人仍然非常强调中国要坚持和平崛起。我们不喜欢打仗,我个人认为,我们还要保持和平崛起,我们要更强大,别人就更加不能够欺负我们。

第五,台海两岸要维持和平状况,不要发生大的震荡。

第六,当然我们希望中国政局稳定,管理层调控股市明智有方,上市公司也优秀,股民也要慢慢成熟。我们对一些上市公司、股民都提出了一系列的建议。

我近年写的另一本是《中国漂亮50》,为什么我要写这一本书呢?因为20世纪八九十年代我有机会在美国工作,在华尔街听到了一个英文词,叫“漂亮50(nifty fifty)”,是指美国华尔街有50只最好的股票。它们就是通用电器、微软软件、英特尔电脑芯片、思科网络路由器、雅虎互联网、戴尔电脑、麦当劳快餐、迪士尼乐园、雅芳化妆用品等。人们告诉我,美国人只要买了这样50只股票的组合放在家里箱子底下,放10年拿出来卖掉就有100倍的增长,我听了很激动,也很向往。中国什么时候能出这样的股票呢?能使千千万万投资股票的普通老百姓有这样好的收益,这就是开张股市的根本目的。开股市不是开赌场,股市不是赌,说实在话,股市是投资。回国以后,多多少少我也接触股市,发现中国股票常常是各领风骚两三年。但是经过多年的观察,我认为中国股市也已经出现了一批优秀上市公司和漂亮股票,所以我就开始研究沪深两市2300多个股票,定出了7个评判标准,这就是你们上市、风险投资时要衡量的标准。

第一条:**每年现金分红**。茅台为什么300块?茅台分红厉害。当年云南有一家矿业公司曾经更厉害,但只分了一年高分红,所以每年现金分红是衡量一家优秀上市公司的第一标准。

第二条:**送配**,最好的叫十送十,现在中国已经有十送十二。一千股变成两千股,股价就变成了一半。好股票它会复权慢慢又涨到原价,这就涨一倍。

第三条:**连续现金分红,送股**。不能搞一次性分红送股票,好股票要年年分红,年年送股才是最好的股票。

第四:**每股赢利数据,这是一家上市公司财务报表第一重要数据**。

第五:**基金机构持有家数,基金机构买股票不会轻易动,他们都经过对上市公司详尽研究后决策买股**。

第六:**基金机构的排行**。机构基金每年都会为中国上市公司做各类排行榜，好上市公司股票一定是排在前列的。

第七：**民间股神的研究**。这几年中国出了不少民间草根对股市和好股票有独到见解的人物，俗称民间股神，他们有些见解也值得参考。

按照七大要素，我在沪深两市 2300 多个股票中间，排出了 50 只股票。但是你要注意，这是 2009 年的研究，按理说应该每年有一版新版。我们中国也出了这样的股票，我们江苏也出了这样的股票，江苏的就是苏宁电器。你在 2004 年，如果买 10 万块钱苏宁电器的股票。放到 2008 年卖掉就是近 1000 万。中国还出了一个更加有意思的股票，上海有个说海派清口的周立波。周立波经常也讲股票，什么“鳄鱼进去壁虎出来，博士出去白痴出来，杨百万进去，杨白劳出来，宝马进去自行车出来，西服进去三点式出来……”但是周立波讲了一个段子，你们没注意。他说上海有一个炒股的家伙，1994 年买了 26 万块钱的股票，后来这个家伙行为不端，和人打架，不小心一刀把人捅死，判了 15 年徒刑。在牢里整整坐了 15 年，放出来，打开股票账号昏过去了，为什么？他 26 万股票，变成 2000 万了。这不是笑话，这是一个真人真事。这只股票就是我们大家都很熟悉的——SH00002 万科地产。懂股票的朋友可以把万科的 K 线图复权，不难算出来，1994 年买 26 万万科的股票，到 2008 年卖掉就是 2000 万，诱人不诱人？王石为什么受人尊敬，王石本人倒不是亿万富翁，但是他造就了千千万万个富翁，甚至亿万富翁。炒万科股票赚超过百万的人不下 1 万人。当年有个香港人刘元生给了王石 400 万投资，现在是 20 个亿，他留着万科的股票一直没有卖。你，就是要做这样的投资人，你，就是要找未来有可能成为王石的人，你给他一小把钱，他就可以给你创造一笔巨大的财富。这一点是很重要的。所以我们来上课，我了解这样的故事，是很有好处的，美国有很多这样的故事，老太太买了一只股票，不小心把“纸”丢了。30 年以后，从箱子底下找出那张纸，变成几百万了。我们要鼓励公司做成这样的，要打击那些到股市上骗人的家伙，打击那些自私自利的家伙，你发了财，股民倒了霉。

我从2300多个沪深股市的上市公司梳理出了50支最优秀的股票,我这样做也是在中国的资本市场做一种引导。上市公司就要每年给投资人分红,要分得多,每年要送配,最好每年分红每年送配,每股盈利要逐年增加,这个对我们上市公司的管理者就要有更高的要求。

所以这些问题值得研究之处就在这里,而且我给你们讲这些案例,就是希望你们的公司将来能够成为这样的公司,这是能够做到的。要做到这点,就要和一流的人才建立更多的联系。

3. 1994~2013年"中国富豪排行榜"剖析

中国现在面临新的格局,在体制转换、全面转轨中的中国经济会有非常多的机会,我们一定不要说现在好像很难赚钱,现在照样可以很好地赚钱。淘宝在2012年11月11日创造了一天销售191亿的奇迹,马云人家一天就做191个亿。关键是你不要抱着老的东西就不放,你要转型、创新。中国市场的潜力无比巨大,产业正在转移,服务产业正在崛起。东莞、长三角将从制造业慢慢向服务产业转化。我写过一本书,叫《品质成就财富》,这是中国第一本研究亿万富豪的专著,在里面我写了大量的亿万富豪,研究他们是怎么成功的。我写这本书重要的前提就是我研究了36年来中国的财富神话,研究的一个切入点就是中国富豪排行榜。中国人研究富豪排行榜是从1994年开始的,当时广东有一个杂志叫《财富》,主编叫关山,他出了一个杂志的增刊,题目叫《中国十大亿万富豪》。这是中国老百姓第一次见到"亿万富豪"四个字,知道中国民营企业家已经财富过亿。

1994 年《福布斯》首次公布中国内地亿万富豪榜

前八名依次为：	
1. 刘永好兄弟	约 6 亿人民币
2. 张宏伟	约 5 亿人民币
3. 冼笃信	约 5 亿人民币
4. 牟其中	约 3 亿人民币
5. 张果喜	约 3 亿人民币
6. 罗忠福	约 3 亿人民币
7. 罗西竣	约 3 亿人民币
8. 李晓华	约 2 ~ 3 亿人民币

这就是中国老百姓见到的第一个中国亿万富豪排行榜，第一名刘永好，四川省成都机械工业学校中专老师出身，1980 年和兄弟卖掉家里手表和收音机凑了 1000 元人民币创业起家，起先养鹌鹑也没赚到钱，后来做饲料生产销售慢慢做大，说他已有 6 亿资产。第二名是东北的一个年轻农民包工头，叫张宏伟。1970 年，他口袋里只有 70 块钱，带了二三十个农民兄弟到哈尔滨搞一些小工程。城里人看他就是一个农民小包工头，带的就是一个农民小包工队而已。但是张宏伟善于管理，他的包工队很快就成了建筑工程公司、房地产开发公司、企业集团公司。他的成功非常重要的一点就是，20 世纪 90 年代初，他居然拿到了世界银行第一笔给中国民营企业的贷款 4000 万美金。为了拿到这 4000 万美金的贷款，他很有魄力，花了 1000 万人民币请世界顶级的会计师事务所毕马威做了一个审计报告，当时周围的人都认为他发疯了，因为当时 1000 万人民币都可以盖一栋大楼了，他就买了一本薄薄的审计报告。但是你们学过资本经营都知道，你要上市一定要有这样的财务审计报告，否则谁相信你的财务报表？反过来，你有世界顶级的会计师事务所的审计报告，那就是你的一个诚信标志，所以你一定是中国最优秀的民营企业。1997 年他的公司成功在中国上海证券

交易所股票上市,现在已经成为沪深两市最重要的民营金融股公司。他控制了三家上市公司,除了东方集团外,还控制了锦州港,这是一家港口公司;他还控制了新华人寿保险,他是最早的投资人;他还是民生银行的大股东。

1994 年中国十大富豪另有一个人也很有意思,当年号称北京首富的李晓华,他是一个北京到黑龙江插队的知青。回到城里也没有找到什么好工作,就到街上倒卖电子表,还被警察抓起来关过几个月,说他投机倒把。但是这个人很有商业眼光,出来以后他闯南方到了广州找到了他的机会。你们知道当时全国买好东西都要去广州买。他在广州的街上看到夏天那种咕嘟咕嘟冒水的冰冻饮料机,他知道北方没有那个东西。他当时口袋里一共才 4000 多元钱,他很有魄力,就拿了这些钱买了一台冰冻饮料机,把它扛到了夏天人山人海的北戴河海滩,一个夏天就完成了原始积累,赚到了 100 万。有了 100 万,后来做高科技产品,做房地产开发,赚了很多钱,后来被人称为北京首富,他买了当时号称中国第一辆进口的法拉利跑车。更重要的这辆法拉利跑车的车牌号也很吓人,京 A00001,当年这个车牌没有几万块是搞不定的。最近他 60 岁,在北京的昆仑饭店开了一个很大的酒会,请来了赵本山、葛优、姜昆,面子很大,我也去给他捧场。最近又在胡润百富十周年活动上碰到我。对我说他现在在美国做保健品传销,当然美国允许做。卖什么东西呢? 卖从葡萄籽里面提炼出来的东西,花青素吧,很好的保健品,据说赚了 5000 万美金。他问我能不能帮他在美国股票上市。我考察了他的企业,我认为他这样的企业很难上市,为什么? 因为尽管他赚了很多钱,基本上还是一个一人公司,事无巨细老板一人说了算,没有团队,没有架构,也没有规范的管理制度。大家注意,这一类民营企业中国非常多。你们要解决公司一个很重要的问题,叫公司治理结构。你没有一个结构,什么都是老板管,那么成也萧何,败也萧何,钱也你赚,问题也出在你身上。所以我就委婉地跟他讲,我说你要真正成为一家上市公司,你还要做很多的改造。我给很多的老板提过这样的建议,开过这样的"药方”，但是不一定所有的老板都愿意吃这付“药”。

中国老百姓真正了解和国际接轨的中国富豪排行榜，归功于一个年轻的英国小伙子，叫胡润。他是英国伊顿公学毕业，又上了英国牛津大学，所以是绝顶聪明的人。他原先在上海安达信会计师事务所做审计师，1999年他突发心思要给中国崛起的富人进行财富排行。这件事中国人没有人敢做，谁能告诉我全国有多少亿万富豪，排个行，这怎么搞得清。你去问一个老板、富人有多少钱，谁也不会轻易告诉你，有的不想告诉你，有的也不敢告诉你。他居然把这件事做出来了，他有他的一套调查方法，雇了几个年轻的大学生，排出了中国最富的50人。他也蛮聪明，先不用中文在中国发表，他先用英文发表在美国著名的财经杂志《福布斯》杂志上。结果发表了以后，中国大多数老百姓也看不到这个杂志，可没想到海外反响非常强烈，说明共产党改革开放的政策很成功，中国崛起了一大批民营企业家、亿万富豪。中国政府看到这个反应也很高兴，说明中国改革开放老百姓富起来了，企业家身价过亿了。所以第二年他就用中文发表了中国老百姓第一次见到的和世界接轨的中国富豪排行榜。

2000年中国出现的第一个比较规范的中国富豪排行榜的前十名。

2000年胡润《福布斯》公布中国内地50富豪榜

前十名依次为：	
1. 荣毅仁家族	157亿人民币
2. 刘永行家族	82.7亿人民币
3. 任正非	41.4亿人民币
4. 张兴民	39.7亿人民币
5. 吴一坚	35亿人民币
6. 鲁冠球	29.9亿人民币
7. 张宏伟	29.1亿人民币
8. 徐文荣	27亿人民币

续表

9. 张思民	26 亿人民币
10. 宋朝弟	22.3 亿人民币

第一名是我无锡的老乡,荣毅仁家族。我们知道荣毅仁他们已经有五代人,他老爸是中国20世纪二三十年代的著名民营企业家,当时被称为全国著名的面粉大王和棉纱大王。1948年上海解放,荣家大部分家属成员都跑到香港和海外发展去了,害怕共产党共产没收他们资本家的财产。但是荣德生和荣毅仁留在上海。他们想看一看共产党究竟会对资本家怎么样。上海解放以后的第一任市长是陈毅,陈毅是个非常开明的领导人,上海解放没几天就登门拜访荣府,请荣德生和荣毅仁吃饭,鼓励他们恢复生产、发展生产,发展企业,共产党和政府鼓励和支持资本家发展经济、发展企业。所以荣家在上海解放以后的恢复经济、恢复生产中做出了巨大的贡献,他们也得到了国家和人民的尊重,荣毅仁1957年担任上海市副市长,1961年担任全国工商联主席,全国工商联主席,是民主党派领袖,要到北京去工作,他也就慢慢离开了企业,把企业交给他的助手管理。

1966年"文化大革命"爆发,荣毅仁被红卫兵批斗,手指被打断,周总理了解了这个情况,派了纺织工业部的红卫兵把他从大专院校的红卫兵手里抢了过来,他老命才没有送掉。他当然也很识相知趣,从此闭门谢客,整天在家里画画,练练书法,不出头,低调,一直到了邓小平复出。1979年邓小平复出以后发现像荣毅仁这样的工商巨子都在家里吃老米饭,他就把五个代表人物请出来吃饭,委托荣毅仁创办了中信集团,王光英创办了光大集团。大家可以看到,这两个集团是现在全国最活跃的股份制金融集团,有银行、保险、证券,中信还办了全国最优秀的财经出版社。我曾给大家讲过罗斯柴尔德家族,中国也有可能出罗斯柴尔德这样的企业家族,荣家就是一个。但是荣家在发展过程中受到了两次打击,第一次是新中国成立前荣毅仁的父亲被绑架事件;第二次就是"文化大革命"中荣家受到打击。

荣毅仁:传奇人生

出生年月:1916 年 5 月
出生地:无锡
教育:大学(上海圣约翰大学)
主要公司:中信集团
公司总部:北京、香港
第一次上市:香港上市中信泰富公司
主要行业:投资、金融

他诞生于 20 世纪初在无锡崛起的中国最著名的现代工商业家族,在新中国成立后,他毅然将自己的商业王国无偿交给国家,并重新打造了一家更为庞大的现代企业。

财富:2000 年《福布斯中国富豪排行榜》估计荣毅仁财富为 157 亿元

如果没有这两次挫折的话,荣家完全可能发展成罗斯柴尔德家族。现在荣家在全世界有几百个家族成员,也很有实力,上次我在无锡参加活动见了荣家好几个人,他们对下一代的培养非常重视,现在荣家子弟都是名校毕业,都掌管着银行、金融、实业、创新技术。这是我们点评首富连带出来的话题。

2001 年《福布斯》中国富豪排行榜的前十名。

2001 年胡润《福布斯》公布中国 100 富豪榜

前十名依次为:	
1. 刘永行、刘永好兄弟	83 亿人民币
2. 杨斌	75 亿人民币
3. 仰融	70 亿人民币
4. 荣智健	65 亿人民币
5. 许荣茂	60 亿人民币
6. 陈丽华	55 亿人民币
7. 鲁冠球	40 亿人民币
8. 吴一坚	40 亿人民币

续表

9. 孙广信	36 亿人民币
10. 张思民	35 亿人民币

2001 年,中国的首富就变成刘永好。我和刘永好也算老朋友,见过面,也和他一起在凤凰卫视做过一次节目,“回顾中国民营经济 30 年”。作为一个老朋友,我从侧面观察刘永好有怎样的体会?刘永好是中专老师出身,成都机械工业学校教师,学历也不算高,从小家里很穷,1980 年兄弟几个凑起来还卖了手表、自行车才用 1 千块钱起家创业。当年养一种小鸟叫鹌鹑,也没赚到什么钱,但是后来他们做饲料,就做得很成功,慢慢做成了中国民营饲料行业的龙头老大,一度还打败了泰国的正大集团,成为 2001 年的首富。我认识刘永好十几年,他正在变成一个越来越成熟、越来越富有爱心、非常能干、非常重视子女教育,也非常热心社会公益、时时刻刻想到为民营企业家讲话的这么一种民营企业家的优秀代表人物。他赚钱的本事也不得了,2001 年他才 54 亿,到 2007 年就变成了 290 亿,他增加了多少倍?有人问我刘永好现在赚钱最大的一块是什么?他现在做饲料,做农业,做房地产。我要告诉大家,他赚的最大的一块钱是不用自己花力气的,那就是当初民生银行上市发起的时候他是发起股东,放进去 5 个亿人民币,这 5 个亿随着民生银行的上市现在增值了 20 多倍,成为他最大的一块资产。每年只要参加几次董事会,高兴就发言几句,不高兴就闭目养神听听就可以了,自然有最好的优秀管理者帮他经营民生银行。所以我讲到这一点,建议大家以后要做什么呢?慢慢从实业转向投资,慢慢找职业经理人帮你管理企业。你就可以做到到处走走,打打高尔夫球;旅游旅游,去见见各种值得见的人物,提高自己的生活质量和幸福指数,这是我们非常应该探讨的话题。所以我也会建议新华商智将来为你们专门开一个课,专门讲人的生活如何才能变得更加快乐,我相信大家会感兴趣。

刘永好:别叫我“大亨”

出生年月:1951 年 9 月
出生地:四川新津
教育:大学
主要公司:新希望集团
公司总部:四川成都
第一次上市:深圳——000876 新希望(1998 年 3 月)
主要行业:饲料,金融,房地产

从 1000 元人民币开始,用 20 年时间发展到现在,在很大程度上依靠了资本经营带来的倍增效应。就以上市的新希望农业股份公司为例,3 年前企业上市时自有净资产才 1 亿多,现在有 10 多亿,是资本经营的倍增效应提升了企业整体的实力。

财富:2011 年《福布斯中国富豪排行榜》估计刘永好财富为 421. 9 亿人民币

2001 年 82. 7 亿,2002 年 44. 8 亿,2003 年 45. 4 亿,2004 年 54 亿,2005 年 91 亿,2006 年 88. 5 亿,2007 年 237. 5 亿,2008 年 149. 6 亿,2009 年 177. 5 亿,2010 年 200 亿,2012 年 173. 3 亿,2013 年 201. 3 亿(福布斯)

2002 年《福布斯》中国富豪排行榜的前十名。

2002 年胡润《福布斯》公布中国 100 富豪榜

1. 荣智健	70. 6 亿人民币
2. 许荣茂	64. 7 亿人民币
3. 孙广信	49. 7 亿人民币
4. 鲁冠球	47. 2 亿人民币
5. 陈丽华	46. 4 亿人民币
6. 刘永好	44. 8 亿人民币
7. 叶立培	44. 8 亿人民币
8. 刘永行	39. 8 亿人民币
9. 郭广昌	29. 9 亿人民币
10. 刘汉元	26. 6 亿人民币

2002 年,中国首富就变成了荣家第四代掌门人荣智健。荣智健天津大学毕业,被分配在东北一个水电站当技术员,“文化大革命”期间,他父亲荣毅仁被打倒,他被发配到四川大凉山一个水电站劳动,改革开放邓小

平复出以后,荣智健回到了北京。1978 年他拿着一张香港单程通行证提了一个箱子到香港发展,他一到香港就火了,因为在香港荣家有很多亲友都是企业家大老板。他父亲荣毅仁卖掉了香港的一些股票,给了他 100 万港币作为创业资本。他和他的一个堂兄弟开了一家电子公司,后来到美国上市,这是一家计算机辅助设备公司,CAD,是一家软件公司。在美国股票上市,赚到了第一笔钱,后来他担任中信集团香港分公司总经理,关键是荣智健在香港资本市场买壳上市。

他买了一家上市公司,叫泰富,是我认识的一个香港老板开的,开了不赚钱,荣智健买下这家公司,充分利用了祖国大陆崛起的一个机会,所以他的中信泰富发展非常快,他十年不到就成为香港十大富豪之一,2002 年资产 124 亿,2007 年上升到 400 亿。当然,他这几年资产下跌得非常厉害,由于参与了澳元一个复杂的衍生产品交易亏了一大笔钱,这是荣智健创业以来的第一次重大失误。但是我相信荣智健是非常睿智的企业家,他一定会

荣智健:中国大陆首富　荣氏家族接班人

出生年月:1942 年 1 月
出生地:江苏无锡
教育背景:大学(天津大学)
主要公司:中信泰富
总部所在地:香港
第一次上市:香港——中信泰富(1986 年 2 月)
主要行业:投资(通讯、航空、基础设施等)

荣智健出生并成长在中国大陆,36 岁的时候移居香港。他最初在香港创办了一个电子公司,1982 年他投资了一家生产电脑辅助设备的公司,这家公司次年在美国上市,4 年后,荣智健加入中信泰富。中信泰富是他父亲荣毅仁创办的中国国际信托投资(CITIC)的香港子公司。中信泰富投资了一些香港的蓝筹股,如香港电信、国泰航空等。

财富:2007 年《胡润中国富豪排行榜》估计荣智健财富为 400 亿

2001 年 65 亿,2002 年 70.6 亿,2003 年 77.5 亿,2004 年 124.3 亿元,2005 年 133 亿,2006 年 158 亿,2008 年 44.9 亿,2009 年 95.6 亿,2010 年 66.5 亿,2011 年 74.2 亿,2012 年 56.4 亿,2013 年 54.9 亿(福布斯)

也一定能东山再起再造辉煌的。所以荣家的故事非常有意思。

2003 年《福布斯》中国富豪排行榜的前十名。

2003 年胡润公布中国 100 富豪榜

前十名依次为：	
1. 丁磊	75 亿人民币
2. 荣智健	70 亿人民币
3. 许荣茂	68 亿人民币
4. 鲁冠球	54 亿人民币
5. 陈丽华	48 亿人民币
6. 刘永好	48 亿人民币
7. 叶立培	48 亿人民币
8. 孙广信	42 亿人民币
9. 刘永行	41 亿人民币
10. 陈天桥	40 亿人民币

2003 年，中国首富就变成了一个非常年轻的小伙子，叫丁磊。丁磊是宁波人，成都电子科技大学毕业，分配在家乡宁波电信局当技术员。1995 年他向局长提出辞职，当时局长非常惊讶，说电信局那么好的单位人家进都进不来，你要辞职？丁磊说他想出去闯一闯。他跑到广州先加盟了一家美国的数据公司，叫赛贝斯，打了两年工，他摸到了 IT 的门道。1997 年借了 50 万创办自己的企业，叫网易，他重要的一步就是和广东电信合作，即“163”的开始。他的成功在于 1999 年他抓住了两个机遇，一个就是美国的风险投资到中国来，他抓住了一家拿到了一笔风险投资；还有一个是华尔街的公司到中国来招商，他抓住这次机会，和张朝阳的搜狐和王志东的新浪一起成为中国最早在华尔街上市的网络门户网站。一上市不得了，当时股票 30 多美元，他的身价一下子就变成 1. 34 亿美元。我到他母校讲过两次课，有一位老师告诉我，几年前他们请丁磊回母校给师生做报告，一个几千人的大礼堂挤得水泄不通，所有的成都电子科技大学的师生员工都想来

丁磊:网络的传奇

出生年月:1971 年 10 月出生地:浙江宁波
教育背景:大学(成都电子科技大学)
主要公司:网易
总部所在地:广州
首次证券市场融资:美国纳斯达克(2000 年)
主要行业:互联网络
网易公司董事长丁磊的创富之路:

- 1993 年 7 月毕业于成都电子科技大学。
- 1993 年 7 月至 1994 年 5 月工作于宁波电信局。
- 1995 年 5 月至 1996 年工作于 SYBASE 公司广州办事处。
- 1997 年 5 月创建网易公司,任总经理。2000 年 11 月,被美国《福布斯》杂志评为中国 50 富豪第 20 位,其个人资产为 1.34 亿美元。

财富:2013 年《胡润中国富豪排行榜》估计丁磊财富为 260 亿元

2000 年 11 亿,2003 年 89.3 亿,2004 年 55.4 亿,2005 年 102.6 亿,2006 年 86.9 亿,2007 年 75 亿,2008 年 85 亿,2009 年 153.6 亿,2010 年 146 亿,2011 年 176.4 亿,2012 年 185.9 亿(福布斯)

看看这个才离开学校没有几年的校友现在居然已成了以美元计的亿万富翁。

当然我们知道网络公司几年前有过一次股灾,2000 年华尔街的网络产生过一次泡沫,纳斯达克指数从 5300 点跌到了 1600 点,大批的网络公司破产倒闭,和今天中国正在出现的太阳能光伏产业企业倒闭的状况差不多。丁磊的股票曾经从 30 多美元跌到最低的时候只有 5 毛 3 分钱,这个价位和今天尚德的差不多。丁磊是一个非常有心机的年轻人,他仔细研究了网络公司如何盈利,最后他终于实现了 2002 年第四季度公司盈利。2003 年,华尔街经历了"9·11 事件"的打击,已经低迷了两年。不久前我还看过"9·11 事件"的一个纪录片,我是"9·11 事件"后一个月就到了纽约,因为我有个同学就在那个世贸大楼工作,他给我讲了他亲历"9·11 事件"的事。南楼塌掉了以后他在北楼 34 层,他比较敏捷,当时电梯坏了,他从楼梯 34 层走到 1 楼。走到 2、3 层楼时,消防人员朝上冲,下面都是水,他冲出楼半小时以后那个楼就塌掉了,他的秘书就死在里面,秘书是一个黑人女孩，钻在厕所里面不出来，后来就塌下去了。所以他后来在《侨报》上登了整版的广告，“感谢上帝，捡回一条命”，因为他是基督徒。这真是人生中非常难忘的经历。

华尔街当时还有人炒股票，为什么美国人那么恨本·拉登？本·拉登撞掉两栋楼，撞掉了 1 万个亿，有人说那两栋楼不就值 120 亿美元，怎么有 1 万个亿呢？因为华尔街道琼斯指数被撞掉了 1000 点，道琼斯指数一点就值 75 亿美元，那 1 千点就差不多 1 万亿了。到了 2003 年华尔街那些人说如果股市再低迷下去他们就要卷铺盖滚蛋回家了，要赶快把华尔街经济和气氛炒起来。当时“9·11 事件”后全世界经济低迷，只有中国的经济在东方一枝独秀，这个情况和今年的情况也有点类似。2003 年华尔街开始炒中国概念股，中国在华尔街上市的股票全线飘红，一律大涨，丁磊的股票是其中涨得最凶的，从五毛三分钱涨到 100 美元/股，他的财富一下子就变成 75 亿人民币，超过了第二名荣智健融资界祖孙四代一百年的努力。

所以这个案例大家一辈子要记住，如果你的做法好，你可以只用五六年的工夫超过人家祖孙四代人一百年的努力。而且丁磊的成功还造就了中国另外一个同样有传奇色彩的企业家的成功。他叫段永平。段永平原先是当年赫赫有名的畅销产品“小霸王学习机”的总经理。但是他当年在乡镇企业，赚到很多钱以后老板很小气，不肯给他股份分红。他一气之下就出走了，到了东莞长安镇创办了自己的企业叫步步高电子公司，主要卖录放机，段永平的录放机卖得也很一般。但是到了 2002 年，一个偶然的机会段永平来到了纽约华尔街，发现丁磊的网易股票当时跌得只有 8 毛钱一股，段永平当时很有头脑，也很敏锐果断，立刻打电话回来把家里所有的钱凑起来，还把房子押给银行，一共凑了 200 万美元调到美国，全部买进了丁磊的当时只有八毛钱一股的网易股票，一直持有涨到了 100 美元，赚了一百多倍，大家算算，200 多万美金赚了 100 多倍，段永平至少赚到了 2 亿多美元。所以段永平后来对华尔街的中文媒体记者说，他在华尔街两年赚的钱比他前半辈子几十年赚的钱多出了几十倍。为了一种报恩的心态,2006年,段永平花了38.5万美金,请华尔街著名的股神沃伦·巴菲特吃了一顿牛排午餐。这就是华尔街股王巴菲特有名的一年一度全球可以公开竞标拍卖性质的"巴菲特牛排午餐"的品牌运作。你们在网上也都可以查到,有一个网站叫易贝,上面专门有一个栏目,就是巴菲特牛排午餐,每个人都可以竞标,最高价者得。2006年就是段永平,38.5万美金。这顿牛排午餐很有意思,要吃三小时,12点吃到三点。你可以带上6个朋友,加上巴菲特和你一共是8个人,三小时内向巴菲特请教任何问题,他都可以热情地解答,毫无保留。段永平是中国第一个请巴菲特吃牛排的人。第二个请他的人是在几年以后,价钱贵了,花了二百多万美金,1000多万人民币,他叫赵丹阳,是中国一家私募基金投资公司经理。但是赵丹阳后来说这顿牛排请得值,因为他后来听了巴菲特教诲后感悟,炒了一只股票物美超市,赚了2亿多人民币。这就是华尔街华人的投资故事,非常有意思。

2004年胡润开始自立门户发布胡润《中国富豪排行榜》这是前十名。

2004年胡润公布中国100富豪榜

前十名依次为:	
1. 黄光裕	105亿人民币
2. 陈天桥	88亿人民币
3. 荣智健	85亿人民币
4. 许荣茂	70亿人民币
5. 鲁冠球	61亿人民币
6. 李金元	60亿人民币
7. 丁磊	50亿人民币
8. 陈丽华	50亿人民币
9. 朱孟依	45亿人民币
10. 刘永好	45亿人民币

黄光裕:从打工仔到赚 15 亿

出生年月:1969 年 5 月

出生地:广东汕头

主要公司:鹏润集团

公司总部:北京

第一次上市:香港主板——0493 中国鹏润(2002 年 2 月)

主要行业:家电零售,北京房地产

资产:128 亿元　2007 年 450 亿　2011 年 197 亿　2013 年 108 亿

一个 17 岁随兄弟至京的“打工仔”、一个用 3 万元贷款开始家用电器经销的“北漂族”。

2004 年黄光裕居排行榜首富 107. 9 亿元,2003 年在《福布斯》榜中排第 37,2002 年排“百富榜”27 位,2001 年在《福布斯》榜中排第 27。

财富:2007 年《胡润中国富豪排行榜》估计黄光裕财富为 450 亿

2001 年 15 亿,2002 年 16 亿,2003 年 16 亿,2004 年 108 亿,2005 年 101 亿,2006 年 180. 9 亿,2007 年 271. 5 亿,2008 年 183. 6 亿,2009 年 49. 5 亿,2010 年 49. 7 亿,2011 年 165. 6 亿,2012 年 76. 2 亿,2013 年 76. 3 亿(福布斯)

2004 年广东的一位企业家黄光裕成了首富,他是广东汕头农村出生,17 岁不到就和哥哥到北方打工谋生,先到内蒙古再到北京,在北京南城的珠市口西街发现一家做服装的门脸很不景气,就和老板商量分组了其中 100 平方米,先卖服装,后卖家电。当然黄光裕非常能干,后来卖成了中国最大的家电连锁卖场——国美电器。我认识他的一个老师,也是他的顾问,这个老师曾经在他的成长过程中起了很重要的作用,他给我讲了黄光裕的很多故事。黄光裕这个人也是非常聪明能干,非常强势,但是有一个要命的毛病,喜欢赌钱,最后在赌船上输了几个亿,又给人家找了岔子,他和他哥哥在北京搞股票做庄,被判刑。去年黄光裕和他的一位职业经理人也是股东的,叫陈晓产生了分歧,到势不两立的地步,管理界称之为黄陈之争,最后大家有没有注意到?最终结果是陈晓出局,黄光裕胜利,当时黄光裕在牢里服刑,说明社会和政府对黄光裕大股东的地位还是非常尊重的。这说明中国法制到今天已经有了很大的进步。这在三十年前简直是难以想象的。这也说明了中国的经济发展更完善了,充分尊重他大股东的地位。

2005年《新财富》杂志也开始排行中国富豪,这是《新财富》中国富豪前十名。

2005年《新财富》公布中国500富豪榜

前十名依次为:	
1. 陈天桥家族	150亿人民币
2. 黄光裕	128亿人民币
3. 荣智健家族	94亿人民币
4. 鲁冠球	75亿人民币
5. 丁磊	70亿人民币
6. 许荣茂家族	55.5亿人民币
7. 叶立培	53.8亿人民币
8. 刘方家族	51.2亿人民币
9. 黄茂如家族	49.2亿人民币
10. 杨卓舒	47亿人民币

2005年中国出现了一个更年轻的首富叫陈天桥,才31岁。他是另外一个风格,复旦大学经济系毕业,做的生意也比较复杂,叫网络在线游戏。陈天桥是个聪明人,他知道做网络游戏产业最先进的都在美国,所以他就一心要找一个美国回来的海归做CEO,而且要求在美国大IT公司做过高管的人。这样的人就很难找了,你登招聘广告一般没人来找你,要找一种专门的服务机构来帮你找要找的人,这种机构叫猎头公司。猎头公司当时给他找了一个叫唐骏的人,唐骏当时是微软公司的中国区首席代表。陈天桥就犯嘀咕了,这样能干的人到我这个小公司来,我该出什么价钱?因为唐骏在微软的职位根据我的经验年收入不会低于100万美元。当然,陈天

桥当时也是付得起这 100 万美元年薪的，但是人家在微软干得好好的干吗要到你这里来干？这时候陈天桥请教了一个高人，所以高人的指点非常重要，高人当时给他指点了一招，祭起了一个“法宝”，他就把唐骏给“拿下”了。什么“法宝”呢？他给了唐骏 270 万股盛大科技在华尔街的股票卖出权，给了他一个 3 年以后可以卖出这 270 万股股票的卖出权，赚取 3 年以后的股价和他上任那一天的股票价格的差值作为收益的股票卖出权利。这句话挺长，但可以用一个简单的词来表达它，叫股票期权 Option。我请你做 CEO，把 270 万股股票拿出来放在一边，股票还不是你的，因为你还没出钱，锁定。上任那一天股价为 12 美元，3 年以后如果涨了说明你本事大，涨得越多说明你本事越大，不涨就说明你本事差，如果跌的话 3 年不到就把你炒了。唐骏在美国工作多年，一听就知道这是华尔街游戏规则，高兴得不得了，马上答应。和老板谈判底薪高一点低一点无所谓，底薪就是每个月固定拿多少，因为他知道股票这块才大，底薪不重要。唐骏运气真

陈天桥：31 岁晋身“中国首富”

出生年月：1973 年 5 月
出生地：浙江新昌
教育背景：大学（复旦大学经济系）
主要公司：盛大科技
总部所在地：上海
首次证券市场融资：美国纳斯达克（2004 年）
主要行业：网络在线游戏

目前来看，连续两年的中国内地首富都诞生自网络游戏领域，2003 年是丁磊，2004 年是陈天桥。据统计，2003 年中国网络游戏市场规模达到 13.2 亿元，并于 2007 年达到亿元；网络游戏用户已达 1380 万，到 2007 年网络游戏用户数将达到 4180 万；2003 年网络游戏对电信产业的直接贡献达到 87.1 亿元。

国际业界纷纷看好中国市场。据估算，国内 2003 年网络游戏用户平均每月花费 19.6 元，预计到 2006 年每月平均花费将达到 31.2 元。届时，中国网络游戏市场整个规模将达 85 亿元。

财富：2009 年《胡润中国富豪排行榜》估计陈天桥财富为 170 亿

2003 年 30 亿，2004 年 88 亿，2005 年 117 亿，2006 年 60 亿，2007 年 100 亿，2008 年 95 亿，2010 年 126 亿，2011 年 90 亿，2012 年 120 亿，2013 年 120 亿（胡润榜）

好,签了合同上任以后他还在到处找人谈话了解熟悉情况,还未出招,盛大科技的股票就在华尔街涨起来了,这也不是他的功劳,中国经济好了中国股票也会涨。很快从他上任时候的12美元涨到32美元,我给大家算一笔账,32 - 12 = 20,20 × 270万不得了,有5400万美元差价。折合成4个亿左右人民币,正所谓一夜暴富。但是,这笔钱暂时还拿不了,所以天天提心吊胆、七上八下的是职业经理人唐骏,而不是老板陈天桥,为什么?这4个亿要三年以后才能套现,如果三年以后股票又跌回到12美元,就会空欢喜一场,所以老板就给这位职业经理人戴上了一副金光闪闪、心里乐滋滋但是又提心吊胆的“金手铐”。

所以今天讲的这一个案例,就是希望大家,尤其是有一定规模的企业一定要开始考虑,怎么样设计这样的“金手铐”制度,把你手下最宝贵的人才“铐”起来,而且是用“金手铐”,他很乐意,他不反感,他很高兴,这就是我们要讲的股权激励机制的制度创新。这是中国民营企业发展阶段中的一个重要关节点建设。

2006年《胡润中国富豪排行榜》的前十名。

2006年《胡润榜》公布中国500富豪榜

前十名依次为:	
1. 张茵	270亿人民币
2. 黄光裕	200亿人民币
3. 朱孟依	165亿人民币
4. 许荣茂	160亿人民币
5. 施正荣	155亿人民币
6. 荣智键	145亿人民币
7. 陈卓林家族	136亿人民币
8. 钟声坚	110亿人民币
9. 张力	108亿人民币
10. 许家印	100亿人民币

张茵:2006 中国新女首富——270 亿

出生年份:1957 年
出生地:广东
教育:大学
主要公司:美国中南控股
公司总部:美国洛杉矶
第一次上市:美国华尔街 2006
主要行业:纸箱、包装纸

张茵出身于军人家庭,是八个子女中的老大。她很晚才有机会进入大学深造,之后在深圳一家企业工作。1985 年,20 多岁的张茵从内地移民香港,三万元开始了自己的废纸回收生意,并在广东开设了纸品工厂。1990 年,张茵又从香港移民美国,与丈夫一起建立了美国中南控股公司,为其在中国的工厂购买并提供可回收废纸。

凭着张茵的坚韧聪颖和善于经营,中南控股集团发展很快。1997 年 ~2000 年,中南控股出口的各类包装纸和纸箱位居美国同行业第二,2001 年上升为美国同行业的首位。2002 年,中南控股从美国出口的废纸是 300 万吨,15 多万个货柜的废纸不仅销往中国内地,而且还出口到亚洲其他的国家和地区。中南控股集装箱出口用量在全美排名第一。

财富:2007 年《胡润中国富豪排行榜》估计张茵财富为 770 亿人民币

2003 年 25 亿,2004 年 30 亿,2005 年 30 亿,2006 年 270 亿,2008 年 180 亿,2009 年 330 亿,2010 年 380 亿,2011 年 280 亿,2012 年 200 亿,2013 年 270 亿(胡润榜)

2006 年中国出现了第一位女性首富,这个首富出生在广东,叫张茵,军人家庭出身,后来移居香港在香港开始创业。一开始是 3 万块钱,从事废纸回收生意,在广东开设了纸品工厂。她和她的先生后来到了美国洛杉矶,做把美国废纸卖到中国的生意。张茵差不多垄断了美国的废纸出口卖往中国的生意,因为你们知道中国的造纸工业非常缺纸浆,造纸浆就需要木材,中国每年需要用 3 亿立方米木材做各类工业的原材料,而中国自身只能开采 1 亿立方米,其余 2 亿立方米需要进口,所以废纸就成了包装纸最主要的原料。她这个生意做得很大,有一个朋友告诉我,她最厉害的时候是一天就拉到中国来几十个货柜的废纸,因为美国是全世界个人用纸量最大的,《纽约时报》周末版有好几斤重,所以美国人隔几天就不得不把报纸堆在路边上,人家帮你收你还要付一点钱给人家,所以美国的资源浪费是很厉害的。张茵专门做废纸收购进口,我们开玩笑说张茵是一个专门收破烂起家的女首富。但是她得生意做得很大,2007 年在香港上市,她的公司叫玖龙纸业,公司一上市,她的财富一下子从 30 亿上升到 270 亿,下半年玖龙纸业股票大涨,又上升到 770 亿,成为中国第一个女性的首富。

2007 年《胡润中国富豪排行榜》的前十名。

2007 年《胡润榜》公布中国 800 富豪榜

前十名依次为:	
1. 杨惠妍	1300 亿人民币
2. 张茵	770 亿人民币
3. 许荣茂	550 亿人民币
4. 黄光裕	450 亿人民币
5. 张力	420 亿人民币
6. 彭小峰	400 亿人民币
7. 荣智键	400 亿人民币
8. 许家印	400 亿人民币
9. 张近东	380 亿人民币
10. 郭广昌	360 亿人民币

2007 年,中国首富又变成一个更年轻的中国女孩子,才 26 岁,就是顺德碧桂园的董事长杨国强的二女儿杨惠妍。杨国强原来是广东顺德北郊镇的一个农民,小时候据说穷得连鞋都穿不起,好像有一个哥哥在乡政府做干部,就在顺德做房地产。楼盘叫碧桂园,大家都去过,开始是个烂尾楼,卖都卖不掉。他后来请了一个在深圳工作的策划人,新华社记者出身的王志刚先生做了一把营销策划。其实今天看来,王志刚的策划主要有两个内容,一个是给它提出了一个响亮的口号叫:给你一个五星级的家。第二个就是在房地产楼盘旁边做了一个贵族学校,结果一下子这个楼盘变成了明星楼盘。所以房地产和学校的结合是一个非常厉害的结合,叫学区

房。你们知道,现在学区房不得了。最近有一个中国女老板为她 2 岁的女儿在美国买一个学区房花了几百万美金,人家问她女儿多大,说女儿 2 岁,把美国的房地产商也吓了一跳。

碧桂园马上就变成了明星楼盘,被一抢而空。当然杨国强很聪明的是,他在王志刚先生策划的基础上,把碧桂园的成功模式反复在全国拷贝了 20 多家,主要拷贝在广东各地,碧桂园就成了一个知名品牌。据说他身体不大好,有三个女儿,大女儿好像身体也不大好,二女儿比较聪明,叫杨惠妍,他把她送到美国俄亥俄州立大学学了两年的市场营销,回来就当了老爸的总裁助理,后来嫁了一个清华大学的 MBA 研究生。二女儿工作能力比较好,杨国强也比较满意,就把他 70% 的股份放在他二女儿的名下。2007 年 5 月,碧桂园在香港成功上市,这 70% 的股份就变成 455 亿元人民币。下半年碧桂园股票大涨,因为 2007 年的时候碧桂园是中国最大的民营房地产开发商储备土地拥有人,拥有 5. 5 万亩土地的储备,所以它的股

杨惠妍:2007 中国新女首富——1300 亿

出生年份:1981 年
出生地:广东
教育:大学(美国俄亥俄州立大学)
主要公司:美国中南控股
公司总部:碧桂园控股
第一次上市:香港 2007 年 4 月 IPO
主要行业:房地产

2004 ~ 2006 年,碧桂园每年的营业额及纯利的复合增长分别达 56. 5% 及 141. 1% ,2006 年集团收入达 79. 41 亿元,净利润为 16. 73 亿元。2007 年 4 月,碧桂园控股在香港联交所上市,发售 24 亿股,占总股本的 15% 。必胜公司持有 95. 2 亿股,碧桂园集团创始人杨国强之女杨惠妍则 100% 持有“必胜公司”股份。她持有的股份,占碧桂园控股上市后总股本的 59. 5% 。若按 4. 78 港元的招股价中间值计算,杨惠妍身价超过 400 亿元,成为中国最年轻的首富。

财富:2007 年《胡润中国富豪排行榜》估计杨惠妍财富为 1300 亿人民币

2008 年 330 亿,2009 年 310 亿,2010 年 240 亿,2011 年 360 亿,2012 年 330 亿,2013 年 510 亿(胡润榜)

票就非常看涨。这70%股份又上升到1300亿,其他还有200个亿在杨国强的其他几个亲友手里。所以严格说来杨国强家族创造了中国民营企业财富有史以来的一个巅峰,至少杨惠妍当时就有1300亿,直到现在没有第二个人超过这个数目。当然2007年的时候是中国财富的一个巅峰,后来又降下来了,她现在估计有两三百亿左右,但也很厉害。今年我去顺德,和他们比较熟悉的朋友告诉我,杨国强的三女儿最近结婚了,嫁了一个哈佛大学的工商管理硕士,据说排场做得很大,我相信他们在事业上也会有很大的发展。2008年,金融风暴来了,首富迅速地缩水,碧桂园股票一下子从1300亿降到只有204亿,而杨惠妍只有150亿,在金融风暴最厉害的时候,你想1000多亿降到只有150个亿。

2008年华尔街刮起了金融风暴,迅速蔓延到全世界,世界各国股市狂跌,各国富豪财富迅速缩水。中国也被卷了进去。从富豪排行榜的数据可以清楚地看到这点。

2008年《福布斯中国富豪排行榜》前十名。

2008年《福布斯》公布中国800富豪榜

前十名依次为:	
1. 刘永行	204亿人民币
2. 黄光裕	187亿人民币
3. 杨惠妍	151亿人民币
4. 刘永好	150亿人民币
5. 周成建	136亿人民币
6. 张近东	122亿人民币
7. 李彦宏	116亿人民币
8. 杜双华	109亿人民币
9. 马化腾	107亿人民币
10. 周福仁	105亿人民币

刘永行:农业大亨

出生年月:1948 年 6 月

出生地:四川新津

主要公司:东方希望集团

公司总部:上海

主要行业:饲料,铝业,化工,投资

在 2008 福布斯中国富豪榜上,饲料及铝业大亨刘永行获封新一届的“中国首富”。

刘氏家族曾是中国最富裕的家族之一,2002 年,刘家是中国少数财富超过 80 亿的家族之一。1982 年,刘家开始饲养鹌鹑和鸡,并将希望集团打造成为中国最大的饲料生产者之一。1995 年,刘永行搬至上海,他旗下的东方希望集团至今仍是中国最大的饲料公司之一,同时还拥有铝冶炼厂。2008 年,刘永行的净资产达到 204 亿元人民币,比去年增长了 23.2 亿元。

财富:2012 年《胡润中国富豪排行榜》估计刘永行财富为 450 亿人民币

2000 年 82.7 亿,2001 年 82.7 亿,2002 年 39.8 亿,2003 年 39.8 亿,2004 年 41.5 亿,2005 年 93.9 亿,2006 年 91.7 亿,2007 年 180.8 亿,2008 年 204 亿,2009 年 375.5 亿,2010 年 327 亿,2011 年 434.7 亿,2012 年 365.4 亿,2013 年 372.1 亿(福布斯)

2008 年的首富是刘永行,刘永好的哥哥,他的公司是一个没有上市的企业,但是他在饲料、旅游、化工方面做得非常好,成为新一届的首富。他们兄弟几个都非常厉害,刘永好、刘永行兄弟做得都非常好。

2009 年世界金融风暴继续蔓延,富豪们的财富继续缩水,有的腰斩,有的甚至缩水了大半,甚至 90%。中国首富身价也跌至最低点。

2009 年《新财富》公布中国 500 富豪榜

前十名依次为:	
1. 沈文荣	200 亿人民币
2. 张近东	174 亿人民币
3. 周成建	166 亿人民币
4. 杨惠妍	160 亿人民币
5. 杜双华	153 亿人民币
6. 许荣茂	150 亿人民币

续表

7. 刘永行	150 亿人民币
8. 刘永好	140 亿人民币
9. 郭广昌	125 亿人民币
10. 许家印	120 亿人民币

沈文荣:钢铁民企教父

出生年月:1946 年 2 月

出生地:江苏张家港

主要公司:江苏沙钢集团

公司总部:江苏张家港

沙钢,这个 1975 年靠 45 万元自筹资金创办起来的作坊式轧钢小厂,如今已发展成为拥有总资产 212 亿元、净资产超百亿元、职工 9500 余名、钢材产量位居全国第六,综合竞争能力仅次于宝钢的"中国第一民营钢铁企业",沈文荣也因此成为民营企业家中屈指可数的中共十六大代表。

沈文荣出身贫寒,父亲英年早逝,兄弟姐妹 6 人从小与母亲相依为命,家里只有三间茅草房。但如今,沈文荣在《福布斯》和胡润 2003 年的"百富榜"上均名列前茅。因为早在 2001 年,沙钢就已成功改制,改制后,国家仍持股 25%,沙钢职工持股 30%,沙钢管理层共同持股 45%,其中沈文荣一人持股 17%。沈已成为沙钢名副其实的大股东。

财富:2011 年《胡润中国富豪排行榜》估计沈文荣财富为 340 亿人民币

2002 年 12.9 亿,2003 年 13.3 亿,2004 年 16.1 亿,2005 年 42.6 亿,2006 年 47.4 亿,2007 年 90 亿,2008 年 68 亿,2009 年 95.6 亿,2010 年 133 亿,2011 年 114.4 亿,2012 年 75.6 亿,2013 年 72 亿(福布斯)

2009 年,前几年的首富的财富进一步缩水,这里面杨惠妍 160 亿,刘永行又降到 150 亿。但是沈文荣,江苏的一个轧钢集团的董事长变成了首富,200 个亿。他经营的是一个民营的轧钢的小厂,做得非常优秀,成为中国民营钢铁企业的龙头老大。

刚才讲的是 2009 年 3 月份的中国富豪榜排行,但是 2009 年世界经济开始复苏,股市开始回升,富豪们的身价也随之回升。2009 年 5 月份中国富豪排行榜又冒出了一匹黑马,就是深圳企业比亚迪的王传福变成了首富,他的成功非常值得讲一讲。他是研究生学历,做锂电池起家,后来做电动汽车,他很钻研。据说他做了汽车以后读了几百本汽车的技术书籍,毕竟他是硕士出身。销售上也做得非常好,比亚迪汽车在全国的汽车市场上还是卖得比较好的。

他的财富增长的关键就是巴菲特看中了他。巴菲特派了他最重要的合伙人芒格到深圳考察比亚迪和王传福,芒格带领他的团队在深圳整整待了一个月,从各方面仔细考察了比亚迪和王传福的方方面面的情况。考察之后巴菲特决定投资,用 18 亿港币在香港买了比亚迪股份公司在香港 10% 的股份,一年以后比亚迪在香港的股票从 8 块钱港币涨到 76 块,涨了整整 9 倍,王传福的财富一下子增加了 200 个亿,变成了 2009 年的中国首富。据说巴菲特投资他也不是那么容易,芒格看了他所有的工厂,访谈了他所有的高管,最后认定王传福是一个优秀的人,比亚迪是个优秀的公司,是大有前途的公司,于是投下去 18 个亿。最近我好像也没有听说比亚迪

王传福:中国电动车先驱

年龄:43

出生地:安徽无为

主要公司:深圳比亚迪汽车

公司总部:深圳市

1987 年毕业于中南大学冶金物理化学专业,同年进入北京有色金属研究总院攻读硕士,1990 年毕业后留院工作,1995 年辞职,创办比亚迪公司,短短几年时间,发展成为中国第一、全球第二的充电电池制造商,2003 年进入汽车行业,现为比亚迪股份有限公司(1211. HK)董事局主席兼总裁、比亚迪电子有限公司(00285. HK)主席。"比亚迪计划在 2015 年成为中国第一的汽车生产企业,2025 年成为全球第一!"王传福外表温文尔雅,是个典型的"白面书生",但其"狂"起来与李书福相比有过之而无不及,这也许是 2007 年全球汽车界最"牛"的语录。

财富:2009 年《福布斯中国富豪排行榜》估计王传福财富为 396 亿人民币

2002 年 12.6 亿,2003 年 28 亿,2004 年 30 亿,2005 年 18.3 亿,2006 年 33 亿,2007 年 97.5 亿,2008 年 72.1 亿,2010 年 284 亿,2011 年 97.2 亿,2012 年 76.9 亿,2013 年 219.6 亿(福布斯)

减持他的股份，尽管其股票现在不是很好，但是，如果政府真要在电动汽车的政策上加大力度的话，比亚迪的股票也会像当年民生银行的股票一样。

2010 年中国富豪排行榜又出了一位以前谁也没听说过的黑马首富。

这是《理财周报》排行的中国富豪排行榜的前十名。

2010 年《理财周报》公布中国富豪榜前十名

前十名依次为：	
1. 李锂	355 亿人民币
2. 蔡衍明	350 亿人民币
3. 王传福	300 亿人民币
4. 邓耀	283 亿人民币
5. 张茵	282 亿人民币
6. 李彦宏	277 亿人民币
7. 张近东	254 亿人民币
8. 马化腾	247 亿人民币
9. 许荣茂	246 亿人民币
10. 丁世忠	222 亿人民币

2010 年中国新首富很有趣，变成了叫“两亿根猪小肠造出来的中国新首富”。这位首富叫李锂，做什么生意呢？是从农民那里收购杀猪以后有的不要的脏乎乎黏兮兮的猪小肠，把小肠里面的黏膜给刮出来，做成一种药物的中间体，叫肝素钠。我是搞化学的，这个工艺是非常简单的，全国也有上百家工厂在生产。但是李锂和他的夫人两个人都是四川大学化学系毕业的，他们把这个工艺改造得非常精良，做出来的肝素钠品质非常高，而且全部出口到美国。更重要的是李锂他们在上市的过程中也是找了一个非常了不得的私募投资人，那就是我们经常称他们为金融大鳄的高盛。由

李锂:2 亿根猪小肠造出的 2010 年中国新首富

出生年份:1964 年

主要公司:深圳海普瑞药业股份有限公司

公司总部:深圳市

1987 年毕业于四川大学化学系,日前,深市中小板拟上市企业深圳市海普瑞药业股份有限公司创下了 A 股历史上最高发行价:148 元。其实际控制人李锂、李坦夫妇,也因合计持有海普瑞 79.97% 的股权、28803.7 万股,身价高达 426.29 亿元,超过身价 396 亿元的比亚迪掌门人王传福,成为中国内地新首富。

李锂、李坦的财富,与 1.8 亿头猪的猪小肠有关:作为临床应用最广泛和最有效的抗凝血、抗血栓药物之一,肝素类药物市场需求十分强劲。肝素目前只能从新鲜的健康生猪的小肠黏膜中提取,猪肉产量超过全球 60% 的中国,迅速成为全球最大的肝素原料提供国。海普瑞的主营业务是肝素钠原料药——就是从猪小肠黏膜中提取肝素,加工成肝素粗品,加工成肝素纳或钙原料药,再形成肝素制剂,李锂的生意在第三个中间环节。

财富:2011 年《新财富》"中国 500 富人榜"估计李锂财富为 420.7 亿人民币

2008 年 131.5 亿,2010 年 355.1 亿,2011 年 393.2 亿,2012 年 126.9 亿,2013 年 113.9 亿(理财周报)

于高盛给了他几千万做了私募投资人,所以他们在上市的时候高盛就不遗余力地帮忙。他的公司叫深圳海普瑞药业,创下了 A 股历史上最高的发行价,一开盘就是 148 块。李锂夫妇拥有 2.8 亿股,所以他们的身价一下子就跳到了 426 亿,2010 年超过了 396 亿的比亚迪掌门人王传福,成为中国内地的新首富。高盛最近两年正在不断减持海普瑞的股票,赚了几十倍,但是它也造就了中国新的首富。所以这些美国华尔街的投资银行既可恨又可爱,可恨的是它剪我们的羊毛,可爱的是它能帮你成为首富。所以你说要不要和他们合作?你知道这些人是全世界最聪明最精明的人,将来和他们过招、和他们交往也是非常有意义的事情。

2011 年《福布斯世界富豪排行榜》出炉,中国富豪前十名如下:

这是2011年福布斯世界富豪排行榜，第一名就是IT业的李彦宏，第二名就是三一重工的董事长叫梁稳根，第三名就是娃哈哈的董事长宗庆后，第四名就是我们的同行搞化学的海普瑞药业的董事长李锂，第五名就是美的集团的董事长何享健，他请我给他的高管做过一次内训，第六名也很有意思，是一家很小很小的报纸的记者出身的女记者，现在已经成为中国最有品牌影响力也是中国最大的民营房地产企业的老总叫吴亚军。她设计的激励机制比万科还厉害，她手下十个高管身价过亿，十多个身价过千万。这就是说一个领导人不需要有多优秀、多专业，你只要会用人就可以了，设计制度也是一种变革、一种创新。

这就是2011年的中国首富，李彦宏，我们看看年轻的中国首富是个小帅哥，长得很英俊。山西阳泉人，考上了北大，后来到美国留学，然后在美国找到一份工作，在一家IT公司做到负责研究和开发的副总裁，然后找到了一样很好的产品，到中国来创业，做成了中国最大的搜索引擎网站百度网，壮大以后然后又到美国华尔街上市。我刚才描述李彦宏的情况讲了五句话，希望大家记住，希望你们补一点课，你们的下一代能够走上这五句话的道路，这是我总结出来的他们的成功商业模式。第一句话，小地方出身，山西阳泉是个小地方。所以小地方出生没有关系的。哪怕农村出身。第

李彦宏：百度向网络淘金者卖"水"

出生年月：1968 年 11 月
出生地：山西阳泉
教育：留美硕士（北京大学）
主要公司：百度公司
公司总部：北京
主要行业：搜索引擎

李彦宏 1991 年毕业于北京大学信息管理专业，随后赴美国布法罗纽约州立大学完成计算机科学硕士学位。毕业后，李彦宏先后担任道·琼斯公司高级顾问、《华尔街日报》网络版实时金融信息系统设计者、INFOSEEK 资深工程师。1996 年，因发明全球第二代搜索引擎核心技术"超链分析"，在美获专利；1998 年，根据硅谷工作及生活经验，出版了《硅谷商战》一书。2000 年初，携风险投资回国，与好友徐勇共同创建百度网络技术有限公司。2001 年被评选为"中国十大创业新锐"之一；2002 年荣获首届"IT 十大风云人物"称号；2003 年再次荣获"IT 十大风云人物"称号；2004 年 1 月 15 日，入选第二届"京城十三新锐"；2004 年 4 月，入选第二届"中国软件十大杰出青年"。

财富：2013 年《福布斯中国富豪排行榜》估计李彦宏财富为 677.1 亿人民币

2004 年 8.3 亿，2005 年 43.2 亿，2006 年 51 亿，2007 年 175.9 亿，2008 年 115.6 亿，2009 年 198 亿，2010 年 480 亿，2011 年，588.1 亿，2012 年 510.3 亿，2013 年 677.1 亿

二句话就非常重要了，上一个好大学。当然你们可能不一定赶得上了，我要讲你们的子女，非常重要，要上一个好大学。上好大学容易成才。上好大学一定要出去留学，要留一个好大学，这个我等会儿要详细地讲。然后第三句话非常重要，在国外留了学不要着急回来，有条件的话在外面找一份工作，很多留学生在外面找不到工作，找工作是留学生能力的一个考验，要做得好，做到高管，甚至在美国当老板，这还不够。接下来第四话非常重要了，要拿一样最好的东西、产品或服务模式到中国来创业。因为中国是未来全球最大的市场。第五句话，做了公司要到华尔街去上市，圈美国人的钱，圈全世界的钱。这五句话是一个商业模式，希望将来你们培养儿女，慢慢体会这五句话里面的道理。

第二名很有意思，叫梁稳根，三一重工董事长。最近我在一个地方讲课，见到了梁稳根大学时一位同班同学，他对我讲了一段蛮莫名其妙的话。

他说梁稳根大学学习的时候成绩根本不怎么样,上课有时也不去,自己找一些书看。我可以告诉大家,一个人在大学里面学习怎么样与将来走上社会,干得怎么样没有特别的关联。我注意到我在大学时成绩最好的同学,走上社会后都是帮人打工的;倒是那些学习成绩不怎么好的人,走上社会后倒是当了大老板或大官。这说明一个人走上社会事业成就决定的最大要素是情商而不是智商。我们的教育制度培养情商做得不怎么好。梁稳根被分配到一家国有企业打工,也做得不怎么样。后来和三个同学拿出了六万块钱下海创业。做什么呢?做山羊倒卖贸易。结果羊都死掉,没赚到什么钱。但是他们后来做工程机械就做得很成功了,今天已经成为全国,乃至全球最大的工程机械企业之一,全球水泥混凝土机械企业龙头老大。

第三名宗庆后,家庭出身不好,"文化大革命"被下放到农村和茶场劳动了二十多年,40 岁才回到杭州城里,进了杭州市下城区一家小学校办工厂工作,42 岁踩三轮车在街上卖冰棍。因为这家工厂生产冰棍。但是后来他和一个好朋友花了八万块钱,买了一位浙江大学教授的一个配方,那就是小孩子很喜欢喝的饮料叫娃哈哈。最终他的企业成为中国饮料业最大企业。后来他成为 2013 年上半年中国内地首富。

2012 年《新财富》中国富豪前十名如下:

2012 年《新财富》公布的中国富豪前十名

1. 王健林	460 亿人民币
2. 梁稳根	440 亿人民币
3. 李彦宏	422 亿人民币
4. 刘永行	400 亿人民币
5. 张士平	290 亿人民币
6. 吴亚军	278 亿人民币

续表

7. 许家印	266 亿人民币
8. 马化腾	254 亿人民币
9. 杨惠妍	236 亿人民币
10. 鲁冠球	230 亿人民币

王健林:中国商业地产第一人

出生年份:1954 年

出生地:四川

教育:辽宁大学

主要公司:大连万达集团

公司总部:大连

主要行业:商业地产

王健林 1954 年 10 月出生于四川省,大连万达集团董事长,中共十七大代表、全国政协常委、全国工商联副主席、中华慈善总会荣誉会长。

资产:2013 年《胡润中国富豪排行榜》估计王健林财富为 1350 亿人民币,创民营企业家财富之巅

2005 年 25 亿,2006 年 25 亿,2007 年,2008 年 57,1 亿,2009 年 239 亿,2010 年 260 亿,2011 年 255. 7 亿,2012 年 504 亿,2013 年 860. 1 亿(福布斯)

2012 年首富就变成了全国开发万达广场商业房地产的王健林,最近他又收购了美国的电影院线公司叫 AMC,花了 15 亿美金,现在万达的电影院线已经成为世界最大的电影院线。我们也应该看到王健林的万达商业地产是这几年中国最成功的商业地产,万达广场成为城市的标志性建筑,政府也非常欢迎它营造的商圈。

2013 年最新的中国首富变成了宗庆后,1150 亿,《胡润榜》公布的。宗庆后曾下放到农村农场,后来和朋友用几万块钱借款开创"娃哈哈"。现在娃哈哈已成为最大的饮料集团,和法国达能打官司,还打赢了,达能也搞不过它。

2013 年《新财富》公布的中国富豪前十名

1. 宗庆后	722 亿人民币
2. 王健林	535 亿人民币
3. 梁稳根	454 亿人民币
4. 李彦宏	429 亿人民币
5. 马化腾	423 亿人民币
6. 刘永行	373 亿人民币
7. 许家印	367 亿人民币
8. 杨惠妍	355 亿人民币
9. 魏建军	330 亿人民币
10. 吴亚军	268 亿人民币

宗庆后:中国饮料大王 42 岁开始创业

出生年月:1945 年 10 月
出生地:江苏宿迁
主要公司:杭州娃哈哈集团
公司总部:杭州
主要行业:饮料

1987 年,42 岁的宗庆后开始创业,从几个人、几万元借款白手起家。娃哈哈经过 25 年的发展,已成为中国最大、全球第五的饮料巨头。宗庆后的“饮料帝国”名副其实,其产品涉及含乳饮料、瓶装水、碳酸饮料、茶饮料、果汁饮料、罐头食品、医药保健品、休闲食品、婴儿奶粉、童装等十大类 150 多个品种。

这个庞大的帝国网络遍及中国,在 29 个省、市、自治区建立了 66 个生产基地,拥有 170 家子公司及近 3 万名员工。即使在经济形势严峻的 2011 年,全年集团公司营业收入仍为 678.55 亿元,同比增长 23.65%,实现利税 123.34 亿,同比增长 10.54%。

所有这一切都是宗庆后独揽大权,他兼任董事长和总经理,从未设副总。但让人惊讶的是,至今娃哈哈现金流十分充沛,没有一分钱银行贷款。

年近 70 岁的宗庆后依然雄心勃勃,他为娃哈哈勾画了新的蓝图。

财富:2011 年《胡润中国富豪排行榜》估计宗庆后财富为 1150 亿人民币

2003 年 12 亿,2004 年 19 亿,2005 年 65 亿,2006 年 80 亿,2007 年 260 亿,2008 年 180 亿,2009 年 270 亿,2010 年 800 亿,2011 年 680 亿,2012 年 800 亿,2013 年 800 亿(胡润榜)

但是下半年王健林又以超过 1350 亿的身价再次跃居中国首富宝座。

2014 年的中国首富是马云，财富达到 1500 亿人民币。

另外我还做了一张有趣的表，2008、2009 年中国富豪财富的缩水榜，大家仔细看看这张表很有意思。张茵 2007 年 770 个亿，2009 年 5 月缩水到只有 22 个亿，但是 10 月她就迅速地反弹到 330 个亿，她最厉害时候缩水缩掉了 97% 的财富。但是你 2009 年如果在香港炒张茵的股票，可以赚 10 ~ 20 倍。缩水量最大的就是前中国首富杨惠妍，从 2007 年 1300 亿，缩到 2009 年 5 月份最少的时候只有 160 亿，她一共缩掉了 1140 个亿，缩掉了 88% 。彭小峰，刚才讲到的 400 个亿，缩到 2009 年 70 个亿，10 月份缩到只有 55 个亿。我认为施正荣恐怕现在也缩到只有十几二十个亿了，缩得更厉害了，因为他破产了。

2008 ~ 2009 年中国富豪财富缩水榜前十名

姓名	2007 年	2009 年 5 月	10 月	财富缩水	缩水率	行业
张茵	770 亿	22 亿	330 亿	748 亿	97%	造纸
杨惠妍	1300 亿	160 亿	310 亿	1140 亿	88%	房地产
彭小峰	400 亿	70 亿	55 亿	345 亿	86%	新能源
荣智键	400 亿	62 亿	165 亿	338 亿	84%	金融投资
施正荣	200 亿	50 亿	100 亿	150 亿	75%	新能源
卢志强	330 亿	85 亿	300 亿	345 亿	74%	房地产
许荣茂	550 亿	150 亿	320 亿	400 亿	73%	房地产
陈卓林	310 亿	83 亿	210 亿	227 亿	73%	房地产
许家印	414 亿	120 亿	165 亿	296 亿	71%	房地产
郭广昌	364 亿	125 亿	165 亿	239 亿	66%	医药、房地产

我为什么给大家列出这一张表呢？就是为了提醒你，当你的财富在巅峰的时候，你要及时套现一部分。因为这些富豪的身价就是，每股股票多少钱，他们拥有多少股份，乘起来就是身价。这叫“纸上财富”，就是说这

都不是真金白银的财富。你要注意你的资产管理,所以在座的如果身价5000万以上,你要花钱请一个专家,给你做你个人和企业的理财管理的投资组合,就是你要开始分散,要开始研究,不能把鸡蛋放在一个篮子里。如果你有5000万以下,你自己就可以打理了,这里面有很深的学问。你们知道香港曾经有一个老板邢李源,太太是台湾著名影星林青霞,他是做服装连锁销售生意的,公司叫Esprit。大百货公司、购物中心都有它的店。香港有很多理财专家,邢李源在他股票很好的时候卖掉9%的股票就套现了40亿港币。像苹果电脑现在手上几百亿美金,谷歌现在手上几百亿美元的现金,俞敏洪现在手上有八九亿美元的现金,为什么?他们要收购别的公司发展扩张,收购公司很重要,所以这些都是现金流非常好的公司,这些都是需要我们进一步研究、学习的学问。

从2004年开始我就不断地研究这些富豪的排行榜,研究他们每年的变化,因为他们的变化一方面代表了经济发展趋势的变化,另一方面也说明了他们管理能力的变化和行业的变化。有的时候"天意不可违",要注意大形势。

下面再给大家举几个案例,给近几年发展很快的企业家做一些点评。

第一个叫王志东,他是一个北京大学的毕业生,一生创业做过三家公司。开始在中关村给人家装电脑,那是小买卖,还不算什么公司。第二家公司叫四通利方,开在北京清华大学东门外一个小学的两间破教室里,中关村第二小学。但是他是一个很聪明的人,毕竟是北大毕业,他的公司是中国最早找到了外国风险资本投资的一家民营高科技公司。外国这家公司叫华登投资公司,中国人开始都不大了解,在美国硅谷的人都知道这是硅谷很有名的风险投资公司。华登投资的老总说王志东这个人很能干,他的这个公司很有价值,就叫人去看。那天是个星期天,正好一时还找不到在小学看门的大爷,门一时还打不开,据说是华登公司的人西装革履翻了墙才进到里面看他的公司。他的公司就两间破教室,十几小伙子每人抱着一台电脑在开发一个软件。当时王志东的公司有多少固定资产呢?我估

王志东:再次成亿万巨富

出生年份:1967 年
出生地:东莞市
教育:大学(北京大学)
主要公司:点击科技
公司总部:北京
第一次上市:2000 年美国上市
主要行业:软件

王志东,新浪网原首席执行官兼总裁,现任新浪网首席顾问。王志东 1993 年创办四通利方信息技术有限公司,1997 年成功地为四通利方公司引入 650 万美元的国际风险投资,成为国内 IT 产业引进风险投资的首家企业。新浪上市后因和投资方发生分歧退出管理层。

王志东是一个不甘寂寞的人。2004 年 2 月 18 日,王又重新闪亮于镁光灯下。如同一年半前一样,他要召开盛大的发布会,面对全国百家媒体侃侃而谈。只不过上一次是宣布点击科技发布产品,这一次是宣布点击科技成功融资 1300 万美元,投资方是 Fidelity Ventures Far East(富达远东风险投资公司),约控制点击科技 25% 左右的股权。

财富:2011 年《胡润中国富豪排行榜》估计王志东财富为 24 亿人民币

2000 年 4.7 亿(福布斯),2004 年 6 亿(新财富),2005 年 5 亿,2007 年 8 亿,2008 年 13 亿,2009 年 13 亿,2010 年 15 亿(胡润榜)

计 100 万人民币都不到,因为就是一些电脑加上一些桌椅板凳而已。但是王志东非常能干,和这家从美国来的风险投资公司进行谈判。最后谈了几个月终于谈成了,华登公司给了他 650 万美元投资,买了他 35% 的股份。我在这里停顿一下,大家想一想,给他 650 万美元的现金买了他 35% 的股份,他现在的公司值多少钱了呢? 650 万美元除以 35%,一下子就值 2000 万美元。一个固定资产不到 100 万人民币的公司这一次生意成交就变成了 2000 万美元,不是人民币。人民币就值了一亿几千万。所以我讲到这里,还要讲一个道理,做生意创造财富,这里面有五个阶段,你们目前大部分人都在第一阶段。第一阶段叫把净资产不断做大,你们现在每天都在做这个事。我投资了几百万,赚了多少钱,就去添加设备,有条件就买地,盖新的厂房,买更多的设备,增加一些原材料,增加一点流动资金,然后减掉所有的负债,这就是你公司的净资产,你们学过财务的都知道。第二个阶段就是我刚才讲的故事,你要让你的资产升值,一块钱的东西要卖五块钱,而且要达成交易。你叫五块钱没人理你没用,你叫五块钱有人来买这才叫资产升值。第三个阶段,要让你的资产变得可流动,可交易。你们目前的资产都不算特别好,不大能流动。像我们有位朋友的印刷厂,很难流动,一旦他生意不好了,把这个印刷厂盘掉那就不值钱了,而且只有印刷厂的同行买你,所以他这个就成问题,要把它变得可流动,可交易。第四个阶段,要想办法把资产变得分分钟可变现,马上可以变成现金。第五个阶段,用变成的现金做新的投资,成为一个新的循环的开始。要做到第二步、第三步、第四步,最主要的办法就是把公司做成上市公司。把公司做成上市公司之后,你的每一台印刷机和每一捆纸都变成了股票,都能够分分钟变现,这就是我们要读资产经营的非常重要的原因。

我可以告诉大家,中国 99.9% 的企业都停留在第一阶段,只有 0.01% 的企业可以到第二、第三、第四乃至第五步,因为上市公司只有 2 千多家,而全国的公司有几千万家。所以我们为什么要来学这样的课程,研究这样的课题,我们要琢磨。你一个普通的印刷厂,一家印刷公司,我们琢磨有没有可能来发展一块细分领域里面的盈利比较高的产业,将来变成上市公司。你这个物流有没有可能,有一家物流公司上市就很简单,专门做医药物流叫九州通,它就是上市公司。专门做药品运输,这叫细分领域冠军,或者叫“隐性冠军”,这就是我们进一步可以和你们探讨的事情。

美国的华登公司给了他 650 万美元,这是不是对王志东最大的价值所在呢? 也不是。这家美国风险投资公司对王志东最大的价值不在这个 650 万现金,而在于给他介绍了一个台湾人。这个台湾人叫姜丰年,当时看起来莫名其妙,他在美国旧金山做一个中文的网站叫华渊网,要知道在美国旧金山做一个中文网站赚不了钱,因为那里的年轻人都读英文,中文不会读,只有老头老太太才读,所以在美国做中文网站根本赚不到钱。但是，王志东认识了姜丰年，成了合作伙伴，为什么？王志东认识了姜丰年，知道了什么叫门户网站，而姜丰年认识了王志东，王志东身后就是伟大的中国市场，十几亿中国人民都在读中文，所以两个人的结合就变成了今天的新浪网，新浪网就是王志东和姜丰年的结合。你们一生要追求这样的合作，这叫双赢。一个拿到了技术，一个拿到了市场，一上市两个人都变成亿万富翁，所以这就是王志东引入国际风险投资这件事情最大的意义所在。你要想办法找一个战略合作伙伴，这个战略合作伙伴在你发展的一定阶段中间会起到非常重要的作用。所以，国外的老板做什么事？最重要的就是到处物色什么人可以做我的战略合作伙伴，聚焦这样的联盟共同发展，达到双赢、多赢。

第二个也是一个年轻人，叫张朝阳，清华大学物理系毕业，后获得美国麻省理工学院博士学位，他的学位比较高。我和张朝阳在胡润百富十周年活动上的第三次握手时张朝阳跟我说老师我们是第三次握手，我说我们只见过两次，怎么第三次握手？他说 1994 年你到麻省理工学院来做讲演，当时你在台上，我在台下，所以我认识你你不认识我。他说 1997 年回国创业，在北京我们见过一次面，当时带了他两个老师每个人给他的几万美元，他自己大概也有一两万美金的积蓄，加起来总共 9 万美元，当时 100 万人民币都不到，创办他的搜狐。这两个老师每个人才给了他几万美元，但是这两个老师的名气非常大，一个就是麻省理工学院媒体实验室主任尼葛洛庞帝，写过一本有名的书叫《数字化时代》，所以在世界上被称为“数字化时代之父”。他充分利用他老师的名气，邀请他老师到中国来讲学，北京、上海、深圳讲了三场，为他的搜狐大大做了宣传。第二个人在中国没有几个人认识，但是他在美国名气很大，就是麻省理工学院一个商学院专门研究风险投资的教授叫爱德华·罗伯特。搜狐一上市这两位美国老师的几万美金一下子就变成了几百万美金。他们高兴坏了，这个聪明能干的学生给他的老师赚到了几百万，因为几百万美元在美国也算是一笔大钱，美国

张朝阳:秀出成功

出生年月:1964 年 10 月
出生地:西安
教育:留美博士(美国麻省理工学院 MIT)
主要公司:搜狐公司
公司总部:北京
第一次上市:美国纳斯达克成功挂牌上市(NASDAQ:SOHU)(2000 年 7 月)
主要行业:互联网络

1964 年出生于中国陕西省西安市。

1986 年毕业于北京清华大学物理系,同年考取李政道奖学金赴美留学。1993 年底在美国麻省理工学院(MIT)获得博士学位,并继续在 MIT 从事博士后研究。1994 年任 MIT 亚太地区(中国)联络负责人。

1996 年在 MIT 媒体实验室主任尼葛洛庞帝教授和 MIT 斯隆商学院爱德华·罗伯特教授的风险投资支持下创建了爱特信公司,成为中国第一家以风险投资资金建立的互联网公司。

1998 年 2 月 25 日,爱特信正式推出"搜狐"产品,并更名为搜狐公司。在张朝阳的领导下搜狐历经四次融资,于 2000 年 7 月 12 日,在美国纳斯达克成功挂牌上市。

财富:2008 年《胡润中国富豪排行榜》估计张朝阳财富为 53 亿人民币

2000 年 5.6 亿,2003 年 22.4 亿,2004 年 13.9 亿,2005 年 12.1 亿,2006 年 19 亿,2007 年 25.2 亿,2008 年 28.9 亿 2009 年 37.6 亿,2010 年 34 亿,2011 年 37.4 亿,2013 年 42.7 亿(福布斯)

的教授银行里都没什么钱。但是他们没想到的是这个学生成了更大的赢家,他的财富 2007 年一下子就变成了 26 个亿,现在七八个亿,成了中国这几年最成功的海归博士。所以你这个公司在发展过程中不能不借力,从社会上借力很重要,哪怕是老师、母校、朋友,甚至是朋友的公司。

这对夫妇中女士叫杨澜,我认为她是这几年中国最成功的青年女性。她是个好母亲,是个好妻子,是个好妈妈,是个好老板,也是个很好的节目主持人,也是个非常好的社会慈善形象大使,讲话非常得体。早年她是中央电视台《正大综艺》节目主持人,我当年很喜欢看她的节目,因为她的节目比较活泼。但是当她在中央电视台正名声人气日益上升的时候,她听取了一个 70 岁老人的忠告,这个老人是当年泰国正大集团董事长谢国民。谢国民说杨澜你现在名气大了,但是你要知道你的根底不够,只读过大学,你要到美国去留学几年，这样的话你以后事业会发展得更快的。你们知道当时杨澜在中央电视台正在成为明星主持人，中央电视台可是竞争非常激烈的地方，你说你要离开的话马上会有人取代你。但是杨澜是个非常睿智的女孩，她毅然听取了谢国民先生的忠告，从中央电视台辞职到美国游学了两年。之所以讲游学，因为杨澜在美国是并不在乎学校文凭的，她游学的导师之一就是我南京大学的一个小师弟，叫胡波，是纽约哥伦比亚大学电影学院的教授。怎么游学呢？到纽约一些名校如哥伦比亚大学、纽约大学等听一些名教授的课，然后到处参加一些活动，交一些好朋友。所以我也希望你们尤其是在座的比较年轻的朋友，如果一生中有这么半年、一年能够到美国去走走、游游学，也像杨澜这样，我相信这会对你的事业有一个巨大的充电的价值和扩大人脉圈的价值，也许就会使你找到一个新的人生机会。

杨澜、吴征："梦幻组合"上演业务"分家"

出生年份：1968 年，1966 年

出生地：北京，上海

教育：留美硕士（北京外国语大学），博士（复旦大学）

主要公司：阳光文化传播

公司总部：上海

第一次上市：香港主板——0307 阳光文化(2000 年 3 月)

主要行业：媒体

经过 3 年的风风雨雨，杨澜从胡润富豪榜的陨落并没有让人感到意外——连续三个财年的亏损，已经让阳光文化（0307HK）的理想旗帜渐渐褪去了颜色，寄托着他们"感情和梦想"的精神之子——阳光卫视早已易主。

杨吴"梦幻组合"分道出人意料。阳光文化 2004 年初对于香港成报集团进行收购，阳光持《成报》的股权达到 75%。当时，阳光文化已经搭建起了一个涵盖卫星及有线电视频道播出，电视制作与发行，音像出版发行，书籍、报刊、杂志出版与发行，互联网与广告代理等跨媒体的文化传媒企业雏形，业务范围包括电视、教育、出版三大块。

财富：2010 年《胡润中国富豪排行榜》估计杨澜夫妇财富为 70 亿人民币

2000 年 5.3 亿，2001 年 8.5 亿 2002 年 9.1 亿，2004 年 8.3 亿，2005 年 24 亿，2006 年 40 亿，2007 年 44 亿，2008 年 35 亿，2009 年 34.8 亿（福布斯），2010 年 70 亿，2011 年 70 亿，2012 年 70 亿，2013 年 60 亿（胡润榜）

两年过后,杨澜知道她最大的舞台还是在中国国内。她回到国内,她也不想去中央电视台,因为那里人际关系太复杂,她就加盟了一个更加活跃的传媒——凤凰卫视,担任了凤凰卫视《世界名人访谈》栏目的主持人,两年时间访谈了几十位世界名人,从中学到了太多的东西,所以她提高得非常快。她和她的老公吴征,在香港做了一个阳光卫视,现在又卖掉做媒体投资,做得非常好,现在杨澜的身价有50个亿。杨澜有一点让我很感动,她那么年轻,今年也不过40多一点,但她给社会的捐款超过了5亿人民币。所以你们以后留意杨澜,她是一个讲话非常幽默的人、非常睿智的人,大家也很喜欢她、尊重她。

这位外企高管叫甄荣辉,是一个外企高管,这个外企赫赫有名,叫贝恩,业内的人都知道这是美国一流的战略咨询公司。他是贝恩的职业经理人,我在华尔街认识的一位在摩根史丹利的朋友,是去年香港第一打工皇帝,是贝恩在亚洲的一把手。2012,风雷他们四个人一起从贝恩跳槽做了一个人力资源的服务网站叫51job,中文是前程无忧。一上市,这4个人身

甄荣辉:前程无忧　化人力为资本

出生地:香港
主要公司:上海前程无忧
公司总部:上海
主要行业:招聘网站

出生香港平民家庭,1989年加入贝恩,并成为公司副总裁。帮好多世界知名企业开拓过中国市场,2000年贝恩辞职加盟前程无忧。2003年,中国人才流动总数将近千万,人力资源市场蕴藏巨大商机。目前全国拥有4000多家人才中介机构,但规模小、资源分散、专业化程度低。同时,随着网络经济的蓬勃发展,众多招聘网站也纷纷加入战局,致使竞争再度升级。在此背景下,传统产业与新经济怎样结合,人力资源行业如何步入市场化轨道?作为中国最大的专业人力资源服务商,前程无忧在跨媒体、跨地域、跨行业的道路上演绎出全新经营模式。

财富:2005年《新财富》"中国500富人榜"估计甄荣辉财富为36亿人民币

2006年10亿,2007年23.1亿,(新财富)2008年9.9亿,2009年6.9亿,2012年16.9亿,2013年24.7亿(理财周报)

价全部超过 10 个亿,要是他们在外企打一辈子工也赚不到那么多钱。所以现在在外企也不像当年那么稀罕了,在外企能赚多少钱？自己创业如能成功可以赚更多,外企很严格管理的,没有什么额外收入,纪律也很严,不允许你外面打“野鸭子”,所以这些人也很有意思,创造了一个外企跳槽的成功案例。

马云也算我的老朋友,他也是个非常具有传奇色彩的人。我认识他的时候他是杭州一家很不起眼的学校浙江师范学院外语教研室的英语老师,但他却是中国互联网最早的创业者。我认识他的时候他正在做一个网站叫中国黄页,为企业制作网页,赚不到多少钱,给人家企业做网站你想能赚多少钱？后来我回国以后在上海待了几个月就到北京创业,发现马云也到了北京,见过一次面。马云说,温老师,我现在在给外贸部打工,做了一个

马云:20 万到“30 亿”　“芝麻开门”神话

出生年份:1964 年
教育:大学(杭州师范)
主要公司:阿里巴巴
公司总部:杭州
主要行业:网上贸易

在滴水成冰的北京的冬天,整个公司团队共 18 个人,马云只给他们 3 天时间考虑,回杭州的条件是每月只有 500 元工资,在加拿大 MBA 毕业的也一视同仁。一边是实惠,一边是梦想,大家为梦想而激动,来到长城,在长城上宣誓“要做一个伟大的企业”,一派风萧萧易水寒的感觉。春节后在杭州的创业动员会上,大家把各自口袋里的钱掏出来,凑了 50 万元,开始创办阿里巴巴网站,明确其发展方向是为商人建立一个全球最大的网上商业机会信息交流平台。

阿里巴巴第三次私募之后,以现在软银约 1 亿美元投资占其 30% 股份推算,马云的个人身价大概在 6000 万美元左右,即人民币近 5 亿元。

2005 年又上升到 30 亿,从“20 万”到“30 亿”,马云才走了不到 6 年。

财富:2014 年《胡润中国富豪排行榜》估计马云财富为 1500 亿人民币

2004 年 5.3 亿(新财富)2005 年 30 亿,2006 年 40 亿,2007 年 50 亿,2008 年 55 亿,2009 年 80 亿,2010 年 110 亿,2011 年 100 亿,2012 年 150 亿,2013 年 250 亿(胡润榜),2013 年 433.1 亿(福布斯)

政府网站帮他们维护,做了两年也赚不到多少钱。但是他在北京这两年时间让他有机会认识了全世界互联网的大腕,像美国的亚马逊的贝索斯等,也让他有机会认识了全世界风险投资的一批大腕如凯雷、软银等。好了,他抓住了机会。所以,说实在话,你们如果有机会,每年都应该去个一次两次北京,参加一些高规格的活动,交一些北京的朋友,通过他们认识更高层次的人。马云有一个核心竞争力——口才一流。他认识了一个韩国裔的日本人,叫孙正义,他的公司赫赫有名,翻译成中文叫软银公司,他也是一个有传奇色彩的人,你们有机会可以看看他的传记。马云就用了 7 分钟就搞定了这个老板,软银公司给了他 3500 万美元风险投资,马云就开始了他的阿里巴巴事业。

马云做阿里巴巴的时候挺悲壮的,也没什么钱,他对他的员工讲他要回杭州创业,做电子商务,你们如果愿意跟我回去,每个人每个月领 500 块生活费。每人还要拿钱出来投资,马云带头拿出 20 万人民币作资本投资,18 位员工一共凑了近 50 万资金起步。上班也很艰苦,在他家里上班,听说不大的住所三居室还是四居室,最多的时候挤了 36 个人在里面上班,条件很差。但是,跟他回杭州的一共 18 个人,这 18 个罗汉今天就是阿里巴巴的骨干。他的阿里巴巴做得非常成功,还有淘宝。而孙正义对他的投资也非常成功,因为孙正义后来促成他和雅虎交换了一部分股票,你们知道雅虎现在不行了,但是雅虎最大的财产就是拥有阿里巴巴和淘宝的股份,变成了几十个亿,最近也套现了一块。当然,马云也很精明,我注意到在和这些外资的交换过程中他也是非常非常精明的。我估计他现在的身价已经超过 300 个亿。

更重要的是,有一件事给我留下了深刻的印象。有人曾经问前世界首富比尔·盖茨,说盖茨先生,你认为下一个世界首富将是谁?据说盖茨先生眉头不皱地说:亚洲的马云。这是比尔·盖茨对他的最高褒奖,而且马云真的有这个潜力。当然马云苦恼的是他的经理人团队,他最近认定了一个 CEO 叫陆双喜,但是我相信阿里巴巴就是马云的公司,他的职业经理人也不是好当的，这个老板也不是很好“伺候”的。而且马云也很厉害，他长得又瘦又小，有人还开他玩笑说他有点像外星人的样子，但是他的魅力无穷。据说他在哈佛大学、在斯坦福大学讲演的时候，那些美国的美女、帅哥都把他崇拜得像天神一样，因为他创造了世界第一电子商务帝国。这就是男人的魅力，很有意思。2014 年 9 月阿里巴巴成功在纽约证券交易所上市，开盘价达 93 美元，收盘达到 97 美元，马云身价一下子膨胀到 1500 亿人民币，一跃成为 2014 年中国新科首富。

下面这位就是帅哥了，叫邵亦波，学历超一流，哈佛商学院毕业，他是正牌 MBA 哈佛工商管理硕士，曾任美国最优秀的战略咨询公司波士顿咨询公司的高级经理。这些人说老实话都是世界上最聪明的人，他就把美国一个最赚钱的网站 eBay 拷贝到中国来做成中国当年最大的 C2C 网站叫易趣网。做成以后，他是很聪明的人，因为 eBay 想到中国来发展，他就把公司易趣网卖给了 eBay。卖了多少钱呢？卖了 10 亿人民币。他卖出 60%

邵亦波：1.8 亿卖易趣网

出生年月：1973 年 9 月
出生地：上海
教育：硕士（哈佛商学院）
主要公司：易趣网
公司总部：上海
主要行业：在线交易平台

2003 年 6 月 11 日，中国最大的拍卖网站易趣（www. eachnet. com）发布消息：全球最大的 C2C 电子商务网站 eBay 出资 1.5 亿美元收购易趣 67% 的股权。

至此，在美国 NASDAQ 上市五年市值 300 亿美元的 eBay 继 2002 年出资 3000 万美元控股易趣 33% 后，终于成为易趣的全资控股方。按照 NASDAQ 上的消息，eBay 所出资的 1.5 亿美元是现金。

邵亦波四年创业一朝卖出天价，其个人收获到底几何？按照相关人士的说法，邵套现的收益是 1.5 亿美元的 20% ~25%，就是 3000 万 ~3750 万美元。从借钱注册公司，到套现 3500 万美元，邵无疑是大赢家。

财富：2005 年《福布斯中国富豪排行榜》估计邵亦波财富为 5.1 亿元

多的股份6亿,给eBay打工,根据我的经验邵亦波给eBay打工每年的年薪不会低于200万美元,手上有6亿人民币现金,每年还有200万美元的进账,多潇洒,金融风暴来了公司好坏那都是你老板的事,这也是一种非常重要的策略。刚才还有人问我,是不是一定要当老板?当老板很累的,你们都非常清楚。

这位女士就是邵亦波的拍档,叫谭海音。这位女士非常优秀,上海理科高考第三名,麦肯锡咨询公司雇佣的第一位本科咨询师,后来也上了哈佛大学MBA,也进了波士顿咨询公司当高级经理,所以她和邵亦波既是同学又是同事。两个人志同道合下海创业,易趣网卖掉,她也是原始股东,40%的股份,所以邵亦波拿了6亿人民币,她拿了4亿人民币。据说现在也很潇洒,因为你要知道你如果手上有4亿人民币的现金,在这个世界上就会很潇洒的,华尔街有专门的资产管理公司,他们往往自称是最保守的,你把钱交给他们管理,他们每年至少为你创造10%～15%的回报,4个亿

谭海音:易趣女管家的"一半一半"

出生年份:1972年
出生地:上海
教育:留美硕士(哈佛商学院)
主要公司:易趣网
公司总部:上海
主要行业:在线交易平台

谭海音32岁,这个承载着幸运和关注的女孩的经历近乎完美:上海市高考理科第三名,麦肯锡咨询公司雇用的中国首名本科咨询员,哈佛MBA。就连她1.73米的身高,在上海的女孩子里也是很少见的。易趣则是类似eBay那种个人对个人(C2C)模式在中国最完美的实践者,拥有不可估量的灿烂前景。易趣是一家引人注目的公司,谭海音是业界最年轻的女总裁,哈佛MBA是全世界最好的MBA。"易趣最高管理层有着中西结合的优势:海音是公司的文化中枢,我是头脑中枢,耿民则是管理中枢。"这是邵亦波对目前易趣管理团队的评价。谭海音给人的感觉平和温婉,很关心别人的情绪,而且与员工之间非常平等。谁是易趣的老板?谭海音回答说:"所有易趣人都是易趣的老板,每个人都有股份,但是易趣人的'老板',是我们所有的网友。"

财富:2004年《新财富》"中国500富人榜"估计谭海音财富为4亿人民币

10%一年也有 4000 万,15%的话一年有 6000 万进账。开玩笑地说,整天可以到世界各地去旅游了,或做天使投资人了,做一点自己最喜欢做的事情。她现在很低调,现在媒体上都找不到她的名字,据说她和她的老公是在德国。所以我们开玩笑,女士创造财富有一个捷径,从谭海音的身上可以看出来,就是你找一个拍档。你找老公范围是很有限的,找了也不能轻易更换,而且不能随便换。但是拍档可以很广泛地寻找,也可以随时更换,你一天换一个都可以。所以女孩子可以好好找一个优秀拍档,共同创造财富。

尤其是女孩子特别适合担任公司内务管家。她和邵亦波就是最好的搭档,邵亦波主外,谭海音主内,她是易趣网最好的内管家。和邵亦波成为黄金搭档。

深圳的马化腾,腾讯网老板,他把 QQ 做到了极致。他是世界即时通

马化腾:资本运作四大方向

出生年月:1971 年 10 月
出生地:广东潮阳
教育:大学(深圳大学)
主要公司:腾讯
公司总部:深圳
主要行业:即时通讯服务

马化腾表示,将把上市融资的 65%用于收购。尽管没有透露收购的具体进展,但马化腾表示,腾讯的收购主要有四个方向:无线增值,主要是 2.5G 方面的技术服务,包括 MMS、WAP 等;互动娱乐,主要是网络游戏、Avatar 等;网络内容,包括多媒体、音乐、电子杂志等;电子商务,不过这个电子商务将和 QQ 密切关联,而不是独立的电子商务网站,马化腾表示 C2C 拍卖模式比较适合 QQ 的社群属性。

即使是马化腾恐怕也没有预想到 QQ 的巨大成功,在 QQ 成为中国即时通讯市场的霸主并盈利之后,腾讯自然开始了多元化的发展道路,但毫无疑问,QQ 仍将是腾讯发展的基石。马化腾说,QQ 不再是一个聊天工具,而是一个平台,在这个平台上,腾讯可以把所有的业务都集成到这个平台上。

财富:2013 年《福布斯中国富豪排行榜》估计马化腾财富为 622.2 亿人民币

2004 年 3.5 亿,(新财富)2005 年 20.9 亿,2006 年 42.7 亿,2007 年 101.9 亿,2008 年 107.4 亿,2009 年 259.4 亿,2010 年 294 亿,2011 年 274.9 亿,2012 年 403.2 亿(福布斯)

讯服务老大,超过了 MSN,所以他的价值不得了。他的财富在金融风暴中没有受丝毫影响,人家都下来了,他节节上升。开始的前两年只有 12 个亿,2007 年 120 个亿,2011 年达到 347 个亿,他的股票在华尔街曾经高到 300 美元/股,是中国股票中间最贵的,为什么?因为 QQ 有 6 亿用户,所以这是全世界都非常非常佩服的一家公司。

这个人就是取代王志东做新浪 CEO 的职业经理人茅道临,当年也是他投资了新浪,他就是翻墙到小学里面看王志东公司的那个人。他担任了新浪 CEO 后使新浪实现了盈利,所以茅道临后来身价达到 2.5 个亿。这就是华尔街的上市公司,如果你能为它做出贡献,能够让它扭亏为盈,那公司对你的回报也是非常惊人的。我在美国生活工作了 5 年,美国没有一个人能够讲自己怀才不遇,因为美国的所有公司都有网站,网站上都有一个

茅道临:做自己喜欢做的事情

出生年份:1963 年
出生地:上海
教育:留美硕士(斯坦福大学);大学(上海交通大学)
主要公司:北京新浪网络
公司总部:北京
第一次上市:2000 年美国上市
主要行业:互联网

2003 年 1 月 27 日,新浪公司正式宣布实现历史上首次盈利,大名鼎鼎的中国第一门户网站新浪网自从它创立的第一天起,就没赚过一分钱,我们不难体味首次实现盈利对于这家公司乃至整个中国网络经济的重要意义。人们的目光也将越来越多地聚焦在一个人身上,正是他在新浪处于最低谷的时候入主新浪,使其业绩在很短的时间里止跌回升,继而扭亏为盈,将新浪带出困境,这个人就是新浪的首席营运长茅道临。茅道临毕业于上海交通大学计算机系,并在斯坦福大学获工程经济系统硕士,之后他投身风险投资行业,曾经担任著名的华登国际投资集团副总裁。通过茅道临的努力,1998 年年底,四通利方和北美华渊资讯合并,一个全新的面向全球华人的网络体系新浪网横空出世,茅道临也受邀加盟新浪网,担任首席营运长,从而完成了他由风险投资人到职业经理人的角色转变。

财富:2005 年《胡润中国富豪排行榜》估计茅道临财富为 5 亿元人民币
2004 年 2.5 亿(新财富)

小方块，叫《JOB Opportunity》，任何人都可以点击这个网站方块，送去自己的简历和想法。你说你要当 IBM 的 CEO，可以啊，你说你怎么弄，如果你讲得有道理，人家董事会就马上开会请你当 CEO，给你 500 万美元年薪，问题是你能不能想出来那个东西。所以美国这点厉害，从来没有人抱怨老板不赏识我，我有本事发挥不出来，发挥不出来你可以换地方，所有的位置都是开放的。希望我们国家什么时候也能够达到这样，人能够更好地发挥作用，每个人做自己最适合做的事情。

有对夫妻很有意思，也是一个拷贝的高手，他们把美国另外一家非常有名的公司叫亚马逊 B2C 网站，拷贝到中国来做成了中国卖书的一个网站，叫当当网，做得非常成功。网上零售一上市，从 5 个亿变成 18 个亿，当当网现在是中国 B2C 最红火的网站之一。

李国庆/俞渝：联合总裁响当当

出生年份：1964 年/1965 年

出生地：北京/重庆

教育：大学（北京大学）/大学（北京外国语大学）

主要公司：当当网

公司总部：北京

主要行业：网上零售

2004 年，中国电子商务业界风起云涌。国际网络巨头亚马逊（Amazon）公司提出的收购当当网谈判已经在 7 月底终止，号称国内最大中文书刊音像城的当当网拒绝了亚马逊提出的 1.5 亿美元收购要求。8 月 19 日，亚马逊公司宣布，已签署最终协议，以 7500 万美元收购中国的卓越有限公司。而在上海和广州建立的仓库在近期即将投入运营的同时，当当加快了海外独立上市步伐，宣布海外上市计划提前到明年。2003 年年底，李国庆和俞渝从美国回到北京，他们满载而归：老虎基金 1100 万美元的投资喜讯和管理层获得 51% 的股权承诺。2004 年 2 月 25 日，老虎基金的 1100 万美金抵达当当账户，老股东获得部分变现，让出部分股权，李国庆和他的管理团队获得 51% 的绝对股权。李国庆以他的勇气、才智和实力在这场资本的对决中获得了胜利。

资产：2011 年《新财富》“中国 500 富人榜”估计李国庆财富为 37.8 亿人民币

2004 年 3 亿（新财富），2006 年 8 亿，2007 年 18 亿，2008 年 14 亿，2009 年 16 亿，2010 年 18 亿，2011 年 21 亿，2013 年 20 亿（胡润榜）

4. 中国成功企业家统计分析

我调查了这些成功企业家的出身,统计来统计去发现农民最多。有人就不断问我,尤其那些海归,那些教授、博士、硕士、MBA,说温老师怎么中国的富人有钱人怎么农民出身最多呢?我告诉他们说,农民是中国改革开放以来生产力最早解放的一个社会群体。大家有没有注意到,1978年就搞大包干了,土地分给农民了,农民爱干什么就干什么,这叫自由了。想办厂的成了乡镇企业后来就成了民营企业,想种植养殖的成功的就成了农场主,农业龙头企业老板。自由是很宝贵的,当时我们的城里人大部分并不自由,当年都留恋在国有企业打一份工享受劳保,都不肯下海的,所以为什么那时候下海的很了不起。不久前中央电视台放了广东拍的电视剧《下海》,很值得一看,它反映了当时全民下海创业致富的潮流。我认为这部剧应该多加表扬,在全国到处放,这将进一步促进中国的创业热潮。

成功企业家出身调查分析

中国1446名富豪出身分析	2007年	2006年	2004年
农民	220人	162人	61人
国企干部	200人	148人	44人
商业贸易	122人	101人	60人
政府官员	64人	58人	34人
科技人员	64人	43人	26人
转业军人	60人	46人	25人
海归人士	59人	47人	12人
教师	54人	45人	34人

续表

中国 1446 名富豪出身分析	2007 年	2006 年	2004 年
工人	53 人	46 人	39 人
知青	48 人	40 人	33 人
学生	32 人	26 人	7 人
继承家族	28 人	24 人	23 人

第二个就是国企干部,下海、创业、改制、MBO 成了老板和股东。第三就是做商贸的人。第四就是政府官员下海,也有很多成功的。第五就是科技人员下海创业,像丁磊。转业军人也很重要,这几年有不少军旅出身的企业家,他们能够把解放军的好传统引入到企业里面来。海归……各种各样,这两年继承家族的开始增加。

我也统计了这些企业家富豪们的学历非常有意思,2007 年有学历的 912 个人,文盲两位。最有名的文盲老板就是贵州老干妈的创始人陶华碧。她是一个文盲老太太,做一手好吃的辣椒酱,今天做得已经非常大,虽然她是文盲,但丝毫不影响今天中国学历最高的人像教授、专家等都在为这位老太太打工,把她的辣椒酱卖到全世界。最近我在美国、欧洲超市都看到了老干妈辣椒酱,它已经成为世界著名辛辣食品品牌。

成功企业家学历调查分析

中国富人 1150 人学历统计	2007 年	2006 年	2004 年
有学历资料的人数	912 人	727 人	523 人
文盲	2 人	2 人	
小学	30 人	28 人	27 人
中学	231 人	197 人	175 人
大学	480 人	379 人	227 人
硕士	89 人	64 人	59 人
博士	20 人	15 人	8 人
外国留学	60 人	44 人	27 人

小学有30个,中学231个,大学480个,硕士89个,博士20个,这个分布很有趣,大学最多一点。仔细一问,这里面一半以上的老板是有钱以后才补的学位。不过我提醒大家,作为一个老板和一个大企业的董事长,为自己包装也蛮重要的,所以有钱以后补一个学位很重要,你将来公司要上市,公司的老板简历都要登报的,人家一看你简历出身农民,学历是小学,都不敢买你的股票。如果一看你是维多利亚大学的工商管理博士,至少人家觉得你喜欢学习,对你也多一些尊重,所以这个学历很重要,大家将来有兴趣要多学几个地方,我相信人家可以更加尊重你。

创业年龄的统计也非常有趣,30岁以前的有509个,占了6成以上。20岁以前的占了1/10。当然,我在这里要问的是年龄大的能不能创业呢?年龄大的也能创业,我们这里面年龄最大的创业者是三株集团董事长,吴炳新。他是57岁下海创业,开办了一个公司,做了一个保健品叫三株口服液,短短四年销售额做到80个亿,创造了当时中国保健品销售的一个奇迹。尽管他后来由于危机公关失败,现在一蹶不振,好像三株现在没有再发展起来,但是他当年的成功仍然是中国保健品销售史上一个辉煌的案例。你们十年前可能会看到农村厕所的墙上都有他的广告,它叫人民战争式的墙体广告,这个也是很厉害的。

中国亿万富豪创业年龄统计分析

中国富人1446人创业年龄分析:	
有创业时年龄资料的人数	876个
创业时年龄在30岁以前	509个
创业时年龄在25岁以前	247个
创业时年龄在20岁以前	96个
大龄创业者	三株集团董事长吴炳新,57岁创业,四年创销售额80亿

中国亿万富豪创业资本统计分析

中国富人 1150 人创业资本分析:	
有创业资本资料的人数	313 人
创业资本低于 10 万元	208 人
创业资本低于 1 万元	110 人
创业资本低于 5000 元	90 人
创业资本低于 1000 元	34 人

创业资本的分析蛮有意思,313 个样本中 10 万块以下的 208,占 2/3;1 万以下的 110 个,占 1/3。从这里可以说明什么?创业不一定要多大的本钱,大部分的老板是 10 万以内,相当一部分的老板是 1 万块以内。我专门统计了 1 千块以内有 34 个,也占 1/10。你看,你们的同学四川通威集团刘汉元,他就是靠父母卖猪所得的 500 块创业,现在财富 30 个亿,他就读了瑞士维多利亚大学的工商管理博士,现在做太阳能,当然做得比较累,但是如果太阳能行业雨过天晴的话那又将再现辉煌,再见彩虹。河北新奥董事长王玉锁,小学程度,以 100 元卖液化气起家。我有个合伙人,王玉锁请他当总经理,给他开 100 万年薪,20% 的股权让他管一个钢管厂,这些老板很有气魄的。现在全中国家居卖场做得最好的是红星美凯龙,到处可以看到它的店,老板叫车建新,总部在江苏常州市。我 2004、2005 年每次到常州讲课,车建新总是坐在第一排当中。第二年去的时候我说,车总,我今年的内容和去年至少有一半是一样的,他说,温老师你的课我都要来听,每次都有新的收获。他在公司里面自己出钱做了一个网站,让员工推荐自己看的最好的书、评论,登在这个网站上,然后他让员工投票,哪一个评论得最好,他个人出一万元奖励给这个员工。他就鼓励员工读书,所以那些员工都写书评登在这个公司的网站上。所以我们要看到这些成功的人的这些细节对我们很有启发。

尹明善:被总理看好的企业家

2001 年 04 月 22 日《新财经》
年龄:67
出生地:重庆
教育:高中
主要公司:力帆集团
公司总部:重庆
主要行业:发动机,摩托车

五角钱卖针起家的企业家:尹明善是中国企业家中童年最艰辛、起点最低的创业者之一。他说过:“我是带着‘原罪’降临在人世上的,因为出生在重庆涪陵一个小地主家庭,解放初,我被‘运动’到郊外一座荒山上,在一间被人弃置的茅屋里,与 50 多岁的老母相依为命。为了谋生,12 岁的我做起了被当时的人们所不齿的货担郎,从一个好心人那里借了 5 角钱,卖起针头线脑。”

财富:2011 年《新财富》“中国 500 富人榜”估计尹明善财富为 87.9 亿人民币

2000 年 3.5 亿,2001 年 5.2 亿,2002 年 7.1 亿,2003 年 9.1 亿,2004 年 10.8 亿,2005 年 10.5 亿,2006 年 11.4 亿,2007 年 17.9 亿,2008 年 30.9 亿,2009 年 34.1 亿,2010 年 48 亿,2011 年 63.9 亿,2012 年 53.9 亿,2013 年 56.7 亿(福布斯)

这个人也很有意思,是重庆力帆摩托车董事长尹明善,5 角钱卖针起家的企业家。因为他出身不好,被认为是中国企业家中间童年最艰辛,起点最低的创业者,出生在小地主家庭,土地改革被群众发配到郊区一座荒山上,和 50 岁的老娘相依为命。为了谋生,12 岁做起了那时人们不齿的货担郎,从一个好心人那里借了 5 毛钱卖针卖线起家,所以朱镕基后来到了重庆以后知道他的故事特别表扬过他,因为朱镕基当年也做过右派,特别同情他,理解他,看好他。所以人们说他是被总理看好的企业家。他现在了不起,已经开始制造汽车,叫力帆汽车,培养的女儿也非常能干,看来有希望成为他的接班人。

中国富豪几百元创业案例

刘汉元	四川通威集团,靠父母卖猪所得的 500 元创业,现有财富 29.8 亿元,创业至今 20 年。
王玉锁	河北新奥集团,以 100 元贩卖液化燃气起家,现有财富 20 亿元,创业至今 17 年。

续表

刘沧龙	四川宏达集团,靠借来的500元创办磷肥厂,现有财富22亿元,创业至今24年。
车建新	常州红星家具集团,借600元创办家具手工作坊,现有财富7.9亿元,创业至今17年。
邱继宝	浙江飞跃缝纫机集团,用积蓄和借款300元办厂,现有财富7.1亿元,创业至今21年。
高振富	大庆振富集团,借600元组建施工队,现有财富4.7亿元,创业至今18年。
姚新义	浙江盾安集团,用900元办家庭加工厂,现有财富5.1亿元,创业至今16年。
叶洋友	浙江腾达建设集团,用200元创办工程公司,现有财富4.3亿元,创业至今31年。
陈建龙	浙江华伦集团,用300元创办农机维修厂,现有财富3.7亿元,创业至今17年。
杨祖伟	成都百万集团,和父亲靠500元生产尼龙蚊帐,现有财富2亿元,创业至今18年。

再给大家讲一个案例,我亲身经历的。浙江盾安集团,老板姚新义,900块钱起家,高中生。2006年左右盾安集团公司请我们咨询公司做一个战略咨询,他花了几十万,当时他销售额二十几个亿。做好了之后他就来找我,说温老师我们看了你们的战略很不错,但是有没有可能我们再加20万元,你给我们在北京开个盾安集团的战略研讨会让更多的人能在一起讨论你们的战略咨询报告?补充提高一番。他们推荐了几个专家,他说温老师你认识的高层次的朋友比较多,帮我们再推荐几个,一共凑十几个人,我们开个会把你们做的这个战略讨论一天。他愿意加20万,我们就给他请了几个外国的基金经理,中国食品协会的副理事长,又请了两个房地产的专家,两个海归,华尔街的基金经理。在希尔顿酒店开了整整一天的会,叫盾安集团战略研讨会,他的高管全部坐在后面听。开完一天会以后隔了一个礼拜他又来找我,拿出一张名单,说温老师,我们所有的董事会成员听了你们十几位专家的发言,对你们五个人发言最欣赏,你有没有可能请他们加上你做我们董事会顾问?他预先打听过行情,每人每年付我们8万块

钱,工作就是开两天会。第一天会在北京,他们公司每年在北京开一个公司年会,希望我们出席,预先都给我们资料,给他提提建议。第二天的会要到他的总部杭州,所以我们要从北京出差飞过去开一天会。其他的就是逢年过节,他有一个很能干的北京办事处主任,每到春节、清明、五一、中秋,他都会来送一些杭州的土特产,搞一些杭州小核桃、笋干、茶叶什么的。然后他的北办主任会跟我们聊聊,就听听我们对他们公司发展的意见,他们也不多打搅我们时间,一般就半小时。五年下来把我们吓一跳,他的销售额从我们做顾问时候的20多个亿,发展到去年年底381个亿。这是我们做过的咨询中间最有成就感的一个企业,而且通过为他服务,我们从他身上学到了很多东西,他非常善于用职业经理人。他现在的CEO是宁波市高新技术开发区管委会的副主任,一个正处级的干部,叫吴子富,他把他请过来当CEO,他们配合得非常好。所以这个老板做得非常潇洒,叫能人相帮。我只要讲一点你就知道,吴子富去年被评为浙商风云人物,你要知道浙商每年开浙商风云人物大会,一般评老板,但他是职业经理人。但是我可以告诉大家,这个吴子富的收入不会低于1000万,集团销售额381个亿,给一个优秀职业经理人1000万的收入。所以公司人人努力工作,所以这个老板就当得越来越轻松,越来越潇洒。

更重要的,盾安有一个非常成功的制度安排,因为他们公司比较大,他们内部做了一个创投基金,就是PE。老板出一半钱以上,高管入股,做了5年你知道做到什么程度?两年翻一番,5年加个0,所以今年开始他的北京办事处主任就放进去500万。一个说明他北京办事处主任很有钱,能够把500万现金拿出来投资。第二,两年就翻一番,5年就加个0,5年以后就变成5000万了,谁不愿意放进去?而且老板给你兜底,你不用担心亏损。这样的内部机制很重要,你们以后能不能够在内部形成这样的投资机制?你老板就扩大了资金来源,你要添新的设备,发展新的实力,而员工的命运、财富,和你企业的成长进一步牢牢地绑在一起。

第三章

中国财富成功路线图

1. 中国财富分布规律

2. 中国财富成功的四大基因是什么？

3. 中国富豪失败原因分析

——中国民营企业家的八个常见病和四个疑难病

4. 为什么不断有富豪落马？中国民营企业家的四个疑难病是哪些？

5. 富人应该如何保护自己和取得更大成功？

1. 中国财富分布规律

下面我们就给大家介绍一下中国财富的分布规律,看我们能不能洞察这些规律。

中国到底有多少亿万富翁和千万富豪呢?谁能说说中国有多少亿万富翁?上海有个年轻的小伙子叫胡润,他原来做审计,2000 年他做出来了,现在就靠这个吃饭。现在这家公司也不小,他在 2011 年做了一张表,第一次披露了他对全国有多少亿万富豪和千万富翁的估算。这是中国有史以来第一次出现的这样的表格,详细地说一个省、一个市,有多少亿万富豪、千万富豪,当然这很好。

中国有多少亿万富豪、千万富翁:2013 年胡润财富报告

地区	千万富翁	亿万富豪	地区	千万富翁	亿万富豪
北京市	184,000	10,500	陕西省	14,600	830
广东省	172,000	9,500	内蒙古	13,000	850
上海市	147,000	8,200	重庆市	12,800	800
浙江省	132,000	7,800	黑龙江	11,700	780
江苏省	76,000	4,800	江西省	9,800	760
福建省	39,200	2,400	安徽省	9,600	900
山东省	38,000	2,000	吉林省	8,300	520
辽宁省	30,400	2,050	云南省	6,500	540
四川省	26,800	1,800	广西	5,800	400
天津市	19,000	1,250	海南省	4,300	170
河南省	18,700	1,200	贵州省	3,500	280

续表

地区	千万富翁	亿万富豪	地区	千万富翁	亿万富豪
河北省	16,200	1,300	新疆	3,300	260
湖南省	15,200	830	宁夏	900	95
山西省	14,800	1,350	甘肃省	740	85
湖北省	14,700	1,080	青海省	700	55
			西藏	460	45
中国			总计	1,050,000	63,500

全国数北京市有钱人最多,有 10500 个亿万富豪,184000 个千万富翁。我在北京已经住了 14 年,北京本地人没什么钱,老北京人没什么钱。北京有钱人都是外地人,北京富人主要来自“三北地区”,来自于东北、西北、华北,他们赚到了钱后纷纷到北京买房,置业。把家或半个家搬到了北京,更聪明一些的把公司管理总部、销售总部、研发总部迁到了北京,北京能够和容易招聘到高素质人才,所以北京有钱人就多起来了,成为全国消费最高的城市。

全国第二有钱人多的地方是经济最早发展的广东,你们知道广东人是全国最早富起来的,因为广东离香港和国外近,华侨多,移居海外的人最多,开放。最早懂得赚钱。

第三是我从小长大的上海。对上海我非常熟悉,老上海人没什么钱,上海有钱人全是外地来的,尤其是浙江、江苏、安徽、福建人,有了钱纷纷到上海买房、置业,做上海人。最近有一个上海老朋友,跟我说了一句蛮有意思调侃上海人的话,你知道上海的路有内环线、外环线。上海内环线里人都讲英语,跨国公司世界 500 强都在那里扎堆。内环外环中间人讲普通话,那里都是外地到上海开的公司。外环线外才能听到讲上海话。因为老上海人拆迁后都买不起原来的房子,都搬到远郊区去了。我家住在静安区,静安区有两栋有名的办公大厦,一座叫恒隆国际广场,一座叫中信泰富大厦。这两栋大楼云集了世界500强在中国的总部一半以上。所以这两栋楼开出来的发票3000多亿,超过西部一个省的财政收入,就这两栋楼开出来的发票,你想多厉害。所以上次我在重庆见到恒隆的董事长,他讲一句话很惊人,恒隆每年收的租金,是他投资恒隆国际广场总投资资金的40%。两年半就收回了所有投资。所以我们要注意这是将来投资很重要的一个环节,叫持有物业。持有优良物业将来有大收益。所以他就坐在那里等着收钱。

第四,就是经济最活跃的浙江省,浙商现象、温州商人。浙商是近三十多年来全国最活跃也是财富增加最快的一个群体。

第五是经济实力很强的江苏省。我们应该看到,最后一名你看西藏,现在都有45个亿万富豪,460个千万富翁。为什么呢?西藏有些老板很聪明,他们知道中央政府相关部门对西藏企业能上市一定会非常重视、照顾和鼓励,他们搞了几家上市公司,一上市他们的财富超过了一千万甚至一亿。所以你在西藏注册一个公司,争取上市也会很占便宜。

下面我给大家讲一下我对这两个数字即中国有多少亿万富豪和千万富翁的评价。我认为胡润对有多少亿万富翁的估计,还是比较靠谱的。但是他对中国有多少千万富翁的估计,是非常不靠谱的。根据十年来我对中国财富问题的研究。我认为中国今天个人、家庭、企业净资产加起来超过一千万的人,至少是这个数字的10倍以上。北京很多人都有两套房。今天在北京五环路内两套房的价值就会超过一千万人民币。北京至少有几十万这样的人。他们中间大部分人实际资产都会超过一千万人民币。不知道大家赞成不赞成,最起码,个人净资产。你们将来要赚谁的钱?要赚他们的钱。他们消费越来越高。当然做生意有不同的套路,有人也可以赚最穷的人的钱,赚中产阶级的钱。但是我们看到这一大批人,他们消费的崛起,那是非常非常厉害的。

下面研究一下财富在各省市的比例。

2004～2010 年中国亿万富豪区域分布

地区 人数	2004 年 668 人	2006 年 947 人	2007 年 1146 人	2008 年 2322 人	2009 年 2905 人	2010 年 4175 人
浙江	103	191	228	372	446	602 人
广东	61	95	129	254	294	432 人
北京	74	113	144	186	230	403 人
江苏	44	100	128	197	246	354 人
山东	19	56	72	153	202	309 人
上海	62	102	122	177	230	274 人
深圳	30	59	90	105	144	273 人
福建	34	48	72	120	158	204 人
四川	31	41	54	69	90	136 人
辽宁	30	40	45	71	89	117 人
河南	13	23	30	64	69	109 人
湖北	12	18	20	28	40	87 人
河北	17	27	36	55	63	85 人
新疆	9	15	19	66	69	72 人
湖南	9	15	22	36	48	72 人
山西	18	29	31	48	50	61 人
安徽	6	6	10	25	35	56 人
内蒙古	8	16	22	30	43	56 人
天津	15	18	25	35	40	52 人
重庆	12	13	15	18	34	42 人
云南	5	11	12	23	28	39 人
广西	2	6	6	15	21	38 人
黑龙江	16	20	20	27	28	36 人
陕西	10	12	13	19	27	35 人
江西	5	6	10	18	22	32 人

续表

地区 人数	2004 年 668 人	2006 年 947 人	2007 年 1146 人	2008 年 2322 人	2009 年 2905 人	2010 年 4175 人
吉林	10	12	13	17	28	30 人
海南	5	6	7	10	18	24 人
甘肃	4	7	7	9	14	19 人
贵州	1	3	5	9	13	18 人
西藏	0	0	0	2	10	13 人
宁夏	0	1	1	2	4	7 人

我统计下来不得了，浙江省亿万富豪遥遥领先，所以某种意义上浙江省的亿万富豪超过广东省。当然也有人告诉我说广东省的亿万富豪低调的很多，但我们只能统计这些浮出水面的。浙江省 2006 ~ 2010 年都是第一名。第二还是广东，接着是北京、江苏、山东、上海、深圳，当然如果广东加上深圳那就超过了浙江。所以某种意义上中国最富的就是浙江、广东、江苏这三个地方。下面我们可以看到其他省市，湖南、天津、重庆、山西、陕西。再接下来，宁夏、西藏、贵州，这些都是相对来讲中国比较贫困，也是中国商业生态环境比较差的地方。

胡润百富在上海发布《2011 胡润财富报告》。这是胡润研究院连续第三年发布此报告，旨在分析目前中国富裕人士数量及地域分布情况。

全国每 1400 人中有 1 人是千万富豪。

全国有 96 万千万富豪和 6 万亿万富豪，分别比去年增长 9.7% 和 9.1%。

北京市富裕人士最多，分别有 17 万千万富豪和 1 万亿万富豪。广东排名第二，上海排名第三。

全国有 4000 个十亿富豪和 200 个百亿富豪。

报告显示，截至 2010 年底，除香港、澳门、台湾之外的全国 31 个省、市、自治区中，千万富豪人数已达96万人，相比去年增长9.7%。其中包括6万个亿万富豪，比去年增长9.1%。目前，全国每1400人中就有1人是千万富豪。2009年底，全国千万富豪和亿万富豪人数分别为87.5万人和5.5万人；2008年底，全国千万富豪和亿万富豪人数分别为82.5万人和5.1万人。

全国千万富豪人数增长，主要是因为2010年中国GDP增长了10.3%，以及房价的上涨，尤其是高端房产价格的涨幅更大。根据国家统计局公布的《2010年统计公报》，2010年全国70个大中城市新建商品住宅销售价格全年平均涨幅在13.7%；而根据英国莱坊公司的报告，上海高端房产的价格去年上涨了21%。

中国高端消费者居住地TOP10

地区	千万富豪人数	占全国比例
北京	170,000	17.7%
广东	157,000	16.4%
上海	132,000	13.8%
浙江	126,000	13.1%
江苏	68,000	7.1%
福建	36,000	3.8%
山东	33,000	3.4%
辽宁	29,000	3.0%
四川	24,000	2.5%
河南	16,500	1.7%
其他	168,500	17.6%
总计	960,000	100.0%

总体来说，全国千万富豪平均年龄为39岁，出生于1972年；男女比例为7:3；平均拥有3.3辆车、3.7块手表；平均年拥有假期15天；休闲时间

喜欢旅游、高尔夫和看书;60%不抽烟;喜欢喝红酒和威士忌;钟情于投资房地产和股票;喜欢收藏手表和古代字画,此外,对酒的收藏热衷度已经超过了车。纳税仍然是富豪认为体现企业家社会责任的最好方式。在为孩子选择高中教育目的地时更多地倾向于英国、美国、加拿大和澳大利亚等国家,而选择硕士教育目的地时更倾向于美国。

96万个千万富豪中,40万人可以拿出一千万元进行投资,即拥有一千万可投资资产(现金、股票等),而56万人拥有的可投资资产不足一千万,其余为私人公司、自住房产、艺术品收藏等不可投资资产。

千万富豪财富报告

截至2010年底,除香港、澳门、台湾之外的全国31个省、市、自治区中,千万富豪人数已达96万人,相比去年增长9.7%。北京有17万个千万富豪,排名第一;广东有15.7个千万富豪,排名第二;上海有13.2万个千万富豪,排名第三。

千万富豪类型

中国千万富豪主要可分为四种类型:企业主、“炒房者”、“职业股民”和“金领”。

企业主:企业的拥有者。这部分人群占所有千万富豪的55%,大约有53万人。企业占其所有资产的65%。他们拥有200万以上的自住房产,30万的汽车,以及120万以上的可投资资产(包括现金、股票和其他投资)。

“炒房者”:累积一定资金后,他们开始进行各种类型的投资,主要投资房地产。拥有的数套房产,在过去几年内升值很快。这部分人群占20%,大约有20万人。投资性房产占其所有资产的60%。他们拥有250万以上的自住房产,30万的汽车,另外还有一点点艺术品收藏。这些人的平均年龄比其他千万富豪高一点,为45岁。基本从十年前就开始炒房。

“职业股民”:拥有一定资金后,投资股票,并且获得相当高的收益。这部分人群占15%,大约有15万人。股票投资占其所有资产的60%。他们拥有300万以上的自住房产,和50万的汽车。平均从2004年开始炒股。

“金领”:包括大型企业集团、跨国公司的高层人士,他们拥有高额年薪、公司分红等来保证稳定的高收入。这部分人群占10%,大约有10万人。他们拥有500万以上的自住房产,和50万的汽车,可投资资产占其所有资产的40%。

亿万富豪财富报告

截至2010年底,除香港、澳门、台湾之外的全国31个省、市、自治区中,亿万富豪人数已达6万人,相比去年增长9.1%。北京有1万个亿万富豪,排名第一;广东有0.9万个亿万富豪,排名第二;上海有0.78万个亿万富豪,排名第三。

亿万富豪类型

中国亿万富豪主要可分为三种类型:企业主、“炒房者”和“职业股民”。

企业主:亿万富豪中,企业主的比重进一步上升,占75%,大约有4.5万人。企业占其所有资产的65%。他们拥有1500万以上的自住房产,3～4辆汽车和一些艺术品收藏。可投资资产占其所有资产的15%。

“炒房者”:亿万富豪中,“炒房者”的比重占15%,大约有9000人。房产投资占其所有资产的80%。他们拥有1500万以上的自住房产,3～4辆汽车和一些艺术品收藏。

“职业股民”:亿万富豪中,“职业股民”的比重占10%,大约有6,000人。可投资资产占其所有资产的80%,包括股票、现金和其他投资。他们拥有1500万以上的自住房产3～4辆汽车和更多的艺术品收藏。

十亿富豪和百亿富豪

目前全国十亿富豪大约有4000人,其中1363人为阳光财富,即“2010胡润百富榜”的上榜富豪,其余为隐形财富。十亿富豪中,企业主的比重占95%,企业占其所有资产的75%。他们拥有2~3套自住房产,总价值6000万以上,拥有总价值1000万以上的汽车和5000万的艺术品收藏。可投资资产占其所有资产的15%。十亿富豪中,有5%属于“投资家”,可投资资产占其所有资产的60%。他们拥有总价值1亿元以上的自住房产,500万的汽车,并收藏了价值3亿元的艺术品。

全国百亿富豪大约有200人,其中97人为阳光财富,即“2010胡润百富榜”上的百亿富豪,其余为隐形财富。百亿富豪中,企业主的比重也占了95%,企业占其所有资产的80%。他们拥有总价值1亿元以上的自住房产,1000万的汽车,并收藏了价值1亿元的艺术品。可投资资产占其所有资产的18%。百亿富豪中,有5%属于“投资家”,可投资资产占其所有资产的96%。他们拥有总价值1亿元以上的自住房产,2000万的汽车,并收藏了价值3亿元的艺术品。

千万富豪区域分布

区域	千万富豪人数	占全国比例
华东	412,500	43.0%
华北	228,000	23.8%
华南	166,000	17.3%
东北	47,500	4.9%
华西	44,400	4.6%
华中	43,500	4.5%
西北	18,100	1.9%
总计	960,000	100.0%

千万富豪区域分布

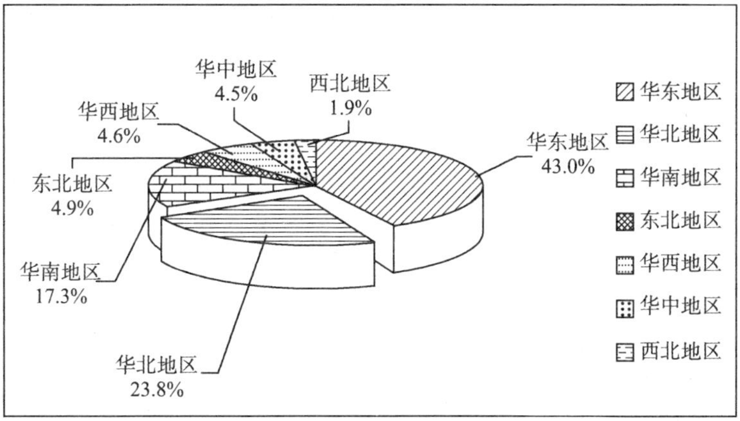

2. 中国财富成功的四大基因是什么？

这些人成功究竟靠什么呢？我们说过基因，所有的复杂的生命决定于4个字母的排列，叫ACGT，四个字母就决定了你命运的千变万化。我打了一个类比，财富的成功也决定了4个基因，我对它进行了高度的概括。

第一个基因叫眼光与远见。

当然有人跟我说，眼光与远见谁不知道？但是我仔细分析了一个人的眼光远见是从哪里来的？和家庭教育的关系，和受教育水平质量的关系，和一个人喜欢不喜欢读书的关系，和一本好书的影响的关系，看名人传记报道、书籍和电影的关系，和名人讲演的关系，和当代成功人士的楷模作用的关系（我记得我们很多老板当年就因为崇拜李嘉诚然后下海做生意发的财）和一个人阅历的关系，和参加高层次活动的关系，和励志教育培训的关系（卡耐基的培训），所以今天我也送给大家眼光远见的修炼之道，有6句话24个字。

破万卷书,行万里路,交八方友,名师点悟,阅人无数,成大气候

头两句是中国的成语,叫**破万卷书,行万里路**,第三句话叫**交八方友**。这些东西都是需要你加强的,尤其是行万里路。读书你可能也读得不少,但是要多读好书,尤其是名人推荐的好书,因为一般一个名人都读过几千本书,给你推荐一两本一定是非常有道理的。第四句话就非常重要,叫**名师点悟**,一个好的老师就能够使你开悟,一个人的开悟非常重要。我们社会上80%的人一辈子都没有开悟,就稀里糊涂地活在这个世界上。第五句话叫**阅人无数**,那就是要学会用人。第六句话就是**成大气候**,有远大的理想和抱负。所以这六句话24个字也是我多年来在这个领域里面认识了成千上万的老板,从那些最优秀的老板身上归纳出来的成功之道。

有人研究佛学,佛学里面关于眼光远见有一个很好的说法,叫五眼说。一个人要有五副眼睛,

第一副叫肉眼看美人,观察力,我们在这里提倡要有深刻的观察力。

第二副眼睛叫天眼察机遇,法国前总统蓬皮杜说过一句名言:一个人的才能很大程度上取决于他是否能够抓住迎面而来的机遇。机遇,就在每个人眼前摆着,看你能不能够去抓。民生银行也是机遇,我们大部分人没有看到,史玉柱看到了,他赚足了53个亿。

第三副眼睛叫慧眼识英雄,人才、合作伙伴决定一生,所以我们在座做老板的一生都要谦卑地去寻找人才。“易中天品三国”风靡全国,为什么易中天的课讲得好?他把刘备三请诸葛亮讲成了一个人力资源管理故事。诸葛亮就是刘备的贵人,也是刘备的高人。大家读过《三国演义》知道,第二次下大雪,刘备去找诸葛亮又没找到,因为诸葛亮忙,又出差了。张飞说主公你那么忙,下次我把那个人揪来,刘备说万万不可,我们要登门求教。第三次见到了诸葛亮,诸葛亮多大年龄?26岁。刘备当时多大年龄?44岁。严格说来,是一个中年人去请教一个年轻人。但是诸葛亮一开口就把刘备给镇住了,这就是历史上有名的“隆中对”,有几百个字。我把“隆中

对”几百个字归纳为16个字：东联孙吴，北抗曹魏，先取荆州，后定西川。就是东面你要联络孙权，和他结成同盟；北面要对抗曹操，他是个野心家，要统一全国；要先拿荆州作为一个根据地；然后朝西发展去四川作为一个更大的根据地再取全国。这就是诸葛亮对刘备做的战略分析，所以战略非常重要。刘备自从认识了诸葛亮，才改变了他的命运，原先他就是一个流寇将军，东打西打，东联西联。认识诸葛亮以后，制定了战略，他才知道他真正要做什么，然后诸葛亮帮他执行。东面舌战群儒说服了孙权结成了孙刘联盟，北抗曹操，孙权和刘备联合打了著名的赤壁之战，取了荆州，定了西川，刘备成就了一生霸业，成了帝王。所以刘备把诸葛亮看作是一生的老师，把儿子托付给他，可惜他儿子没有出息，叫扶不起的刘阿斗，而诸葛亮也不注意自己的健康管理，事必躬亲，最后累死在军中。如果刘备能够活得长一点，诸葛亮能够注意一下自己的身体健康，刘阿斗如果可教的话，天下就不是曹操的了，可能就是刘家的了。所以我们从这个故事里面可以充分看到人才的重要性。

第四副眼睛叫法眼悟国运，国运就是国家命运、时代潮流、社会大趋势，我们要关心国家大事。

第五是佛眼度终生，那就是要多参加慈善、公益、社会捐助，这样我们生活就会更加开心。所以有人讲过，我们老板阶层的人其实大部分人生活质量是比较低的，幸福指数也是比较低的，钱不等于幸福指数，有的人钱多了也比较麻烦，整天被人盯着，家里也摆不平，整天瞧着你那几个钱，幸福指数绝对低下。

有人在企业管理上提出了眼光、远见、成功八大要素。

第一，企业要有一个英雄领袖，不断学习、提升自己、超越自己。我们当老板的水平决定了企业的水平，所以我们在座做老板的人要不断地提升自己的水平，不断学习、修炼、悟道。

第二，要中国式思维，西方的标尺。这两年为什么国学时髦起来了？

因为在中国的土地上管理中国人,和中国的政府和老百姓打交道,你一定要懂中国思维的这一套。所以为什么很多海归回来创业一开始总是失败?他在外国待久了,思维方式全部西方化了,那肯定不行。

第三,建立渠道通路。像联想收购 IBM,为什么大家喝彩?它买了什么东西?买了 IBM 的三样东西。第一他们买了 IBM 品牌;第二,买了 IBM 在美国北卡州一个经营了几十年的研发团队;第三,最宝贵的就是联想买了 IBM 在全世界 100 多个国家的销售网络,渠道为王。

第四,设计和形成利益共同体。怎么样把企业做成一个大家的利益共同体、和政府的利益共同体、和地方的利益共动体。你就要设计一系列的制度,叫绩效管理和股权激励。那就是刚才讲到的"金手铐"激励制度,同时你要给地方造福。昨天有一个朋友跟我讲得非常好,要承包一个村。很好,承包一个村怎么承包?首先解决农民的就业,提高农民的收入,让这个村繁荣起来,那人家都愿意把这个土地给你用。你就要设计公司加农户,农场加农户。大家都变成农业工人,每个月都挣 3000 块。

第五,建设优秀企业文化,建立学习型组织,这是企业文化的核心内容。

第六,修炼核心竞争力,那就是每家企业,尤其现在都要寻找自己的蓝海。比如你这个印刷业蓝海在什么地方?昨天我还跟几个朋友商量了,这个印刷业,要从给人家印刷东西赚钱,逐步过渡到自己去印一些最有附加值的自己来卖的东西。就像 IBM 开始卖电脑,现在 IBM 不卖电脑,它卖电脑的服务,而这个服务更贵,所以 IBM 现在实现了转型,就是从制造业变成了制造 + 服务业。

第七,边发展边改革,我们经常讲边跑步边系鞋带,因为你不系鞋带就跑不快。但是你停下来不行,会失去掉机遇。

第八,树立宏伟愿景,叫理想的魅力。

第二个基因叫胆略和魄力。

我们经常讲一个人要有胆识,胆识是两个概念,胆是胆略,识是见识。

我们现在最大的问题是什么？随着我们年龄的增大，随着我们财富的增加，随着我们地位的提升，一个人的胆略会降下来。大家有没有注意到？我们经常讲年龄大了就保守了，钱多了就胆小了，地位高了就谨慎了嘛。所以中国了不起的事情就是邓小平他能够60多岁、70多岁在中国推动改革，这就是了不起的事。

第三个基因叫毅力和意志。

我认识非常多的大老板，他们都跟我讲过他们创业当年艰辛甚至苦难的历程。所以中国有句古语，叫“自古磨难出英雄，从来纨绔少伟男”。我们鼓励创业，但是我们要给年轻人讲清楚，创业是艰辛的，第一次开店、开厂、开公司失败的概率是70%，只有30%的概率成功。有一本小说很值得看，叫《曾国藩》。曾国藩和太平军打仗，开始老吃败仗，有一次战败跳水想自杀，被部下救起来了，给咸丰皇帝上了一道非常沮丧的奏折，叫臣屡战屡败。后来他手下有一个谋士很聪明，改了一下说法，叫臣屡败屡战。咸丰皇帝看了就很高兴，不但没有怪罪他，最后支持他，鼓励他，最终曾国藩打败了太平军。“屡败屡战”四个字非常宝贵，自古以来成功者都要付出巨大的代价。所以刚才我们说不是每个人一定都要当老板，其实当老板是很艰辛的，打工也很好，找一个好老板打工也是一件好事情，你如果能找到一个比尔·盖茨这样的老板打工你也是千万富豪，给史玉柱这样的老板打工你不也是千万富翁吗，所以人生有不同的选择。

第四个基因，整合资源的能力。

创造财富要用五大要素：产品、技术、市场、人才、资本。每个人的事业成就有多大，有一个简单的测试方法，你们可以互相测试一下。就是把你口袋里的通讯录拿出来翻一下，看看有多少人，这些人的层次如何？多少电话号码。电话号码都是哪些区号？如果从头翻到尾全是0755的电话，说明你也只是在深圳这么一个范围里面混混而已。你应该有一大批010的电话，021的电话，020的电话，025的电话，028的电话，说明你到过甚至经常有机会去北京,到上海,去深圳并有各种人脉业务关系,而且进一步要有001的电话,0032、33、64的电话,说明你到过美国、欧洲,北京有朋友,上海有客户,澳大利亚也去旅游过。当然还要看这些电话后面的人的档次,如果全是打工的你最多也就是一个工头而已,你应该认识一大批省长、市长、央企的老总、著名大学的教授、研究所里的专家、跨国公司的高管,还要有一些专业人才,像品牌策划专家、人力资源管理专家。专门给你做方案,有的给你做市场拓展。严格说来,一个人的事业成就和这本通讯录的变化密切相关,你的事业越大,通讯录越厚,内容越丰富,所以这就是一个象征。你的一生就是编这本通讯录,把它编得水平越来越高,越来越厚,层次越来越高。如果说下次你们有机会参加一些高端论坛,如果你有本事将来和马云关系搞得非常好,和牛根生关系搞得非常好,和王石关系搞得非常好,和任正非关系搞得非常好,你能不能有办法把王石的通讯录拿出来翻一翻,会把你吓一跳。你都很难想象他们认识那么多高层次的人,甚至有那么多的交往,所以他们的事业蒸蒸日上,这和他们的人脉圈非常有关系。

我们再来观察一大批年轻的尤其在新经济高新科技领域里的老板,他们和我们传统产业的老板有很大的不同,他们有五个特点,我们一起分享一下。

第一,高学历,国际化大公司背景。张朝阳来自麻省理工学院,邵亦波来自于哈佛商学院波士顿咨询公司,沈南鹏是耶鲁大学的MBA,他的合伙人梁建章来自甲骨文,世界最有名的数据库公司。所以这些人眼界不一样,所以你将来如果能吸引这样的人到你公司来,他会给你出层次很高的主意和商业计划。

第二,合伙创业。他们往往不是单打独斗创业的,往往三三两两甚至四五个人合伙开办公司创业,这叫合伙创业。你们这样的研修班最宝贵的就是将来有没有可能从同学变成合伙人,这就是你们将来可以考虑设立合伙制的私募股权投资基金的某种考虑。

第三，善于找投资人，尤其要抓优秀的投资人。华尔街上有个说法：SMART MONEY，有智慧的投资人，有资源的投资人。新浪找到华登投资，业内人一听就知道这是硅谷有名的风险投资公司。空中网找到华尔街最大的共同基金的投资基金，阿里巴巴找到软银，你在业内一提就知道这是全世界最优秀的网络投资家孙正义的基金，那你怎么会不成功。

第四，创业时间短。张朝阳1997年回国到拥有20个亿，只用五六年。陈天桥也是五六年。邵亦波也就是六七年。沈南鹏，只用五六年，财富资本比高得惊人。陈天桥从1999年的50万，到2005年的150亿，整整涨了3万倍。丁磊从1997年的50万到2005年的70亿，涨了1.4万倍。马云就更短，1999年的20万到2007年的50亿，涨2.5万倍。杨宁创造了纪录，2002年再次创业，50万美元的投资，800天公司就在纳斯达克上市，变成4亿美金，涨了8千倍，只用了800天。彭小峰，他是一年多一点，400倍。所以他们都创造了财富上的奇迹，全世界也非常吃惊地看到中国这几年确实冒出来一大批创业成功的英雄。

我们再来看看那些最成功的富豪是怎么样从成功走向更加成功。我归纳了五个特点。

第一，善于找对人。一个人一生成功最重要的是要找到四个人帮助："高人指点，贵人相助，能人相帮，小人监督。"你身边有没有这四个人？

高人指点：有高能力的人为你做战略策划和总体指导，为你开拓思路，开阔视野；

贵人相助：关键时刻关键人物为你解决项目、技术、人才、资金、政府协调等；

能人相帮；老板找到最适合的置业经理人，总裁、总经理、人事主管、财务主管、技术主管、销售主管等等；

小人监督；是指社会上会有很多小人和刁民，你要学会应付他们，或者能找到人对付他们，不让他们危害你的企业和事业。

我观察了非常众多的老板,总结出小老板和大老板区别的十个字,叫“小老板做事,大老板用人”。小老板和大老板的差别在什么地方呢?整天忙于事务的就是小老板,而大老板不忙于具体事务,具体事务由具体人做,他谋人。

第二,学管理。从小到大的管理;从作坊、小店,到工厂、大工厂的管理;从区域公司到大公司到跨国公司的管理;从单一产品到多元化经营的管理;从家族企业到一家公众公司的管理。这五条,每一条是一个坎儿,很多老板一辈子都跨不过某一个坎儿。所以学习管理就是要请管理高手,来指点、来相帮。

第三,规范制度。我观察过欧美日本等各类国家的企业制度,美国的企业制度最灵活,美国人告诉我他们设计企业制度能做到四个金色:金色的握手,老板和员工能真正从情感上握起手来一起干,不像现在中国很多企业老板和员工往往是对立的,老板老埋怨部下无能,下面没有人干事解决问题,员工又往往埋怨老板只给我这么一点钱我怎么卖力。第二就是金手铐,陈天桥请唐骏的期权安排就是非常形象的说明。第三,金饭碗,把企业打造成大家的金饭碗,不仅仅只是老板的金饭碗。第四,金色降落伞,将来退休以后,也会有很好的退休金待遇。所以现在中国好企业已经尝试设立年金制度,要上越来越大的保险,将来还要帮员工理财,就像刚才讲的“两年翻一番,五年加个0”。这些制度会使企业的凝聚力会越来越强。

第四,聘用外脑。老板一个人的脑袋肯定是不够的,你要从社会上请外脑来帮自己谋划。所以最佳的企业结构叫“上者为闲”,做老板的人应该很轻松,经常有机会打打高尔夫球,经常去旅游半个月一个月的,公司的事都有人给你管着。第二句话就非常重要了,叫“能者居中”,就是我这两天反复强调的能人相帮,要挑选一个好的总经理,甚至让他做 CEO。CEO 和总经理有一个很大的不同,就是 CEO 一般都持有公司的股份。第三句话叫“工者为下”,下面的专业部门由专业人士来担任主管。像人力资源要由从事过人力资源管理工作的人负责,财务要有过财务训练的人负责,而我们现在的老板很多用的人都是三脚猫的。第四个叫“智者在侧”,请有本事的人在身边当军师、当顾问、当智囊团。所谓智囊团就不是一个顾问,而是几个顾问,甚至一群顾问。你们知道制度规定上市公司一定要有独立董事,所以你们将来要上市,从现在开始就要物色可以担任公司独立董事的人。

第五,有条件的话做资本,争取成为上市公司,用别人的钱来发展自己的事业。有条件的话走出国门,变成跨国运作的跨国公司,把中国的产品和服务推向全世界。

3. 中国富豪失败原因分析

——中国民营企业家的八个常见病和四个疑难病

第一个常见病:缺乏战略思维和战略管理。

“战略”两个字对于很多中小企业家来讲好像是个挺奢侈的名词,我开个小公司,开个小店、开个小厂赚点钱养家糊口,谈什么战略不战略,搞得神乎其神。其实战略还是很重要的,战略某种意义上就是远见,我们很多老板在创业的时候往往都有很好的商业悟性,所以把企业很好地做起来了,也赚到了钱。但要注意,这个悟性不是一直灵光,很多老板的失败就是在于他把这种悟性慢慢地变成了自负和机会主义,最聪明的老板是能够把战略从仅是老板一个人的考虑变成一个全公司的奋斗目标,变成一种公司的愿景。所以我们到企业做咨询往往先给老板做两件事,一件事就是开眼,一件事就是造梦。开眼就是打开头顶上的天眼,让老板、员工都看到企业有美好的前景,给大家鼓舞士气。造梦,就是营造一个美好的梦想,上市就是造梦,上市大家发财,不光老板发财,社会也得益。企业到了几千万销售额以上,有了一定的财力,一定要制定战略和实施战略,最好的是老板自己来做。当然老板你太忙,或者你不够那么专业,就请专业的机构、人士帮你做。战略规划,可以管理你三年、五年,老板经常放在手头翻一下,随时都可以知道自己的奋斗方向,三年、五年你的销售额可以达到多少,三年、五年你的资产能不能增加十倍。

有一点蛮重要的,当企业做到比较大以后就要注意,不要盲目扩张,不要盲目多元化,很多问题的发生都和盲目扩张有关。当年新疆德隆曾经创造了民营企业高速成长的辉煌,但最后失败就是因为盲目扩张过分多元化,结果资金链断裂而崩溃。

第二个常见病:老板自身的修炼提高。

不是每个老板都称得上企业家,尤其是我们20世纪八九十年代有一大批草根出生的老板,他们要变成企业家,需要一番脱胎换骨的修炼。所以从小老板到大企业家需要修炼,而修炼,学习是关键的因素。我和当年浙江首富的鲁冠球有过交往,鲁冠球农民出身,做过铁匠,算是个粗人,小学学历。但是我注意到鲁冠球现在完全不一样,他是一个很善于学习的人,上次中国民营企业峰会在杭州举办,我是评委。鲁冠球也作为嘉宾参加了该峰会。当然鲁冠球很忙,参加完开幕式之后他有另外的事要早走,我就在第一排,我们就打个招呼。我注意到当时台上有八九个三四十岁的浙江省有关厅局的处级干部,都算他的后辈了,他当时已经70多岁了,有100亿身价,但是我注意到他走的时候弯着个腰,和台上的每一个人都打个招呼,意思是他要先走。还专门向我招了招手。我当时看了很感动,这就是他的礼貌所在,谦卑所在。尽管他是一个大老板,也是一个长者,但是他对所有人都很尊重,这种人才能成大气,所以鲁冠球是浙商中的“常青树”。另外,要请顾问,而且顾问不能只讲你喜欢听的话,而是常常要讲你不喜欢听的话，这对你其实是最宝贵的，最多你不请我做顾问就完了，我也不在乎多赚你这份钱。所以我们的独立董事要请敢于向企业提意见的，这样你这个老板的素质就可以不断地提高。

第三个常见病：管理难。

我观察到中国民营企业70%以上的老板都没有过管理关，管理都是非常粗放落后的，尤其在珠三角，太多的企业我们称之为“一人公司”。老板就一个人，什么事儿都是老板的事儿，其他人都做不了企业的主。怎么样把这个一人公司慢慢变成一个团队管理的公司？你这个老板首先就是要想通，请能干的人。怎么样请能干的人？也不容易，要制定一套制度，要有公司治理结构。要上市更加如此，要有董事会、监事会、外脑、总经理、管理团队，而且要设计很好的制度。

第四个常见病：用人难。

我经常和老板们交流，他们跟我讲现在最难的是用人，有本事的人不可靠，可靠的人又没本事。创业的时候大家都能够一起睡地板、吃方便面，赚了钱了就不好办，分钱的时候打起来，甚至杀起来，当年的伙伴成了冤家。所以，我认为老板在用人，即人力资源管理上的提升是一个老板能不能做大的一个非常关键的瓶颈。所以你慢慢就要设立一个人力资源部，找一个优秀的人力资源经理。我当年交往过北京的一家园林公司现在很有名，叫东方园林，老板是一个女老板，她之所以股票能涨到100块，非常重要的就是因为她当年请了一个非常优秀的人力资源经理。这个人力资源经理服务到什么程度？北京市房地产建设公司、建筑公司、园林公司所有的高管，这个人力资源经理的电脑里全部有他们的电话号码和简历，她经常会给人家送电影票，送鲜花，请人家吃饭，最后弄来弄去最能干的人都被她挖到他们公司去了。这就是请了一个非常重要的人力资源经理，使他起到了一个非常重要的猎头作用。新疆特变电工是新疆最优秀的民营上市公司，董事长叫张新，就用了一个俄罗斯的专家伊万，伊万当年是世界最大的乌克兰变压器厂的厂长兼总工程师。后来苏联解体,乌克兰变压器厂破产,张新一听到这个信息,非常有心,千方百计地找到了这个老头,后来我才知道他当时才花了10万人民币的年薪就把他请到中国来当了他的总工程师。由于这个人以前是世界最大的变压器厂的厂长兼总工程师,那绝对是变压器的世界一流专家。他到了新疆特变电工,现在几年下来新疆特变电工就变成了全世界最大的变压器工厂,他们生产的变压器现在已经畅销美国,帮美国改造电网。张新对他也很关心,给找了一个中国太太,他现在都乐不思蜀,都不愿意回俄罗斯去了。这也是一种关心,是对人家生活的关心。

很多民营企业在人力资源管理上、在培训上都是非常低水平的。这里有一份调查,是对有影响的有一定规模的民营企业几年前做的:90% ~ 95%的民营企业都是没有人力资源部的,都是传统的什么人事处、劳动工资科,有的是办公室主任管一管,或者老板自己管一管,等等。70%以上的民营企业中层以上管理人员认为老板不重视培训,80%以上的公司培训都是临时决定的,绝大部分中国民营企业是没有年度培训预算。有人统计了,这些民营企业在培训上的花费,高管每人每年才892块,而外企要达到5020块,国企达到1362块,在培训的投入上明显就有差异。

第五个常见病:缺乏激励机制。

中国大部分企业缺乏激励,做企业要善待客户,善待员工,善待投资人。所以做老板的人一定要精心设计和策划薪酬系统,要知道什么时候该给什么人涨工资,你不涨人家就走掉了,所以你在美国能干的话老板马上就给你涨工资。我有个小侄女在德国一家管理公司,叫SAP,做ERP系统服务咨询的。我这个侄女是清华毕业的,才毕业一年多,做了一张表安排小组成员工作,贴在墙上,被老板看见,立马把她的工资提升到15万一年,这就是外企的厉害。现在已经有20万年薪了,才大学毕业两年,因为她表现了她的能力,这个外企主动给她涨薪。但中国老板大部分做不到,所以,用人上非常重要。蛋糕怎么能做得更大？请大家注意下面这组数据，你要吃一个一斤的100%的蛋糕，还是要吃一个10斤的70%的蛋糕，还是要吃一个100斤的30%的蛋糕，还是要吃一个1000斤的10%的蛋糕？这个数据大家好好想一想，大部分的老板就在吃那1斤和几斤的蛋糕，你全吃了也就那1斤几斤，你要研究的是谁能够把你的蛋糕做到1000斤，你哪怕吃了10%不也吃了100斤吗？前面就1斤，第二个就7斤，第三个不过30斤。更重要的是你做老板的要不断地找人，看谁能把你的蛋糕做到最大化，这个是没有止境的，企业发展是没有止境的。人家卖水，农夫山泉都能做到几十个亿；可口可乐就卖饮料，也不做第二样东西，人家可以卖到几十亿美金、几百亿美金。王老吉和加多宝天天打得死去活来？但是你有没有注意到，还是加多宝厉害，你王老吉正宗没用，加多宝的营销策略绝对正确，舍得花钱做广告。我们很少看到王老吉的广告，经常看到加多宝的广告，你没有实力打不起广告。蒙牛当年也是如此，它从伊利出来的，很快就超过伊利，这就是牛根生的厉害。蒙牛的故事大家都非常熟悉，蒙牛请过十家不同的咨询公司为它做过咨询服务，我们是其中一家，十家"招亲比武打擂台"，谁最厉害请谁。

第六个常见病：缺乏创新机制。

新思路、新局面、新突破，不容易。企业目前迫切需要创新，创新则需要机制。现在做创新最好的几家企业，北方有两家，南方有两家，北方就是海尔和蒙牛乳业，南方就是深圳的华为和广东顺德的格兰仕。这四家创新做得不错，尤其是海尔，因为我们给海尔做过咨询。张瑞敏是一个高度重视创新的老板，在他的各种讲话中间经常要鼓励员工、骨干创新。海尔曾经有一个年轻的车工叫曹秀兰，开车床，发明了一种扳手，有了这个扳手车床的效率就提高了，这样的创造在我们爱动脑筋的年轻人当中多的是。关键是老板和领导对此的态度。但是海尔不一样，海尔为这个年轻的女工的发明创造召开了一个全厂大会给予表彰，把这个扳手命名为"秀兰扳手"，给她颁发了一笔很大的奖金,为什么?就是鼓励其他人向她学习。海尔有一个销售经理,有一次在西部一个城市卖海尔洗衣机,过来一个农民大大咧咧地说你们这个海尔洗衣机除了洗衣服,还能不能洗红薯、洗土豆啊?一般人就会认为乡下人怎么会用那么贵的洗衣机洗土豆、洗红薯。但是这位销售经理想到他们老板张瑞敏经常教导他们一句话,叫消费者永远是正确的。他回到青岛以后给张瑞敏写了一个报告,说农民提出来问海尔的洗衣机能不能洗土豆、洗红薯。你们知道一般的员工不敢给老板写这种报告,但是张瑞敏不一样,他喜欢这类报告,他在这个报告上加了一个亲笔批示,大概意思是消费者是我们的上帝,消费者的任何要求我们都是应该研究的。这位农民提出来洗衣机要洗土豆、洗红薯,我们要研究,答复人家。他把这个批件给了海尔研发中心主任,研发中心主任是一个总工程师,对老板的批示当然很重视。立刻找了一群工程师、技术员开会讨论,这类问题在工程师、技术员手上,很快找到了解决方案,问题解决了。因为这个问题在工程师眼里是很简单的事情,把下水管加粗一点,加一道过滤泥沙的网,海尔就发明出了一种新型洗衣机,叫农夫型洗衣机,不但可以洗衣服,还可以洗土豆、洗红薯。这种洗衣机现在在海尔的洗衣机系列里面每年能多卖好几个亿。海尔的新产品很多的,它有一个小小王子,可以洗袜子,洗手套,用水量非常小,这就是海尔独有的。这位销售经理为了这个发明,海尔给了他一个百万级的奖金,因为他是这个新产品的创意人。所以不久前我们和海尔大学的校长邹习文做过一次交流,海尔这方面推出了一个理论性的概括,叫SBU,把每一个员工都变成公司的商业单元,只要你能为企业创造效益,你都能够按比例拿到提成。所以海尔从一个几十万销售额的小工厂变成一个1千亿的工厂,海尔是世界500强,这和张瑞敏高度重视创新非常有关系,和他一系列的制度设计非常有关系。所以我们在座做老板的人一定要关心公司内部的管理。用一个中国典故,叫千金买马骨,贤士八方来。

全世界创新最了不起的是美国的硅谷，我是中国最早推崇“硅谷模式”的人。因为1981年左右我去美国访问，认识一个台湾的女记者叫邓海珠，她当年写了一本书叫《硅谷热》，我是最早把这本书带回国宣传的人，还有中科院的陈春先研究员，是我们这批人在中国最早宣传硅谷，后来才慢慢出现了中关村电脑一条街和海淀高新技术开发区，后来有了全国54个国务院批准的高新技术开发区等等。我告诉大家我观察到的硅谷有什么特点呢？美国有一批青少年都成了硅谷的发明主力，美国人称他们为Computer Kids（电脑神童），从小玩电脑、拆电脑、装电脑，在爸爸妈妈的汽车房里，乔布斯就是这样的一个孩子。他们中间出了很多发明家，出了很多了不起的高科技IT企业家，硅谷有很多层出不穷的这样的故事。所以对下一代，对更多的孩子就是一个激励，小孩子只要有发明创造就可以成为大老板。比尔·盖茨就是这样，学历只有大学一年级，但是成了世界首富。Yahoo的创始人，台湾小留学生杨致远是这样的，Facebook不也是这样吗？这样的孩子中国有吗？也有。他们在哪里？在电子游戏厅，在网吧。所以前阵子我们社会上好像要围剿网吧，说网吧把小孩子都带坏掉了，整天打游戏了。我不赞成，网吧也是企业，网吧也是创造GDP的，网吧也解决了很多人的就业，有的人家里买不起电脑，网吧2块钱一小时，就是上网的好地方。当然，我们的政府、社会、学校、家长、网吧老板应该想办法引导网吧里整天打游戏的孩子，让他们把精力转移到科技创新上来，他们中间会有很多人才的。我这样的课上次在郑州讲，有一个40多岁的女士听了我的课非常激动，下课就来找我，说老师你讲得太好了，我有个12岁的孩子就是你讲的电脑神童，整天打游戏打得昏天黑地，她对他又气又爱。气什么？功课一塌糊涂，作业又不好好做，每次开家长会老师都要批评他，她都惭愧抬不起头来。但是她的小孩又很聪明，什么游戏到他手上都打得很好，尤其是美国引进的一个游戏叫《世纪之战》，这个小孩居然把它都打到头了，而且这个小孩玩得多，又对这个《世纪之战》有新的想法，说怎么怎么样这个游戏可以升级到更高的版本。妈妈是个知识分子,认为这个小孩很聪明,而且又会发明创造。结果听我一讲如遇知音。她说温老师,你能不能帮我写封信寄给比尔·盖茨,告诉他我这个12岁的儿子对《世纪之战》的游戏有创新的想法?后来我说你不要寄给比尔·盖茨,他又不搞这一行。我给她留了个电话号码,我说你找一个中学的英文老师,把来龙去脉写封信寄给我,我给你稍做修改,寄给世界有名的电脑游戏软件开发商,因为你烧香拜佛要找对庙。什么叫电脑游戏软件开发商?不知道你们的小孩有没有玩过一款游戏,叫《魔兽世界》,它的开发商是一家美国公司,叫暴雪,这家游戏公司很厉害,一个游戏可以卖几十亿美金。我说我把你这封信寄给暴雪的CTO,就是主管技术开发的老总,如果你这个小孩灵光的话,人家美国老板会从美国飞到中国,出10万美金的年薪请你12岁的儿子做他的顾问,开发你这个产品。她说我那个宝贵儿子能挣10万美元年薪?我说为什么不能,美国开发一个游戏软件可以赚几百万美金。我说我还要帮你找一个律师,和他们定一个协议,叫知识产权协议。因为你小孩是发明人,不但要赚10万块钱年薪,将来开发出来的新软件你要有个协议,他们每卖一个游戏软件你的孩子要提成,这叫专利权利金。我说你小孩都有可能成为百万富翁,美元的百万富翁,这个家长感慨得不得了。这就是美国的创新,我们就缺乏一种这样的社会氛围,我们也缺乏这样的天使投资人,所以中国的教育制度太需要改革了。

我们当年在中国科技大学办少年班,从陕西招生招来了一个人很有意思,这个人你们可能听说过,叫史丰收,他创造了一个快速计算法,20位乘20位,你念下来他就算出来了。华罗庚亲自考核过他,华罗庚按计算器还没他快。神童,陕西的一个农民。后来我们科大少年班录取了他,就读高等数学、线性几何、高等代数,一考试全不及格,因为他那个东西不行,他文化很差。我们科大少年班的小孩开始很崇拜他,这家伙会快速计算,后来一看他考试不及格就瞧不上他了,你就只会那一套,这个高等数学你考不过我吧。他就很苦闷，经常到我家里来诉说。我就安慰他，叫他不要计较别人的议论，我也跟学校反映过，我说让他学什么高等数学，他就初中文化程度，就让他专门搞快速计算，将来靠这个吃饭。但是在科大不行。好了，北京工商大学很了不起，当时的校长很有远见，商量以后派了两个人到科大找我们校长，说听说你们这里有一个快速计算的专家叫史丰收，报纸上登过。我们校委会经过研究准备在北京工商大学设立一个快速计算研究所，想聘请他来当所长，我们准备直接聘请他当正教授。我们科大校长高兴得不得了，因为他在我们科大成了一个麻烦人物了，和同学关系也不好，赶快放。到了北京，他创办了中国快速计算研究所，招聘了不少人，开了培训班，据说还为中国人民解放军导弹部队解决了一个导弹计算问题，那是给中国国防事业做出了贡献。可惜的是这个人前两年过世了，英年早逝，死的时候才 40 多岁。但是如果他当年没有调到北京，还在我们科大念书的话，他可能会念成精神病。所以你们注意到没有，这就说明要研究一个人才要怎么样把他放在一个合适的地方。所以我给你们讲这个故事，就希望你们认真考虑作为企业怎么样引来有发明创造能力的人，叫创新性人才，这是一种特殊的人才。

第七个常见病：叫资本魔方。

大部分中国企业家对资本是比较保守的。湖南长沙有一个非常有名的老板叫张跃，当年请我去做过讲演，他就提出过著名的“三不理论”，叫不贷款、不合资、不上市。不过这个人还是蛮开明的，他请我给他的高管讲课，我说我不赞成你们张总的这“三不”。他说我们公司在银行里有 5 亿人民币现金，我又不缺钱，干吗还要贷款，还要付利息；干吗要合资，搞一个老外来指手画脚；干吗要上市，手续复杂，还要受检查、监督，我爱干什么就干什么。张跃，远大集团老板，喜欢开飞机，还把我弄到天上转了一圈。但是你有没有注意到，他被三一重工追上来了，他们远大集团销售额 15 个亿的时候三一重工才刚刚创业，但是现在三一重工是远大销售的 10 倍，为什么？三一重工上市，三一重工融资，三一重工国际并购。所以张跃现在也把远大总部搬到北京,也想上市,恐怕还没上成。最近他还蛮有创意,要在湖南长沙造全世界最高的楼。不过我刚从长沙来,我看悬。这个老板是管理很好的人,但是有误区,这就是他为什么会被三一重工追上的原因。再优秀的老板你不能犯毛病,这就是大的毛病。

为什么我会48岁由一个化学家转而到华尔街去工作?因为我看到了华尔街的魅力,“华尔街”经常讲三个字母OPM,是指Other People's Money(他人之财)的缩写。这就是华尔街的精髓。就是玩别人的钱,别人的钱拿过来我来玩为你创造财富,我也拿一块。就像高盛,帮你李锂上市,你成了中国首富,我也赚到钱了,然后它明天再去帮另外一个人,这就是它的诀窍。所以你们将来要发展,一定要交一类朋友,叫投资银行家。你们公司要发展一定要从现在开始物色一个人,这个人叫CFO,首席财务官。我要告诉你们有资格当CFO的人非常少。你要上市,一定要请这样的人给你管理资本运营,管理资产经营。优秀的上市公司将来可以为你造成成千上万的百万富翁,甚至是千万富翁,这就是资本魔方的魅力。

第八个常见病:缺乏勇气谈国际化。

我注意到外国老板、外国的公司介绍自己的情况时,一般都拿出一张地图,上面有小红点,标的是全世界的销售网络。我们中国没几个公司能拿出一张世界地图,这就是中国企业和外国企业的差距。美国人做一家公司马上就想到怎么样在全世界卖,这就叫全球化的思维、开拓的视野。所以从这个道理上讲,行万里路胜过破万卷书。今天中国逐步走向世界,中国的产品越来越好,中国的服务也会很优秀,怎么样把它卖到全世界,就是下一阶段中国国际化大潮流。这里面非常重要的问题就是怎么样引进国际化的人才,有国际化经验、国际化管道、国际化资源的人才。

这是八个常见病,非常多的企业或多或少都有。

4. 为什么不断有富豪落马？中国民营企业家的四个疑难病是哪些？

第一个疑难病：变得狂妄。

> **中国企业管理提升遭遇瓶颈**
> ——中国企业家疑难杂症、绝症分析
>
> 1. 变得狂妄——病、毒基因之一
> □从内心到溢于言表的狂妄
> 成功——自信——自负——极其自以为是——狂妄
> 刚愎自用必败
> □本来就是奸佞小人
> 子系中山狼、得志便猖狂
> 远离小人、学会应付小人
> □狂妄之徒不可交
> 要改狂妄毛病不是那么容易
> 要高人点化

老板们一般都很自信，自信是老板的一个优点，但是自信千万不要过分，过了分就叫自负，自负就是缺点，自负千万不能再过分，自负过了分慢慢就叫极其自以为是，慢慢就会变得狂妄，狂妄以后就是刚愎自用，刚愎自用的人必败。我见过太多的老板都败在这里。当然，前几年也有一些奸佞小人抓住了一些政策的空子发了狂财，这种人往往很狂妄。我们经常讲叫“子系中山狼，得志便猖狂”。当年福建有一个走私大王，他怎么会败落？有一次我们的总理到福建视察，当然总理到厦门，厦门市委市政府就请了所有的大企业，厦门工商，厦门电讯，厦门电力等去和总理座谈，他作为厦门最大的民营企业，叫远华集团的董事长，也去参加总理的座谈。你知道总理跟他握手以后他跟总理讲了一句什么话？他说总理，下次你到厦门有什么事尽管可以来找我。总理很是吃惊,回头就问秘书刚才那个胖子怎么回事,一打听,说是远华集团董事长,给我去查一查,一查就查出大问题,最后逃到加拿大被引渡回来。某种意义上,狂妄的人一定会败。狂妄之徒不可交,因为我交往过这种人,将来我的名声也会受影响。这样的朋友不值得交往,这样的老板早点跳槽离开他。

第二个疑难病:叫贪婪和野心。

中国企业管理提升遭遇瓶颈

——中国企业家疑难杂症、绝症分析

2. 贪婪和野心——病、毒基因之二
□雄心和野心
什么事情都有度的把握
野心过度导致不择手段
富贵险中求和铤而走险
□财富追求和贪得无厌
不取不义之财
该收手时就收手
□做到大时修点佛学、禅
修炼心态无比重要
拼命想赚钱却赚不到钱为什么?

野心在欧美是一个正面名词,每个年轻人都应该有野心。我建议翻译成中文叫雄心,有人就问我雄心和野心有什么差别?差别在度的把握,什么事情都要把握度,过了度就不好办,过了度就成了反面了,过分的野心会让人不择手段。尤其我们今天在座的有了一定的身价,你没必要去铤而走险了。追求财富正大光明,但是不义之财一定不可取。

所以从这个角度来讲,我非常欣赏有一些老板做大了以后喜欢修一点佛学,讲禅,修炼心态无比重要。

第三个疑难病：不良嗜好。

> **中国企业管理提升遭遇瓶颈**
>
> ——中国企业家疑难杂症、绝症分析
>
> 3. 不良嗜好——病、毒基因之三
> □好色成性、色迷心窍
> 为什么常说“男人有钱就变坏”
> 男老板被坏女人操纵、女老板被坏男人操纵
> 女人在恋爱时智商为零
> □好赌成性、赌迷心窍
> 色、赌都会上瘾
> 不能自制的人危险
> □吸毒　吸毒成瘾迷心窍

很多老板管理企业是一把好手，赚钱也很能干，但是最后都败在女人手上，为什么呢？好色。家里有了老婆，外面再去包二奶，然后又是小秘、小姐，最后搞得鸡飞狗跳，这样的老板不乏其人。后来我们在北京办女老板培训班，发现女老板在这个问题上也容易走入误区。你们要注意，深圳、上海、北京都已经产生了一批称为“鸭子“的小白脸，专门以骗财、骗色、骗女老板为业，很可怕的，包括你们网上聊天也很容易碰到这种家伙，所以你们不要中招。我们就有一个案例，我们曾办过一个威斯利女子高级修养学堂，其中有一个东北的女老板几千万身价，是一个蛮大的地级市的政协常委、人大代表。她老公水平很差，被她“下岗”了，她就单身。单身有一些男朋友也是合情合理的事。后来就遇到了这样一只“鸭子”，研究生学历，1.8 米的个头，长得也非常潇洒，特别会讲甜言蜜语，一下子就把这个女老板给俘获了。但是这个女老板也很厉害，交往了一段时间很快发现这个小子看中的不是她的人，而是她的钱。这个女老板人生经验很丰富，就慢慢疏远他，这个坏小子居然搞敲诈，开条件，分手可以，300 万分手费。这个女老板很苦恼，因为这是她的隐私，她不好意思跟朋友商量。正好她来听我们的课，我们请了中央电视台著名节目主持人，他是课讲得非常好的一

位主持人,专门讲法律与女性。我们这个女老板听了这位主持人的课就把自己的苦恼讲给我们听,这些事原来我们也不知道。后来这位主持人说,你怕这种人干什么,我给你找一个大律师,给这个坏小子写一封信。后来果然她找了一个厉害的律师,给这个坏小子写了一封信。我没有看过这封信的内容,但是我知道这封信的结果,那个坏小子见到这封信之后就吓得屁滚尿流,从此再没有来找这位女老板的麻烦,也给这个女老板省了300万。这就是说,在座的女性朋友要学会保护自己,要懂得怎么样用法律手段保护自己。碰到麻烦,千万不要轻易私了。我们老板在这些问题上吃亏的多了去了,吃了亏愤而杀人的都有,要知道杀了人你自己都要被枪毙。

举个报上的例子,有一个开饭店的老板,经常有流氓来吃白食,怎么办?找一个黑社会交一点保护费,流氓就不敢来了。后来发现黑社会更可恶,要得更多。这个老板非常气愤,忍无可忍,就找自己的表弟把这个黑社会的人骗到郊外,用绳索勒死,扔在荒山里。杀人了,后果很明确,判刑。不能以错对错,要报警、找警方,不要自己私了,这种事不能私了,更不能用杀人这种方法来了,这就是法盲的下场。

有人讲了一句名言,说女人在热恋的时候智商接近为零。记住这句话,这句话在某种意义上一辈子都有用,将来可能对你的女儿也很重要。

另外还有一点叫好赌成性,赌迷心窍。你们旁边就是澳门,不知广东有多少老板的身家败在澳门。色和赌都能上瘾,所以有句话大家要知道,不能自制的人不能大用,就是没有自我控制能力的人不能用。

少数人还吸毒。

第四叫为情所累。

中国企业管理提升遭遇瓶颈

——中国企业家疑难杂症、绝症分析

4. 为情所累——病、毒基因之四
□过于重情感是企业家大忌
把个人感情和事业企业生意分开
夫妻档要注意、老婆坏事不少
小蜜当家更是容易败家
□家族企业的“劫”
家族企业合理但不会成为发展障碍吗?
心胸开阔聚天下贤才
□情绪化也会引来灾难
凡事缓则圆
身边要有拉闸的人

美国有一句非常好的话:生意就是生意,不要把你私人的什么事儿都扯到公司里面里。所以美国公司很好,私人的事从来不会拿到公司来。从来没有女方家属到公司来谴责老公在外面有外遇什么的,那是你没本事,没把老公给看住。夫妻档的企业要注意,一个贤惠的太太可以成为老板的贤内助,老板脾气暴一点,伤了人,老婆去安抚人家,反过来老婆坏事的也不少,一个张扬的老婆可以成为老公坏事的重要责任人。小秘当家更加可怕,我讲这个话都是有案例的,不是随便讲。所以情感、家族成员、家族企业是个民营企业的坎。家族企业很合理,我丝毫没有反对家族企业的意思。夫妻档,像潘石屹和他的老婆张欣,刚才讲的俞渝和她的老公李国庆,都是夫妻档,做得都很好。父子档、父女档做得都很好的也有。像格兰仕梁庆德,他的儿子叫梁昭贤,大家认为小梁总更不错,受过教育,青出于蓝胜于蓝。像红豆集团的周海江也绝对比他的父亲能干。但是我可以告诉大家,我看到的更多的是儿女没教育好就硬让他接班,这样的人接班企业就危险了,路就会越走越窄。现在很多老板苦恼的是儿女不成气,接不了他的班,他的企业后继无人,所以要心胸开阔,聚天下贤才。

情绪化会带来灾难。做老板的人要知道,有的时候情绪化可以把你害得惨不忍睹。

所以公司的生存和成长是一个艰难的过程,它要经过很多重的危机。第一年和第三年要过生存危机,要解决客户、产品、现金流问题。解决了以后又要过领导能力的危机,那就是管理团队、决策方式、组织架构。这一阶段过了以后又会出现竞争的危机,如同业、研发新产品、IT技术和新业务的开发等问题。当然做到几千万、一个亿以上又会碰到品牌危机、企业文化危机、资本运作的危机和国际化运作的危机。每一个危机都像一道坎儿,很多老板过不了这些坎儿,企业就会受到很大的约束。所以这几年我们有越来越多的富豪参加了公益活动,这些人某种意义上是中国最成功的企业家,他们的企业能够不断地做大做强。

5. 富人应该如何保护自己和取得更大成功?

在中国,富人成功以后,获得财富以后,如何支配这些财富,是一个新问题。如何保护自己,也是个新问题。

中国人的仇富心态

中国是一个具有几千年小农生产意识的农业型社会,小农意识的核心就是“不患寡患不均”。在计划经济时代,大家拿一样的工资,甚至穿一样颜色的衣服,形成了巨大的大锅饭心态,当少数人获得成功以后,就会导致一部分人的心态不平衡,甚至引发极少数人的变态反应,这就是所谓的仇富心态。我曾经在十多年前写过两本书,一本叫《改革与中国国民性改造》,一本叫《改革与中国传统文化潜结构的改造》,广泛地议论了中国在改革进程中观念更新的重要性,也研究了中国几千年的传统文明一方面留下了光辉的遗产，另外一方面也为社会现代化背上了沉重的包袱。所以如何提升整个国民的素质，推动观念更新，是非常重要的问题。我在两本书里面提出过一个概念叫“东方式的嫉妒心理”，曾经引起了广泛的认同。我在西方社会生活多年，西方人、美国人也有嫉妒心理，他们的嫉妒心理是你行我也行，我会激励自己也去奋斗，我就变得比你行；中国人的嫉妒心理是你行我不行，他不去奋斗，而是来找人家毛病，甚至算计别人，整人，把你整得不行，我才比你行，或者自己才痛快，这是一种非常可怕的心态。我在美国、法国都参加过狂欢节，人家把城里最漂亮的女孩选出来做皇后，坐在花车上游行，周围的人都会很欣赏地对我们说这是我们城里最漂亮的姑娘。中国前几年不少城市也搞过一些变相的选美，选一些漂亮的女孩作为“网络小姐”或者“形象大使”，上电视台、上杂志、上报纸。我就注意到看到她们的人中间不少人眼光里发出了一种恶毒的光芒，甚至几天以后关于这些女孩的流言蜚语就满天飞，所以中国才有“红颜薄命”的说法。我曾经和一个美国教授交流对中国文化的看法，想把“红颜薄命”翻成英文，发现怎么翻译都过不过去，好不容易倒过去了人家也没有这种理解，很难沟通。说美丽为什么短命，一点关系都没有。因此，怎么样克服国民当中的这种仇富心态，和富人的安全非常有关系。前不久报道的山西海鑫集团董事长李海仓被凶杀，一位温州的富翁被凶杀，福建恒安集团的副总被凶杀，已经是一些不祥的信号，这说明探讨这种仇富心态和富人如何学习保护自己已经成为一个课题。

克服仇富心态，中国需要整体提升对财富的认知，中国需要打造产生富人的沃土。将来，中国仍然要成为产生富人的热土。中国要建立一个庞大的中等收入家庭群体，要做到这一点就要培养中等财富的成功者。财富的成功者包括在座的朋友，大家要注意回馈社会，多参加社会公益活动，我们就能活得更开心，我们就能活得更自在，也会更安全。

不骄奢淫逸、为富不仁

财富成功以后,房子住得好一点,车子用得好一点,生活水平高一点,理所当然,很正常。但是,不要过分,我们就注意到有些企业家、富人,尤其是在一些贫困地区,把自己的家装修得像宫殿一样,故意开着名贵的豪车招摇过市,这就非常危险,就会成为众矢之的,也会成为一些犯罪分子攻击的目标。当年的天津大邱庄的禹作敏就是如此,某种程度上来讲,他在20世纪80年代开的那辆豪华的奔驰600在北京、天津招摇过市就是导致他失败的重要的因素之一。他故意摆阔,显示自己的财富,这是非常危险的。所以我们的富人,在可能的情况下,保持某种程度的低调是必要的。当然,在和客户谈判时用好一点的车,住好一点的宾馆,消费高一点是商业的需要,也是可以理解的。但是,如果在生活上、在企业的内部、在社区故意地摆阔,甚至是一种变相心态的摆阔,以掩饰过去的贫穷出身,这就会成为灾难的开始。

不取不义之财和金盆洗手

我们有少数的老板,他们早年的财富有些是不义之财,有些是钻了法律的空子,所以到了完成一定的原始积累以后,他们就应该非常有自知之明,不能够继续钻法律的空子,而是要规范地做生意,发展经济,甚至考虑如何来回报社会。

警惕周围的小人和刁民

由于经济的发展,财富的积累,社会犯罪也有一定的滋长,有这么一批小人,是危险的。就像电影《大鸿米店》里面的五龙,你出于怜悯之心,把这样的小人吸收到企业内来当雇员,他一朝狼子野心发作起来,就会成为企业的灭顶之灾。我们在从事商务活动时,也会遇到一些刁民型的人,这种人最好不要让他成为你的客户。不然的话其中的少数人会把公司事情导向极端,对企业,甚至老板自身的安全造成很大的伤害。海鑫集团李海仓遇到的就是小人和刁民,杀害他的凶手是他小学的同学,早年和他一起经商，甚至比他更成功，后来企业失败，而李海仓的事业蒸蒸日上，他就越来越有嫉妒之心，抱着这种叵测的心态想把一块地强卖给李海仓，李海仓又很耿直，严词拒绝，痛斥了他，中间又没有人能设起“防火墙”，结果造成了杀身之祸。一个优秀的企业家毁在了一个小人之手，毁在了一个流氓之手。

财富的更广泛的含义

财富不完全等于金钱，我们过去不少人认为财富就是金钱，这可能我们认识的一个误区。其实今天的社会已经对财富赋予了更广泛的含义，那就是健康、知识、技能、尊严、社会地位、家庭、亲情、友情、爱情和社会贡献，所以财富的成功者要追求全面的成功。今天，中国有不少老板，钱有了，家庭破裂了，健康也没有了，最后就进了医院，甚至得了癌症，这时金钱又有什么用呢？所以我们对财富要有更加高的认知，应该追求全面的成功，这才是一个真正的财富，否则就会陷入“财富等于金钱、金钱等于一切”的认识误区。

为自己设计纠错机制

企业要做强做大，光靠老板自己的智慧是有限的，这是全世界企业经营的普遍规律。企业发展到相当规模，不要迷信自己的智慧是无所不能的，人都是会犯错误的。因此为自己设计一种纠错的机制就十分重要，具体有如下几个方面：

第一，请专业顾问、学会用“外脑”。

企业发展到一定规模以后，一定要聘用专业的顾问和顾问机构来为自己提供咨询服务，这是全世界大企业的普遍规律，国际上甚至有规定，公司每年用于请顾问、咨询机构服务的费用要占销售额1%以上，世界500大的企业平均雇有5个到100个专业的顾问和顾问机构为自己提供各式各样的服务，甚至把企业一部分业务外包，如法律、会计、研发等等，因此如何学会使用外脑、利用外脑和专业顾问公司为自己企业进一步的发展提供服务，是企业成大气候的关键。

第二,制度化管理。

企业到了相当的规模以后,如何建立一整套的规章制度,尤其是管理制度、股权制度、人力资源制度和薪酬制度已经成为一个公司进一步发展的关键性环节,因此自己设置专业部门或邀请专业的咨询机构为自己制定实施这些制度,不断修正提升这些制度,会成为企业做大做强的关键环节。

第三,基业常青、百年大计。

要有一个建设百年老店、百年企业、基业常青、百年大计的思想,所以要克服短期行为和短视眼光。为企业制定一些基本理念、奋斗目标,为企业设计愿景,包括企业的CIS系统,都是非常必要的。

第四,回报社会。

积累了一定财富以后,拿出一定数量的金钱回报社会已经成为世界各国富人的潮流,也是企业家本人发展的一个趋势。钱生不带来死不带去,有了一定的积累,生活有了一定的保障,过多的钱对于个人来说实际上是没有意义的,怎么样让财富为社会发挥更大的效能,是企业家成功以后回报社会的一个非常重要的考虑。

一是捐助社会有需要的群体。

目前世界上的慈善事业蓬勃发展,每当发生重大灾难或者疫情的时候,就有各种慈善机构和团体捐款来帮助困难群体,如中国的希望工程,支援地震灾区、洪水灾区等等,是一个全世界的潮流。

二是设立更多的私人奖学金、研究基金、文化基金。

社会上有很多人家庭贫困,上不起学,但是他们有很好的天赋,很勤奋。对于这些苦学的青少年应该有更多的人关心他们,帮助他们,让他们获得成功。还有很多的科学、社会的研究课题,如最近的非典、癌症、艾滋病、社会心理问题、自杀现象、青少年吸毒、妇女问题,都是需要有专业的机构来进行研究,提出解决方案的,这就需要更多的研究基金。还有各种文化事业的发展，如对中国的某些少数民族文化、戏剧文化的保护和发展，对优秀的文学作品、艺术作品的支持，以及对一些文化遗产的保护等，这都需要更多的基金来帮助。据我所知，美国就有几千个各种类型基金会，中国的相关事业则刚刚开始，希望更多的老板能够为社会的文化、科学、研究、教育提供更多的基金。

三是捐资学校、医院、剧场、研究院。

这几年我们可以看到大学里有一大批的邵逸夫楼、李嘉诚楼、霍英东基金等。我们内地也应该有更多的本土的企业家来捐助学校、医院、剧场、研究院，甚至以他们的名字为学校、医院、剧场、研究院命名，这是很有必要的，慢慢使私人资助成为这些事业发展的经费来源中越来越重要的部分，这样中国的教育、科学、文化、卫生才能得到更广泛的发展。

做一个正直、善良的富人

中国长期以来有“为富不仁”的说法，有些家庭甚至害怕把女儿嫁给富人，认为富人都不是什么好东西，这是一种巨大的社会偏见。中国应该鼓励更多的富人、成功者成为正直的、善良的人，有高尚的人品、宽广的胸怀，乐于助人，善于助人，而不是为富不仁。所以在中国树立富人的正面形象，首先应该是富人本身对自己严加要求，其次是社会舆论的导向，这样才能慢慢改变社会的风气。

下 篇

中国经济面临的新形势、新挑战和未来的十大财富新机遇

第四章
全球金融前瞻和中国经济新格局

1. 中国经济新形势的挑战和机遇

2. 国际金融大鳄如何算计中国？中国如何保卫我们的财富？

3. 中国制造业利润分配奥秘

4. 中国经济发展的几个短板，企业面临的挑战和危机

1. 中国经济新形势的挑战和机遇

大家对形势尤其经济形势的走向非常关注,就是未来到底怎么样?股市到底怎么样?楼市到底怎么样?通胀到底怎么样?这都是现在人人关心的问题。另外大家有没有注意到一个现象非常有趣,美国的道琼斯指数最近创了3年新高,登上了15700点,香港的恒生指数登上了23000点,但是中国的A股市场却跌到了2200点以下,而且最近的样子不温不火,也不像要上去的样子。人们不是都说中国经济的复苏在世界是领先的吗?去年的GDP增长不是超过了7.8%吗,今年的前三季度也达到了7.5%以上,为什么股市会这样反映呢?这就表明投资人对中国经济未来不确定性的疑虑。说实在话,中国经济现在问题是严峻的。我们面临严重的通货膨胀,今年看样子要突破3%的CPI,而且我们的总理在两会的记者招待会上讲了这么一句有意思的话,不知道大家回味过没有,"通货膨胀是只老虎,已经从笼子里面出来",他也没有讲下去怎么把老虎赶回这个笼子。现在制造业产能过剩,我们西部中部的经济开发区非常希望把长三角江浙一带和珠三角的制造型企业引到我们这里来,但是我现在告诉你,招商引资,招来什么样的工厂你能赚钱呢?生产什么样的产品市场前景会非常看好呢?这已经是一个很大的问题。当前中国发展的资源短缺现象日趋严重,利比亚、叙利亚的战争给中国未来的石油供给蒙上了一层阴影。世界经济方面,最近葡萄牙又发生危机,西班牙可能也会发生危机,所以欧洲经济区的前景也不看好,中国作为出口大国,我们的发展就会受到很大的挑战。

我们刚刚经历了一场金融海啸,这是美国人惹出来的祸,但是全世界都在为它埋单,中国又没有发生金融危机,为什么中国人要为美国人埋单?

前不久我参加了在钓鱼台国宾馆举行的一年一度、也算最高层次的中国第六届资本市场年会，主办方希望我做一个主题发言，还给我出了一个题目，叫《华尔街人怎么样看中国经济》。前面我提到，我怎么会从一个化学家转行到华尔街去工作呢？我相信我科技大学的大部分同事是非常不理解的，我怎么48岁来改这么大一个行，因为我搞化学是非常有根底的，在科大从助教、讲师、副教授、正教授、教研室主任，到系主任，非常按部就班地一步一步上去，我一共发表了106篇论文，我们计算的离子晶体晶格能计算公式计算的三个数据到现在还收录在国际著名的通用的《HANDBOOK OF PHYSICS AND CHEMISTRY 物理化学手册》里面，还标上了我们的名字，应该来说我还是一个比较名副其实的化学家，也有一定的知名度。但是为什么48岁改行到几乎完全不相干我也很生疏的金融管理领域了呢？因为我在美国住了5年，后来我深切地体会到华尔街是美国最重要核心竞争力之一。华尔街这套东西中国太需要了。我们过去认为华尔街就是资本主义，错了。我们现在才意识到要有资本市场，没有资本主义，就是融资体系落后，企业无法融资加快发展。这是先进和落后的差别，不是姓社和姓资的差别。1990年开辟上海证券交易所的时候，我相信党内90%的干部是不理解和反对的，但是邓小平坚持要推进做了，多了不起，所以中国才有今天这样活跃的资本市场。我在华尔街有一个有利条件，就是我们中国科技大学的毕业生在华尔街有最强的阵容，有70多位科大毕业生在华尔街的各国尤其美国的各大金融投资银行工作，远远高于北大、清华的毕业生。我和他们来往比较多，同时在那里工作了三年，交往了几百名美国和全世界各国的投资银行家、金融家、管理家、企业家，和他们交流探讨中国未来的发展。回国以后我写了一本书《闯荡华尔街》，这本书当时在美国发表的时候，曾经在美国、加拿大、日本的华文报纸上连载，回国以后出了书也被《上海星期三》这么一个报纸评选。全国出版过200多本有“华尔街”三个字字样的书，让全国读者投票评选，我的那本《闯荡华尔街》是最佳的十本之一,而且是唯一一本中国人写的,其他九本都是译著。现在我每年都会去美国,每次都会去纽约,每次去纽约都到华尔街转转,访问一些老朋友,所以我想国内我算对华尔街比较有发言权的人之一。华尔街人怎么看中国经济呢?我打了两个很客观但很尖刻的比方,第一个比方是华尔街人认为中国经济是一个年轻的、雄心勃勃,抓住了机遇,又赚到了一大把钱的青年农民企业家。请大家注意我的措词,我是经过非常审慎考虑的:中国人赚钱、发财、创造财富比起西方国家来讲算太年轻了,一共才三十多年历史,西方已经几百年了,但中国"雄心勃勃","抓住机遇",也"赚到了一大把钱",不可小看,手里有钱不可小觑。但是它最终像青年农民企业家,第一比较年轻,第二是农民企业家,当然我在这里丝毫没有看不起农民的意思,但是你毕竟是农民出身的企业家,你对城里的事了解甚少,更不用说对华尔街那么复杂的事情。第二个比方,中国经济是一只虚胖的经济的大肥羊,他们随时想来剪我们一把毛,挤我们一把奶。我们现在有三万亿外汇储备,准确说来三月底是30477亿外汇储备,这么一个巨额外汇储备现在已经成了中国的负担了,已经成为央行头痛的问题。我在那个会上的评论就更加尖刻了,它实际上是被绑在美国金融危机的战车上。奥巴马上台以后,很快派了希拉里·克林顿来中国访问,不久前还派了两个特使到中国来游说,其中一个就是哈佛大学的前校长,现在白宫的经济最高主管。游说中国什么?重要的两条:第一条要中国政府增持美国国债,第二就是要人民币升值,就是印钞票,发钞票,预支未来。在座如果有兴趣进一步了解这方面的问题,建议看三本书:一本叫《货币战争》,现在已经出了四集,第二本是郎咸平的新著,叫《金融超限战》。《超限战》是中国人民解放军两名空军大校11年前写的一本军事著作,我们的企业家、党政干部、知识分子一般都不会去看这样的军事著作,但是我们在美国的特工人员发现美国五角大楼的将军们都在研究这本书,这个情报送回来以后,我们的中央高层都非常重视了,买回了这本书,看看到底写了些什么?这本书的中心思想是:人类的战争已经从几百年前的冷兵器时代发展到了近几百年的热兵器时代,火药、枪炮、坦克、战舰、导弹、卫星……相继登场。大家有没有注意到冷兵器时代中国人神得很,有武侠、剑侠、大力士、关云长,有少林寺、峨眉山,有削铁如泥的干将莫邪宝剑等,但是热兵器时代就不灵了。1840年英国人用大炮轰开了古老的中国大门,发现中国虽然大却是纸老虎,不堪一击,鸦片战争、英法联军、八国联军,火烧圆明园,甲午战争……中国被打得落花流水,被迫签订了一系列丧权辱国的割地赔款条约,我们受够了屈辱和失败。所以才有后来近代史上的"康梁变法""辛亥革命""南昌起义",才有我们今天的新中国。而今,人类又已经进入了一个新的超越常规的战争的时代,可以称得上超限战,那就是货币战争、金融战争、贸易战争、网络战争、黑客战争以及将来有可能发生的生物战争、空间战争。我们中国面对这些战争准备好了吗?能打赢吗?可能要打一个很大的问号。我们目前在货币战争中已经输了一大把,我们看了这些书才知道,国际上有一些非常厉害的角色,叫国际金融大鳄,像当年欧洲的罗斯柴尔德家族,美国的摩根家族、洛克菲勒家族,今天华尔街的索罗斯、巴菲特,伦敦金融城等,他们专门会利用各种天灾人祸,甚至不惜扩大这种天灾人祸,甚至可以策划一场战争来剪世界各国以及各国人民财富的羊毛,他们今天就是在剪我们中国的羊毛。当年第二次世界大战时,索罗斯,是匈牙利一个犹太移民,逃难逃到英国,在伦敦政治经济学院学了金融,后来到美国,到华尔街打工,开始也给人家跑腿。炒股赚到很多钱,后来做了一个投资基金,叫量子基金,后来发展越来越猛,居然可以挑战大国。1992年索罗斯做空英镑,一个私人基金,挑战英镑,把英格兰银行弄得狼狈不堪。1997年,东南亚金融风暴,他们的几家私募基金,把东南亚"四小龙"剪成"四小虫"。1998年索罗斯又到香港,企图做空我们港币。我从一个了解内情的朋友那里知道,当时我们的总理从全国调集了大量外汇资金到香港,支持香港政府和索罗斯决战。当时在交易盘上,可以看到一会儿朝上跳，一会儿朝下跳。索罗斯也很厉害，一看中国倾全国之力，就主动从香港市场撤离，和中国打一个平手。我要问一个问题，今天中国谁能够和索罗斯过招？你有没有注意到，索罗斯最近去年年底做空日元又发了一笔财，日元升值，他又赚了20亿美金。所以我们要好好做个研究，他们抓住一个机遇就可以赚20亿美金，你做企业赚那些钱多累，是不是？

还有一个人我们学金融的要好好研究研究，叫巴菲特。他前几年炒了中石油股票，赚了35亿美金。炒一把赚35亿美金，大家做企业的都知道做企业多辛苦，什么时候可以赚到35个亿？他一把就赚了35个亿，所以要好好地研究。所以说，清华在无锡开资本运作班，非常非常好。希望将来会有更多的企业家能够研究金融，将来能够进入金融领域。某种意义上说，金融是赚钱的最高阶段。大家都知道，打工是凭劳动力赚钱，做白领是用智力赚钱，做制造业是卖产品赚钱，做服务业是靠服务赚钱。那么我要告诉你一个最厉害的，是用钱来赚钱，这就是金融；而且还要用别人的钱来赚钱，那就是华尔街。华尔街上流行三个字，叫OPM，Other People's Money，就是用别人的钱来赚钱，这些都是高手，我们要很好地研究。他们利用各种天灾人祸，甚至不惜扩大这种天灾人祸，更有甚者不惜炮制各种天灾人祸，来剪世界各国人民财富的羊毛。我们也应该看到这些金融大鳄也剪了俄罗斯的羊。我们知道俄罗斯的改革也算很激进，俄罗斯的国企私有化改造成股份制企业，把股票分给老百姓，每个老百姓都分到了俄罗斯国企的股票。开始时大家兴高采烈，都分到了国有资产，但是很快发现老百姓不稀罕什么股票，因为俄罗斯原国有企业的股票不怎么样，业绩不好，也不分红，股票也不涨。他们更喜欢现金，愿意把股票卖了变成现金马上可以到超市买东西，可以买车、买房，后来就有人专门收老百姓手上的股票，就像当年的杨百万到合肥来收国库券一样，等到普京上台后，发现是七个俄罗斯金融巨头和企业巨头买下了俄罗斯的国有企业的股票。普京上台以后发现这样下去不得了，俄罗斯就会变成寡头经济、寡头政治。他要重建国家权威，敲山震虎，抓了一个石油大王，当年的俄罗斯首富霍多科夫斯基，我们前些年在电视和报纸上能见到长相很英俊，精明能干的俄罗斯首富的照片。到 2008 年年底，普京治理下俄罗斯经济发展非常迅速，积累了六千亿美元的外汇储备，俄罗斯人民的生活水平得到了普遍的提高，所以普京在俄罗斯老百姓中的威望是很高的，甚至女性都唱出“嫁人要嫁普京这样的人”的歌。俄罗斯也有像中国发改委这样的机构，叫经济发展部，它制定了俄罗斯的国家发展战略，就是利用当时高价的能源和低成本的成本资金来做强俄罗斯的能源产业，因为俄罗斯主要靠出口能源来换取美元，换取他其他的产业发展。那么怎样做？举债发展。这也是很好的策略，因为当时的贷款成本很低，赚了钱还了贷款全是自己的利润，俄罗斯的三大银行就向国际银行借了五千亿美元的债，实际上国际贷款是有抵押的，就用当时价格很高的俄罗斯的股票做抵押。俄罗斯人说股票价格是纸上财富，能够换来真金白银多好，用借来的资金发展企业，将来赚到了钱，付本还息后利润都是自己的。但是没有想到 2007 年、2008 年世界金融海啸来了，俄罗斯的股市是全世界跌得最惨的两个股市之一，另一个是中国股市，中国股市从 6124 点跌到了 1664 点，跌了 72%，俄罗斯的股市从 2000 点跌到 500 点，国际油价曾一路飙升到 140 多美元，但是在 2008 年 3 月份跌到了只有 35 美元。这个时候欧洲银行开始向俄罗斯逼债，俄罗斯没有办法，俄罗斯铝业公司是世界三大铝业巨头之一，只能把它旗下一家最赚钱的公司诺利尔斯克镍公司 25% 的股权拿来还债。阿尔法银行是俄罗斯 5 大商业银行之一，他借了德意志银行 20 亿美元债务，只能把旗下很赚钱的手机公司 40% 的股权拿来还债，欧亚集团借了更多 100 亿美元。我们初步估算在金融海啸中，这些金融大鳄至少拿了俄罗斯数千亿美元的股权。

当前中国经济总量已经跃居世界第二，2013 年中国的 GDP 总量达到近57万亿人民币，约合9.3万亿美元，2010年中国GDP总额超过了日本成为世界第二大经济体，最新预测中国的GDP总量2020年甚至2016年就可以超过美国，成为世界第一大经济体。这个预测是国际货币基金组织IMF做的，它的预测是中国2016年的GDP总量就可以超过美国，成为世界最大的经济体。当然这条信息国内报道的并不多，但是在美国引起了很强烈的轰动。因为中国人自己很明智，知道我们的人均GDP仍然在世界上是非常低的，2012年要排在90名以后，即使到2020年也不可能达到50名内。但是我们看到中国的制造业在很多领域都已经是世界第一，中国正在成为世界工厂。2012年中国的钢产量为7.16亿吨，占世界产量的46.3%，比第二名到第二十名的总和还要多。和我差不多年龄的人都经历过“大跃进”，你们知道1958年搞“大跃进”我们的钢产量目标是1070万吨，15年赶上英国，当时美国、苏联、日本的钢产量都已经达到了1亿吨，所以现在中国的钢产量达到7亿吨，我们感到是非常惊人的。中国的水泥产量18.7亿吨，占世界产量50%以上，手机数码产品都是世界第一，彩色电视机占世界产量48%，冰箱我们占了世界产量65%。所以我们的荣事达、三洋在这个中间也做出了很大的贡献。汽车产销方面，2013年中国汽车产销双双超过2000万辆，第三次刷新了世界纪录，超过了美国历史上的最高销量，达到了世界第一。所以全世界都认为中国是未来世界最大的汽车产销市场。上海国际车展正在成为世界最有名的汽车博览会，有2000多家厂商到上海参展，一百多款最新出炉的名车都到上海亮相，各种豪华车，甚至价值1.5亿的劳斯莱斯在会上还没有展出之前就被抢购一空，这充分说明，中国改革开放30年来国家、家庭、个人的财富增加惊人。美国市场研究公司最近发表了一个报告，显示中国家庭收入在6万~50万之间的在国外被称为中等收入家庭或者叫中产阶级的人口已经有1.3亿，另外一家咨询公司的数据认为这样收入的家庭人口在中国已经有2.8亿。非常喜人的是美国战略咨询公司最近发表一个报告，认为中国这样的中等收入家庭的人口到2020年就可以达到8.3亿。中国家庭资产财富在千万以上的估计有千万之众。2013年美国《福布斯》杂志公布的全球富豪榜上，10亿美金身价中国的富豪已经占到112名，居然超过美国人，是世界最高，所以中国的世界地位空前提高，甚至美国人想出来一个新词叫CHINAMERICA“中美国”，意思就是将来中国和美国坐在一起商量就可以决定世界经济的未来。当然我们对这个说法要警惕。美国过去财大气粗，到处派兵撒钱，充当世界警察。现在它财政上在入不敷出了，甚至政府都要停摆。现在拼命想拉中国和它一起当老大，这个老大是不好当的。是要掏钱买单的。

中国经济近年来快速增长，国有资产的增加是惊人的，从2005年到2012年国有资产的总额从25.4万亿增加到53.5万亿，年均增长20.5%。

中国的私人财富增加也是惊人的，最近招商银行和美国一家战略咨询公司贝恩发表了2012年中国私人财富报告，认为中国有六百万现金可以拿来投资的人称为高净值人士，这些人2012年达到174万户，可投资的总额可以达到33万亿人民币。我个人认为远远不止这个数，这就是说社会上不缺钱。现在社会上钱很多，更多的情况是钱找不到项目，所以项目比钱更宝贵，你要注意到这一点。

中国的财富增长很快，但是当前面临缩水，也面临被人算计掠夺。所以我认为今天国家要好好研究，怎么样保卫我们30年来改革开放的经济成果。我们的企业和我们在座的企业家们要好好考虑如何保卫我们几十年来辛苦打拼创造的身家。每一个在座的高管甚至普通老百姓也要好好研究一下怎么样保护你多年来辛苦挣来的这点家当、资产，将来不会“被缩水”，不被未来的通货膨胀所掠夺。

2. 国际金融大鳄如何算计中国?中国如何保卫我们的财富?

我最近做了一项研究,国际金融大鳄赚了中国的银行不少钱,工商银行是当前中国最大也是世界规模最大的商业银行,当年是美国投资银行高盛、德国金融投资集团安联和美国投资机构运通做的私募。2006 年他们投入了 295 亿,2007 年帮助中国工商银行在美国上市,马上就变成了 2755 亿,不到一年的时间赚了 9.3 倍,赚了 2400 亿。中国银行是英国苏格兰银行、新加坡国家投资机构淡马锡控股、瑞士银行集团、亚洲开发银行做的私募,2006 年放进来 403 亿,2007 年 5 月 4 号上市,就变成了 2822 亿,不到一年的时间赚了 6.6 倍,赚了 2419 亿。交通银行是英国汇丰银行投资的,2006 年放进去 49 亿,三年的时间翻了十倍,赚了 1400 亿。建设银行是美国银行、新加坡淡马锡控股投资的,2006 年放进去 320 亿,2007 年变成了 1300 亿,一年的时间赚了 5 倍,深发展、兴业银行,浦发银行、华夏银行都是如此。浦发银行还卖给了美国花旗银行认股权,华夏银行卖给了德意志银行控股权,他们出资了 26 亿资金,但是他们控制了 500 亿的资产。这些数字加起来多少呢?近 1 万亿,赚了我们银行 1 万亿。所以前几年中外报纸媒体上有中国"贱卖银行"的说法,当然我倒是也未必赞同这种说法,我们看问题心态要平和一点,他们是赚了我们 1 万亿,但是我们银行通过上市,资产、市值增了恐怕几十万亿,没有他们的思路,人家也不会帮你,你也上不了市,问题就在这里。我们当然就要算算账,我们能否也学他们将来也帮别人上市呢?这就是投资银行业务的价值。

将来衡量你的财产,衡量一个人、一家企业的资产,你要学会一个新的词,叫市值。什么叫市值呢?就是你所有的资产(土地、厂房、设备、原材料、库存、现金、无形资产等等）加起来，减掉你所有的负债，这叫净资产。拿到市场上去卖，有人愿意出钱出现金把你买下来，能最后成交，你能拿到的现金，这叫市值（market value）。

做企业创造财富有五个阶段，不知道你们在哪一个阶段，我来给大家分析一下。

第一个阶段，叫使净资产不断增加。你投资了一个企业、工厂，赚了钱，然后就会去添置新的设备，规模扩大，赚更多的钱。进一步还会去买土地，建新的厂房，添置更多的新设备，请更多更能干的员工，去赚更多的钱。所以做一个老板，每年 12 月 31 号，你一定要让你的财务主管告诉你，今年你的净资产变化多大，应该每年上升。起先会很快，慢慢就会慢下来，甚至就停下来还会往下走，那就糟糕了，最后变成负数了，这叫什么？叫资不抵债。这时实际上他的净资产，他的市值非常低了。所以将来你们找合作伙伴也要了解得很清楚，不要被他的奔驰车迷惑了，这两年中国不少中小企业处境困难，订单减少甚至消失，开销场子又要维持下去，别看他衣着光鲜开了一辆奔驰、宝马，实际上很多老板他的“市值”已经是负值了，实际上已经是资不抵债了。你和这种人合作就有很大的风险。这几年浙江不是有很多老板“跑路”吗？就是实在混不下去了，一走了之。多可怕！要了解他的市值，了解资产的质量。这是风险投资很重要的一个环节。

第二个阶段，怎么让资产升值，一块钱的东西我要卖五块、十块。而且别人还争着来买。风险投资，凭什么人家给你 1000 万美金，才能占你企业 20% 股份，我等会儿给大家举一个案例，给大家剖析。

第三个阶段，怎么让资产可流动。变得可交易。你要考虑一下你的资产流动性怎么样。搞了个化工厂没生意了，两个月不开工，设备都锈掉了，你想卖掉都没法卖无人要了。这就是资产贬值了，所以怎么让你的资产可流动，变得可交易非常重要。

第四个阶段，怎么样增加资产的变现性。分分钟可以变卖股份变成现金。

第五个阶段,把变现的现金做新的投资。成为一个新的循环的开始。要做到第二阶段、第三阶段、第四阶段,非常重要的就是要想办法把公司股票上市,股票上了市所有的资产变成可流动,可变现,这是我们中小企业做资本运营最重要的一个奋斗目标。但是你作为一个传统企业怎么上市?第一,有一个办法很简单,你能不能拿一些钱投资将来能上市的公司,第二,你的公司能不能改道转型,在你的领域挖掘新的领域,将来使人家对上市有兴趣。第三,你能不能把你的产品升级,做品牌,将来卖更多的价钱。

中国企业下一阶段,显然要进一步走出去,这个口号已经叫了十多年二十多年。走出去最好的途径之一,叫并购。你不要到那里重新搞企业,最好买一家企业作为平台,这叫国际并购。但是走出去往往要付学费。

下面我们来看看国际并购的学费。中国铝业2008年动用了140亿美金收购了英国力拓上市的12%的股份,你们知道力拓是世界三大矿业巨头之一。中国铝业希望打破世界三大矿业巨头对世界铁矿石的生产、贸易和海运垄断,确保中国钢铁产业巨大的铁矿石资源供给,但是力拓不满足从中国获取的收益,实际上它2008年获取的收益就达到了4000亿,它过河拆桥,单方面撕毁了和中国的合约,后来又破坏中国钢铁企业铁矿石谈判,我们也抓了它上海的总经理叫胡士泰,这位胡士泰只用了小小几十万、几百万人民币的对中国钢铁国企老总和高管的行贿就换来了几千亿人民币的实际收益。最后两地的股价暴跌。截止到2009年7月17号澳大利亚力拓和英国力拓的股价分别从77澳元和31英镑,跌到52澳元和21英镑,而中国铝业的损失超过了100亿美元。广东的家电著名企业TCL为了进军欧洲家电市场,收购了法国家电企业汤姆孙,结果也是以惨败告终,一共亏损了40亿人民币。我们知道平安保险前两年很牛,老板叫马明哲,硬把平安搞到海外上市,成为中国第一家在海外上市的保险公司。他当年的年薪高达6600万人民币，被称为中国年薪最高的CEO。但他这两年栽了一个大跟头，2004到2007年平安收购了欧洲的富通银行，一共投进去237亿人民币和27.8亿美元。但是富通实在是一个扶不起的阿斗，股价从当初投资时的19欧元下跌到已经不足1欧元，这样中国平安的投资损失了95%以上，超过了200亿。我们付出的学费还有很多，所以我们看这些国际并购不是那么容易做的。所以前一阶段有些媒体说中国要到华尔街去抄底，这些案例就是警示，你去抄抄看。

中国在华尔街衍生产品的交易也是败绩累累。前中国首富，无锡著名民族工商企业家荣家第三代掌门荣智健，为了中国的钢铁工业保证铁矿石供应，在澳大利亚铁矿业有巨大投资，由于进一步建设需要大量的澳元，澳元当时的涨跌幅度非常大，他当然希望做套期保值，结果参与一种复杂的澳元衍生产品交易，一种澳元外汇的杠杆合约的衍生产品，又没有及时止手，结果最后澳元大幅度升值，澳元升值他大亏，因为他是做空，而且没有能及时斩仓，最后亏损了147亿港币，中信泰富在香港差一点被摘牌，还好是母公司中信集团支持了20亿美元才避免了在港交所摘牌。荣智健也不得不离开了董事长位置。当年还有一家很能干的企业叫中航油，总裁叫陈久霖。曾经努力使中航油在新加坡证券交易所股票上市，曾经资产增长了700多倍，股价和市值增长了4倍，中航油上市被列为国立新加坡大学商学院工商管理教材，总裁陈久霖也被亚洲经济论坛评选为亚洲经济新领袖。但是后来大概赚了钱，头脑就开始发热，后来他参与了石油的衍生产品交易，做了200万桶的空单，因为当时的油价波动非常凶，他认为油价是会跌的，他就做空，但是没有想到油价大涨，起初亏了580万美元。但是他是个名人，是个著名的优秀企业家，哪能让人知道遭到失败呢？他要掩盖自己的失败，所以他就把期货单展期，没想到油价进一步大涨，亏掉几千万美元以后，就没办法掩盖了，到北京中航油总部汇报。中航油总部也不希望旗下一个明星企业失败。想挽救失败，但仍然采取了错误的做法，所以就一错再错,执迷不悟,最后就酿成大祸,最终的亏损达到了5.54亿美元被交易所斩仓。陈久霖被新加坡法院判处四年有期徒刑,前不久才出狱,回到国内,现加盟了一家央企。我当时对这个案例非常感兴趣,有热心的朋友介绍和陈久霖一起吃了一顿午餐,向陈久霖了解了一些具体情况,我还是很欣赏陈久霖这个人,陈久霖在新加坡四年牢没白坐,读了很多书,《道德经》《金刚经》,反省参悟自己走过来的一生。

3. 中国制造业利润分配奥秘

我们再来看看中国制造的利润分配奥秘,全世界人们喜欢用的IPAD、IPHONE都是在中国生产的。我们生产一台苹果电脑在美国卖499美元,平板显示器成本95美元,处理器成本26.8美元,存储器成本是约19美元,零部件成本比例达到约260美元,而组装费只有3.4%,所以每卖出一台电脑,台湾的富士康老板郭台铭加上深圳的40万工人每台只赚到可怜的9美元。我们知道去年南非世界杯上有一个很畅销的小喇叭叫"乌乌祖拉",全部都是义乌工厂生产的,卖给外国人只卖6毛钱,但是在南非至少可以卖20美元,所以中国加工厂的利润不足5%。世界名牌阿玛尼西装都是在我家乡江苏无锡制造的,生产厂商就是著名的民营企业叫红豆集团,红豆集团老总说给他们做贴牌的价格每套只卖50美元,但是阿玛尼到他们的专卖店以后价格变成了500到800美元,价差有10到15倍,所以前不久我在无锡见到红豆集团年轻的二代接班人、大学讲师出身,十八大党代表周海江,他就对我说:"温老师,这就是品牌的价值。中国服装企业普遍面临的品牌瓶颈。"我们怎么样创新,怎么样提升?怎么样转型?

台湾著名企业家施振荣在管理界提出过著名的"微笑曲线"理论,中国企业、中国的制造业目前绝大部分都挤在下巴上，赚利润最低的制造加工。我们要大力推动中国的企业、制造业向下巴的两个方向转化，左边是研究、开发、设计、创造新产品、新技术，包括品牌，右边是零售、服务、金融、物流。这样中国的世界工厂才能有更大发展前景。这就是我们在座各位朋友应该为我们经济的发展好好思考的问题。

金融风暴美元贬值中国到底赔了多少钱呢？世界金融海啸我们到底遭到了多少损失？我们的外汇管理局、有关管理部门从来不愿意说，也不想说这个问题，要说也含糊其辞。我们引用有一位专家举 2007 年为例。2007 年中国有 15282 亿美元的外汇储备，大部分买了美国国债，2007 年人民币升值了 6.9%，外汇就贬值了 1054 亿美元，美国国债每年有 2.27% 的收益，扣除 347 亿美元净损失就是 708 亿美元。对 708 亿美元我们一般老百姓恐怕没什么概念，我换一种说法你就会印象深刻了。2008 年美国造一艘最先进的核动力航空母舰尼米兹号要用 40 亿美元，708 亿美元相当于 2007 年中国送给了美国人 17 艘尼米兹号航母。美国海军一共才只有十一艘航母，我们相当于 2007 年送给了美国人一个半航母总舰队。你说心疼不心疼？我算过一笔账，2004 年到 2010 年美元贬值，人民币升值，我们的外汇储备损失至少超过 2400 亿美元，中国今天有 3 万亿外汇储备，美元每贬值 1%，人民币每升值 1%，我们的外汇储备就损失 300 亿美元。所以为什么美国要打压人民币升值，奥妙就在这里。

金融风暴以来中国究竟被卷走了多少财富呢？全国人民奋斗了 30 多年的财富成果我们不能只看到一本糊涂账，要不要做一点自我批评。以前我们吃了亏，交了学费，难道以后还要吃这样的亏，还要交这样的学费，还要被人家这样算计和掠夺吗？当然今年的经济形势不错，但是也有很大的危机，尤其是通胀。现在中国在面临全面消费升级，房地产、汽车、通讯、旅游、教育、文化娱乐、医疗保健、餐饮食品，凡是和八大领域有关的行业都有进一步的发展，所以我们在座的将来你的企业要赚更多的钱要多从消费升级四个字上动更多的脑筋,我们的制造业要升级换代,我们的服务业要大大的加强,而且要鼓励更多的人来创业。当然中国经济生活中间的困难、矛盾和危机,包括贫富差距,包括失业、就业等等我就不做进一步的展开讲了。

我们又买入了倒霉的美国著名的两房债券。陷入了陷阱至今无法自拔。买了多少呢?政府都还没公布过,根据美国政府公布,中国买了3670亿美元,日本买了2280亿美元,俄罗斯买了752亿美元,韩国买了630亿美元,澳大利亚买了360亿美元。现在两房已经破产了,你们知道破产以后该怎么清算呢?能拿回来10%吗?有人说中国购买美国两房和其他债券总共恐怕要损失4500亿美元,我们2007年全国两亿多职工发工资发了多少?不过发了2万亿人民币。2007年全国的商品房投资也不过1.7万亿人民币,全国14亿人看病所需要的医疗费也不过6800亿人民币,全国的教育费用不过是7000亿人民币。你说我们亏了多少?亏了全国人民两年的工资、三倍的房地产、大概4到5倍的医疗费用和教育费用,我们送给美国人去做嫁衣裳了。所以这个问题严重不严重?美国著名诺贝尔经济奖获得者,普林斯顿大学教授克鲁格曼在美国大学课堂上讲了一句俏皮的调侃中国的话,他说中国人卖给我们有毒的灰板、含铅的玩具和含三聚氰胺的奶制品,我们就卖给他们有毒的两房债券。

美国的金融风暴使中国的股市赔了,在2007~2008年间一年蒸发了22万亿人民币,股市从33.4万亿到市值跌破11万亿。上证指数从6124点跌到过1664点,跌掉72%。我们投资海外的股票基金称为QDF也损兵折将遭到重创。2009年9月中国第一支投资海外股票的基金叫南方基金全球精选火爆发行,我上海的亲友兴冲冲地买了几十万,最后一块钱变成了4毛钱,现在也不过六毛多,不知何时能翻身?后来华夏、佳实等相继发行了一系列这样的基金,当然也是他们生不逢时,一出生就遇到了金融海啸,结果持有者亏损达到700亿人民币。但是外国在中国投资股票的基金呢？那就叫 QFII，他们却屡屡能抄底，能赚大钱。有人知道他们在 5 年内在中国的股市至少赚到了 2100 亿人民币，为什么外资的基金在中国能赚钱呢？我们说他们有两个秘密“核武器”，一个就是中国 A 股市场的估值系统掌握在外资手里。说今年下半年 A 股一定会大涨，你买了以后他就走人了，你就被套了。第二是外资机构有强大的公关能力，重金聘用有上层关系的中间人。他们拥有一线的情报系统，他们知道中国什么时候加息，知道什么时候会出什么样的经济政策，你说他们怎么能不赚钱？中国的中小股民怎样能不赔钱？

中国的钢铁产业被世界三大矿业巨头卡住了脖子。中国的钢产量是很大的，但是中国没有多少铁矿石，世界三大铁矿石巨头巴西淡水河谷、英国力拓和澳大利亚的必和必拓矿业公司等，垄断了世界铁矿石的开采、贸易和海运，控制了全球的贸易定价权。2003 年涨了 8.9%，2004 年涨了 19%，2005 年涨了 72%，2006 年涨了 65%，2009 年涨了 46%，去年又涨了 61%。他们凶就凶在每年涨价，中国人不得不接受这种涨价，你可以不买，你不买你十几家大型钢企就破产，几十万钢铁工人就会下岗，这在中国是很严重的政治问题。他们赚了多少钱呢？淡水河谷赚了 173 亿美元，英国力拓矿业赚了 143 亿美元。而中国 77 家大中型钢铁企业恐怕有超过百万的钢铁工人，他们才赚了多少钱？赚了 897 亿人民币，折合成美元只有 138 亿，三大巨头一家的盈利就超过整个中国钢铁产业的盈利。

所以我呼吁中国的外汇储备应该立即加快变革。中国这样一个国家的外汇储备有一万亿美元就应该可以了，应该拿出 2 万亿美元来投资购买中国明天发展所急需的东西。第一是改善民生，尽快实现中国全民教育和医疗的免费。你看看世界上有几十个国家教育和医疗都是免费的，包括我们过去经济上看不上的古巴、朝鲜。还有俄罗斯，人家全民医疗、住房基本免费。第二是富民政策，鼓励创业，对创业者，对中国广大民营企业、中小企业、小微企业，应当更大幅度的减税甚至完全免税。对有成效、雇佣就业者的应该给予补贴。第三鼓励优秀企业交税、给国家交纳较多税费的企业,要直接给董事长和管理层奖励。另外要鼓励以优秀民营企业为主,再加上优秀的国企,重新制定一个走出去的战略,到全世界去购买、去投资。制定中国新阶段国际化走出去战略,到全世界去投资购买:

(1)买矿产资源和土地:油田、天然气、各类金属矿产,尤其是中国稀缺矿产。参股、并购有资源的上市公司,买有价值、有开发前景的土地资源。

希腊不是金融危机吗?我们不该买希腊的债券。应该去希腊买他们的矿山、电厂、自来水厂,将来我们中国人到希腊、到雅典收水电费,哪个不交的话,拉你的闸,断你的水。另外海外机会很多,但是风险也很大,我在这里强调,那就是政治风险、社会风险。我曾经陪过一位开矿的企业家到印度尼西亚去考察矿业,印尼有一个铁矿很惊人,是铁山几万年冲下来的,到了出海口沉积下来全是铁砂,我们的矿业企业家看了这样的资源眼睛都发光。问题是我们政府要做后台,我们的外交官要做后台,我们要支持我们的民营企业。

(2)买发明创造:专利、专利产品、高新技术、研发型公司,拥有核心技术和核心发明人才的上市公司。

我们正在组织企业家们到以色列买发明创造,以色列人很聪明,他们跟中国合作也很热情。因为第二次世界大战时中国救了几万欧洲犹太人,让他们到上海避难,躲过了希特勒对他们的屠杀。最近引进一个项目,爱尔兰开发的,叫作矾电池,目前用于公共汽车,当然还在研发阶段。我们很快要引进美国、以色列都已经有的农业高科技项目。所以你要看到这些最新高科技领域,他们还是有优势的,我们要去买这种发明创造。

(3)买高端人才:用优厚待遇,尤其是用股权“金手铐”制度延揽各方高端人才,请诺贝尔奖获奖者、发明天才、技术高人、高级职业经理人、能工巧匠、名医、名师、文学家、艺术家。

我认为中国当前最大的问题是人才短缺，是高端人才的短缺。我们这么多年来对人才的投入始终是很小气的，包括你们在内。你们不缺一般人才，而是缺少高端的销售人才、高端的研发人才、高端的管理人才。我到过几千家中国企业，根据我的判断，95%以上的中国企业，一大半的中型以上企业，都面临人才问题。用7个字来概括一下这个问题，兵多将少缺帅才。兵多，完成一个项目后，来分成果的人很多，领工资的人很多；将少，企业可以派出去独立开发一个项目的人很少，比如房地产企业，派到外面独立去拿个地，策划个楼盘，把它建成，到最后销售出去，这样的人是将才，在你们企业里很少；缺帅才，你们老板、老总想制定一个战略，引入一项变革的成果，甚至是需要向海外扩张、投资（走出去），想找个人商量都没有，能做到这样的人是帅才，你们企业里少之又少。你怎么样能找到你的将，怎么样能够找到你的帅，是你这个企业可持续发展一个非常重要的因素。最重要的找项目是找人，人比项目难找。第四，因为上次我在香港和香港凤凰卫视的时事评论员同台讲演，他听到我的讲演以后非常称赞，说温老师你讲得很好，他说我给你补充一条——

（4）第四条“买台湾”，当然这是一个说法。那就是利用现在大陆经济上的优势进一步和台湾进行经济上的全面合作，将来造成一个无法分离的局面，共同来打造一个大中华经济圈，实现连战先生当年讲得一句很好的话——海峡两岸的人们联合起来，合作去赚全世界的钱。

4. 中国经济发展的几个短板，企业面临的挑战和危机

中国经济面临的挑战仍然非常严峻，通货膨胀、产能过剩、经济衰退仍有阴影，当前企业的洗牌和淘汰会加快，所以我们要进一步推进富民政策

和全面创业。推动经济发展，改善民生，要辅之以有力的政策。第一个政策就是减税，要对广大中小企业、民营企业减轻税费负担，要提高个人所得税起征点。中国现在是富人交不了多少税，中产阶级税很重，穷人还要交税。我认为一个明智的社会应该是富人多交税，中产阶级减轻税费负担，穷人应该完全不交税。要做到这一点很不容易。第二就是要发补贴。这个从家电下乡、汽车下乡、电脑下乡看效果是明显的。第三要发红包。为什么不能给我们低收入家庭发更多的政府补贴、养老金、退休金，包括食品券，世界上很多国家都是这样做的。

十二五规划政府提供了巨大的推动力，中国政府和政策的力量还是非常大的，所以我们的皖江开发区、沿江开发区、大合肥经济区最近都制定了雄心勃勃的规划，这样的规划是非常重要的。十二五规划的关键点是如何投资和消费，中国开发消费的潜力是很大的，但是消费拉动的关键是富民政策；还有就是大力推进战略新型产业，战略新型产业将改变中国经济的格局。但是推动十二五规划的瓶颈何在呢？我认为有两条：第一条，要深化改革开放。我们应该知道安徽省在全国的改革开放的大布局中是有过巨大贡献的，当年大包干是中国经济改革的第一个推动力，就发生在安徽。另外大家有没有注意到另外一件事，安徽不够重视的，那就是邓小平当年支持了芜湖市的一个个体户，叫年广久。这个人其实素质很差，我认识他，也认识他的儿子，我到芜湖去看过他，我们知道他是一个炒瓜子的，发了一点财忘乎所以，不久因流氓罪身陷牢狱。邓小平 1992 年南方谈话再次问到了他，说这个傻子瓜子怎么样？我在这里强调一点，年广久在中国改革开放历史上是有影响力的，他是中国民营企业家的先驱人物，他是中国私营企业的先驱人物，他是个人创业的先驱者，他的成功鼓励了包括我们在座的千千万万的人。你想素质那么差的人都可以卖炒瓜子卖成了百万富翁，我们为什么不可以？我们的华泰不也这样做了吗，也上市了，但是我们知道华泰的老总是多么爱学习的人，他不但上了清华的 MBA，还到新加坡的国立大学去学习,你年广久不学习,或者学不进去,你就知道整天打打麻将,这就是差别。所以大家有没有注意到关键在于领军人物,一个企业要有一个优秀的领军人物。这是第一个问题,我们安徽能不能在下一阶段的中国下一个改革开放30年中为全国的改革大布局做点贡献呢?这是我们现在要思考的问题。第二个瓶颈,我认为中国当前仍然面临人才短缺,尤其是高端人才的短缺。

中国经济要加快发展,政府会下大力气拉动消费,因为中国的国民消费占GDP的比例太低,只占30%到35%,而欧美要占70%以上,所以中国有两个口号有争议,很值得探讨:一个是中国到底是要搞国富民穷,还是要搞民富国强。现在有点国富民穷,中央政府很有钱,但是某些地方政府和某些老百姓还太穷,所以这就有一个中央财政怎么样更加合理使用配置的问题。第二个是到底要搞国进民退,还是要搞国退民进。我要问一句股市算不算国进民退?央企、国企海量地在股市发股票,你算算民营企业在资本市场上的份额,他们的市值比例,这两年的股市为什么上不去?明显的国进民退。所以我讲了中国股市要稳定牛市的十大建议,中国股市什么时候上一万点,人家印度就上了一万点了,这就是我们要研究的问题,关键就在于我们的政策和政府的引导。今年我们要特别防范通货膨胀,要制服这只老虎,如果这只老虎不制服,破坏性就太强,对我们老百姓的财富就是一种掠夺。我们有一段蛮尖刻的话,中国从上到下今天要少一点过分良好的自我感觉,要多看到一点我们还存在的问题和危机,要多谈一些我们和世界先进水平国家的差距,多一些对未来发展的忧虑和紧迫感,我们就会少犯错误,少走弯路,这样就会发展得更好。

我们要进一步发展显然有如下一些短板:

第一,体制改革尚需深化。

我们要深化改革困难不小,搞不好就会付出惨痛的代价。但是不改革行吗?不改革大家看得很清楚,中国现在已经产生一个越来越庞大的既得利益集团,你要改就改他们,你还没有改革他就把你搞下来了,甚至把你的口封上。所以我讲这段话是很尖刻的,但是我想我讲的是实话,谁和这个既得利益集团挑战,就可能没有什么好下场。但是我们的总理,我们的总书记在深圳改革开放30周年庆典活动上就大声疾呼要进行政治体制改革,不重视体制改革,中国就没有出路这样的重话。怎么改,需要大智慧。

教育体制改革问题也很大。我们的大学在世界的排名就算北大清华都要排在150名以后,我们建国60年来没有培养出一个本土诺贝尔自然科学获奖人,近30年来中国几乎没有出任何能被世界认同的自然科学和发明创造的重大成果,中国今天已经没有几个在世界上可以称得上大师的科学家,没有科学学派,这样能培养出杰出人才吗?

第二,中国社会钱多了,财富多了,但是道德信仰和理想丢了,腐败、环保、就业、通胀这些问题随时会引发严重的社会动荡。中国靠廉价劳动力和出口拉动经济的模式已经难以为继,还会继续遭遇崛起的红眼病的种种麻烦,现在甚至连阿根廷、印度、巴西等国家也在跟中国打贸易战。中国贫富差距继续拉大,不加遏制会导致严重的社会冲突。现在我们说的官二代、富二代这样的社会现象会进一步引发社会的仇富心态,而这种心态的破坏力是非常大的。

第三,产能过剩。

中国的钢铁产业投资浪费了万亿以上,水泥过剩了50%以上,平板玻璃也产能过剩,甚至连新能源的多晶硅风电也严重过剩,造船也非常过剩,轻工业产品更加严重过剩。美菱、荣事达当年出来的时候多火爆,但是现在已经面临很大的问题了,因为太过剩了就卖不出去了,所以你就要在质量、品牌、款式、价格方面不断提高。

第四,中国资源短缺日益严重。

有人说中国未来20年将面临严重矿产资源短缺。石油的缺口超过60亿吨,天然气超过2万亿立方米,钢铁原料铁矿石短缺超过30亿吨。2009

年进口了 2 亿吨石油，国产石油有 1. 9 亿吨，2012 年原油进口超过 2. 8 亿吨，国产原油则下降到 1. 1 亿吨，原油进口依存度达到 72%。所以我们国家从战略安全来讲有一个软肋，就是我们东南方向的马六甲海峡，这个海峡只有四十海里宽，一个航母战斗群就可以把它截断。如果这条水道被截断，我们国家经济最富庶的广东、浙江、上海、江苏、山东的经济就会瘫痪，因为这些地区的经济需要这条水道从中东、印度尼西亚、非洲等国家和地区进口能源。当年温家宝总理和缅甸达成一条协议，中国要通过缅甸造一条巨大的输油管，将来要达到 2000 万吨的规模，所以将来从中东、非洲拉来的原油就可以从缅甸登陆进入中国西南地区，不用再绕过那个马六甲海峡的大圈就可以送到中国的西南地区。中国必须要和北方的俄罗斯搞好关系，因为西伯利亚到中国的石油管道很快就可以输油，我们现在是两千万，希望将来是三千万，甚至五千万。还要向俄罗斯进口购买天然气，但是价格上俄罗斯对中国狮子大开口，我们从哈萨克斯坦等中亚国家进口的天然气 100 美元 1000 立方米，俄罗斯要价 280 美元 1000 立方米，连前总书记到莫斯科访问都谈不下来，直到普京访华才最后谈下来 200 美元 1000 立方米。因为中国北方几百个城市要城市燃气化建设，都必须有气源，中国哪有那么多气源。为什么我们一定要和中亚五国搞好关系，最近习近平总书记连续访问了中亚五国。我们要在新疆和西部投一万个亿，因为中亚五国的石油、天然气对中国很重要，现在哈萨克斯坦的输油管已经铺到新疆独山子炼油厂，现在是 1800 万吨规模，将来希望要扩大到 3000 万吨，甚至 5000 万吨。我们还要向这些国家买天然气，将来哈萨克斯坦、土库曼斯坦、乌兹别克斯坦、吉尔吉斯斯坦、土库曼斯坦都会向中国出口天然气，这条巨大的输气管从西向东一直要送到上海和江浙一带，向南还一直要铺到香港，因为这些地方最需要能源，将来这条输气管将提供整个中国天然气用量的 8 成以上，那么长的输气管道一个导弹就能把它炸断，你城市供气就得断气。多可怕。将来这条横跨东西的石油天然气管道将成为整个中国经济的能源动脉,所以我们一定要明白加快开发能取代原油、天然气的新能源何等重要。铁矿石刚才也讲了,铜矿也是一样。

第五,生态环境严重透支。

中国的酸雨覆盖率已经达到整个国土1/3,70%的江河湖泊受到污染,3亿多农村人口喝不到安全的水。5亿城市居民呼吸污染空气。如果我们再不注意,美国灾难大片《后天》和《2012》中的场景将会真的在地球上出现。所以我们的总理在前几年的哥本哈根全球气候会议上向全世界庄严承诺我们要减少二氧化碳排放量,以2005年为标准到2020年减少45%,现在只有7年的时间了。我们的经济结构如果还是现在这个样子,怎么能完成总理向全世界的承诺?

第六,中国经济和企业面临人才挑战和危机。

中国发展人才匮乏,著名的管理咨询公司麦肯锡最近公布了"中国人才缺口"的调查报告,其中提到中国的高校本科毕业生只有一成达到外企所需要的工作能力。中国目前有160万年轻工程师,他们认为只有16万人有资格在外企当工程师,在外企看中国大学本科毕业生合格率只有一成,换句话说,九成是次品或者废品,中国那么大高等教育系统,培养大学生也算产品吧,九成是次品,这是我们教育制度最大失败。人才匮乏也阻碍了中国公司全球化,中国公司在过去20年里面也不断寻求开发海外市场的机会,但是成功的不多。中国公司管理层里面对全球化有准确认知的人太少,自身已经意识到这个问题,被调查88%的公司表示,他们的全球化因为没有优秀人才总是会失去很多机会。你们知道前一阶段四川有一个民营企业要收购通用的悍马。海外有媒体越洋电话采访了我,问我对这个事情怎么看,第一我说我很赞成,但是接着我也泼了一点冷水,钱是不差钱,但是搞定通用悍马的人才你有吗?我说美国的汽车工人是很厉害的,美国的汽车工会也是很厉害的,他们的时薪是80美元,你又不能把它关掉,你又不能把它的工厂搬到中国来,你能管好美国悍马工厂?而且悍马也是油老虎，技术上你能改进创新?。我们刚才讲的跨国并购出现问题，很重要的原因就是没有人才能把他们搞定，包括吉利收购沃尔沃，将来最大的挑战仍然是人才。尤其是大企业的高管，你要好好考虑怎么样进一步提高，先把你的外语学好，能够用流利的语言和人家交流。说实在话，我们的高管能用流利的英语和人家交流的就很少。

以科技领域为例，中国研究开发人员的数量是世界第二，教育成本和发达国家也接近，但是 2002 年排在 37 位，去年也排在 17 位，甚至比不上马来西亚、比利时、智利这样的国家。有一件事最近我也很郁闷，2010 年中国派了一个青少年科技代表团参加一个国际青少年科技活动，有一家国际咨询公司对所有的参与国家的青少年学生做了一个素质测评问卷，发现中国青少年的想象力排在 21 个国家的最后一名，创造力倒数第五名，中国小孩太缺乏想象力、创造力。

钱学森老人在病榻上向温总理提问：我们的学校为什么总是培养不出杰出人才？早在 2005 年，钱学森就向温家宝总理建议："现在中国没有完全发展起来，一个重要的原因是没有一所大学，能够按照培养科学技术发明的模式去办学，没有自己独特的创新的东西。老是出不来杰出人才，这是很大的问题。"

钱老之问，在中国今天正在成为天问。到如今没有听到过像样的回答。

第五章

中国经济、科技和企业未来创新之道

1. 中国如何从历史上九个大国的崛起中获得启示？

2. 诺贝尔奖是怎样炼成的？中国的科技应如何创新？

3. 2049年的世界和中国会是什么样子？

1. 中国如何从历史上九个大国的崛起中获得启示?

葡萄牙是世界上第一个崛起的全球贸易大国

下面我们讲,中国的崛起和领导力创新管理。几年前,中央电视台放过一个长篇纪录片,叫《大国崛起》,你们有没有印象,如果没有,我建议你买一个光碟,找个周末从头到尾看一看,我相信对开阔视野对你的事业一定有帮助。这个片子放了以后,全国反响非常强烈。有一个老观众非常激动,写信给中央电视台台长。说这样的纪录片中央台应该每个月放一遍,来教育国民。这个片子是根据南京大学和北京大学的两个教授,到中南海给领导人讲课的内容改写的。今天中国正在崛起。我们要从人家崛起的过程中,吸取经验,避免教训。

从15世纪以来,世界上第一个崛起的大国,并不是什么美国、英国、法国，而是小小的葡萄牙。葡萄牙这么一个小国，曾经是世界第一贸易强国。为什么？出来一个领导人，叫恩里克王子，他也不是一把手，是国王第三个儿子。但是这个人有远见。当时欧洲争霸，意大利人、德意志人、法兰西人、西班牙人打来打去，要争霸欧洲的领导权，打得土地荒芜、民不聊生，老百姓都叫苦连天。但是恩里克王子注意到，欧洲有一批人发了财，赚到了钱，过上了幸福的好日子，那就是从事香料贸易的商人。因为欧洲人是狩猎民族进化而来，以肉食为主，吃肉没香料没法吃。而香料欧洲没有，是产在热带，印度、阿拉伯。所以商人通过骆驼、马匹，把香料从印度、阿拉伯运到欧洲，威尼斯商人通过水路卖到全欧洲，凡是做香料贸易的人都发了财。恩里克王子就认为，他贫穷的祖国葡萄牙要发财一定要想办法参与香料的贸易。怎么参与呢？葡萄牙在欧洲西南角，在海边，他就提出了一个非常重要的口号：航海、探险，去寻找新的香料产地，或者有香料的新大陆，或者能找新的海路到阿拉伯、印度。

在恩里克王子的推动下，葡萄牙造船家、航海家，造越来越大的船，跑远洋。他们建立了人类历史上第一个国立航海学校，培养船长、大副、水手。建立了世界上第一个为航海服务的国家天文台，把中国人发明的罗盘拿去改良，成为航海的利器。葡萄牙国家奖励航海，凡是出去航海过的人，回来写游记有重奖，这样可以给后来的人启发，因此航海家大批出去航海。葡萄牙在欧洲西南角，北方在打仗，西方是大西洋的深处也不敢去，于是小心翼翼地沿着海岸线朝南，很快就到达了非洲。所以非洲大陆是葡萄牙

地理大发现、大航海时代人类迎来了历史转折点

人最早开发的。葡萄牙当时有先进的生产力,有大炮,有火枪。葡萄牙的大炮很有名,叫红夷大炮,明朝军队和李自成都用过,很厉害。非洲土人只有弓箭长矛,所以葡萄牙人登岸就掠夺,把非洲土人打得落花流水。大量的非洲的黄金、象牙、胡椒,源源不断地涌进里斯本,充实了葡萄牙的国库。经过了二三十年的努力,葡萄牙人沿着非洲大陆西海岸,一路向南,到达了4000公里远的地方,4000公里再朝南没人去过,无人知道的未知世界。欧洲民族和中华民族不一样,我到过十几个欧洲国家,我们中华民族应该向欧洲民族学三个优点:

第一个优点,**欧洲人喜欢冒险,有爱冒险的性格**。中华民族是一个比较害怕冒险的民族,我们信奉孔孟之道,讲中庸之道,讲不要出头,"枪打出头鸟"、"出头的椽子先烂"是不是?所以就有差别了,你看欧美的小孩,他们从小喜欢看的儿童读物是《鲁滨逊漂流记》《海底两万里》《八十天环游地球》,现在又喜欢看《星际旅行》《外星人》。而我们的小孩,喜欢看什么?《喜羊羊和灰太狼》《大白兔拔萝卜》。你想,拔萝卜能拔出什么出息?看环球旅行,看星际飞行外星人视野和思路就开拓了,首先要搞清楚地球上世界各国是怎么回事,宇宙构成什么对不对,所以能开阔视野、开阔眼界。外国人从小带孩子满世界旅游,这就是长见识。

第二个优点,**欧洲人对财富有强烈的渴望**。赚钱发财,小孩子从小受这样的教育。我们问欧美孩子长大当什么,西方孩子往往能大声回答我们,"我将来要当总统,当大老板"。从小志向就很清楚。而我们在中国问孩子就很少能听到这种回答。我们中国几千年来,发财要悄悄说,财富、金钱乃万恶之源。大家有没有注意到,中国几千年,儒家主"道"的,轻视商人。士农工商,商人社会地位最低,商人地位和妓女差不多,所以你看女人有没有出息,"老来嫁做商人妇,商人重利轻别离"这都算白居易的名句了。所以中国几千年来走的是重农路线,而西方走的是重商路线。

第三个优点，**欧洲民族有信仰**。美国 90% 以上的人信基督教，基督教一个最基本的教义是要爱别人，要拿出所得 1/10 交给教会做好事，上帝在天上看着你，不能随便做坏事，人们就有恐惧之心，敬畏感。所以从这个意义上，宗教起了劝人为善的作用。而中国今天最大的社会问题之一就是信仰危机，社会上不少人什么信仰没有，或把钱看成信仰，为了钱什么伤天害理的事都敢去做。这样社会就会乱象丛生。

好了，有一个葡萄牙船长叫迪亚斯，他胆子大，他说 4000 公里以南我来探险。他驾了船继续朝南，结果遇到大风暴，在风浪中苦苦挣扎了 15 天才雨过天晴，他都不知道被海风和洋流吹到什么地方了。赶快驾驶船掉头北上，希望找到回家的路。就在迪亚斯的船掉头北上的时候，他发现已经绕过了非洲的最南端好望角。葡萄牙人迪亚斯发现好望角，人类历史迎来了一个伟大的转折点。我们要注意历史的关键点，有的时候就是一个普通的船长，他就能创造。他回去报告以后，第二个船长更厉害，叫达・伽马。他沿迪亚士的路线到了好望角，就 90 度向东探索，结果就发现了马达加斯加、阿拉伯海、印度洋。碰到印度半岛同样沿着西海岸朝南，到了最南端，90 度向东。再经过各种探索，发现有一条水域，叫马六甲海峡。穿过了马六甲海峡，就到达了欧洲人朝思暮想的世界的黄金宝地中国。因为我们知道历史上有一位意大利人叫马可・波罗，11 世纪元朝的时候到过中国，住了几十年，回去写了一本书，叫《马可・波罗游记》。把中国描述的像天堂一样美好富庶，遍地黄金香料。这本游记激励了欧洲人几百年，他们想象中国就是黄金、香料宝地。就像 20 世纪七八十年代我们看美国、看欧洲一样。有人讲中国不是也有航海家吗？郑和下西洋，和他们年代差不多。有史料记载，东非肯尼亚附近发现一块石碑，证明当年中国明朝的郑和下西洋的分船队，在葡萄牙人到达前七十年前就到过东非。但是后来有人说，郑和下西洋是“国有企业”的行为，因为他是皇帝出钱，让他开了船到东南亚去搞外交,展示大明皇朝“天威”,带了大量的茶叶、丝绸、瓷器,送给海外小国,只要他们承认我们大明皇朝是宗主国,每年来称臣纳贡就行。是政治游行。而且后来又有人做了分析,说郑和下西洋其实是把大明王朝的国库给花光了,后来也就没钱下西洋了。大明王朝到了郑和晚年财政到了什么程度呢?官员的俸禄都发不出来,公务员发不出薪水,只能发郑和下西洋带回来的香料来代替。你是县官大老爷正处级,发两斤肉蔻香料。你去卖了去开销。而且遗憾的是,郑和之后中国就再也没有出过航海家。而且明朝为了防止江浙一带老百姓和日本人(当时叫倭寇)勾结,下了一条荒唐的锁海令,片木不准下海,出海打鱼回来抓住要杀头。绝对不可以下海。这样就把自己牢牢地束缚在这块黄土地上变得越来越闭关自守夜郎自大。直到清朝覆灭。而西方的航海,一代人接棒一代人,一个国家接棒一个国家,葡萄牙后面是西班牙,西班牙后面是荷兰,荷兰后面又有英国、法国、美国,才创造了今天世界的工业文明。所以我们回顾历史很重要,西方近代推动历史前进的原动力之一是追求财富,获得财富。航海交流贸易做生意。今天看来邓小平了不起的就是对外开放。对外开放我们才意识到我们今天的落后,才能克服当年我们实际上的闭关自守夜郎自大,才意识到要改变和改革,才意识到要学习人家先进的东西,要派留学生出国留学。才有了中国的今天。

第二个是西班牙的崛起。

一位伟大的女王伊莎贝尔统一了西班牙,要大力发展经济、拓展疆土,当时有一个意大利航海家哥伦布,是意大利热那亚人,热那亚人热爱航海,航海很有经验。哥伦布开始在葡萄牙打工当水手,当了六年。他当时读了中世纪一位科学家托勒密的科学著作《地圆说》并相信他的学说。他相信地球是个圆球。中国人一直到清朝都不相信的。我们的世界怎么是个圆球呢?很简单的道理,如果地球是圆球的话那我下面的人如美国人不就脚朝天了。我们中国人的世界观一向认为,我们住的地方叫作人间,应该有个皇帝管着,上面有个天堂,玉皇大帝管理,下面有个地狱,阎罗王管理。今天我们很清楚这个世界观是错的,我们的世界是个球。所以新知识新思想的引进是很重要的。好,既然是个球,哥伦布说,我朝西,永远朝着太阳落山的方向,绕一圈不就到东方了嘛,环球航海。他在葡萄牙鼓吹了六年没人理他。因为葡萄牙人认为到东方就是几十年来迪亚士、迪伽马的探险,哥伦布而且还找到了古希腊有位科学家两千多年前甚至算出了地球一周大约是四万公里左右,和今天的实际赤道周长差不多,葡萄牙人却认为两千多年前算的东西怎么会可靠呢?万一算错要四十万公里那不就一辈子回不来了。这时候有竞争就很重要了。西班牙女王听说了这个事,马上召见哥伦布,说我支持你。哥伦布是个小商人,看女王支持他,开了很多要求。说我这个寻找新大陆航海有生命危险,你一定要让我做海军的将军。如果我发现了新大陆,我要做那里的总督。如果从那里挖出来财富,我要拿1/10。我回来以后,别人来开采,我还要拿1/8,因为这地方我先发现的。开始女王很恼火,你不过是一个平头老百姓,航航海就想当将军,昏了你的头,不理他。哥伦布没办法只能回家等待,看看有没有另外一个人愿意航海去寻找新大陆,等了几个月,没有第二个人敢航海。女王结果就回心转意了,想来想去这个将军也是等你回来才让你当对不对。发现了新大陆功劳就无比巨大了当将军当总督也就应当了。那个地方还没找到,你当总督怕什么?财富呢,现在影子都没有对不对,挖出来你拿1/10,我国王还拿9/10对不对。女王答应了哥伦布全部要求。我这不是随便说说,因为你们将来也会遇到能干的人,跑到你面前,跟你提各种各样的条件,就要看能不能把他的条件合理化。你有一个好项目,要什么条件?可以,所有的条件,等你做成以后咱们再来兑现,再来分问题就不大。

好了,哥伦布租了三艘船,雇了一两百个有航海经验水手,带了足够的粮食、淡水、蔬菜、肉类,开始了他的新大陆之旅,一路向西,永远朝着太阳落山的方向。开始大家兴高采烈,走了整整2个月,什么新大陆也没有,岛

哥伦布发现“新大陆”使人类对世界有了完整认识

都看不到了,茫茫大海无边无际,那些水手慢慢开始不安、焦躁起来。派人跟哥伦布谈判,说什么新大陆,都是你脑袋里想出来的东西。我们已经向西行走了 2 个月了,淡水粮食越来越少,如果再没有新大陆,我们肯定会饿死在海上,赶快掉头回家,否则我们就要暴动。哥伦布没有办法,和水手达成协议,再朝西开 4 天,没有新大陆,我们就打道回府。就在这 4 天的时间里,哥伦布发现了新大陆。这个故事也给我们很重要的启发,一件正确的事情一定要坚持,一件前人从来没有做过的事情,你作为倡导人压力肯定很大,甚至你的家人都会反对,这个时候你的坚持就非常重要。胜利往往就在最后 5 分钟的坚持,好,哥伦布发现了新大陆。今天看来,他当年发现的并不是美洲大陆,而是古巴,是西印度群岛。但是他抓了当地的 6 个印第安土著人,带了欧洲人从来没有见过的鹦鹉回到了欧洲。先登岸的是葡萄牙,国王诺望二世召见了哥伦布。因为他是先在葡萄牙鼓吹的,葡萄牙不支持他。发现新大陆的桂冠只能落在西班牙。他回到西班牙的时候,马德里全城夹道欢迎这个航海英雄。把他发现新大陆的那一天 11 月 12 号,定为西班牙国庆日。你们下次有机会到西班牙旅行的话你会发现，马德里城市中心广场最高的塑像，不是国王或者其他领导人，而是发现新大陆的英雄哥伦布。哥伦布发现新大陆，使人类对世界有了新的认识。

我们应该看到，西班牙、葡萄牙当时在经济上获得了巨大的收益。1894 年，两个国家的国王，在葡萄牙首都里斯本旁边一个小镇上开了一个会，把梵蒂冈教皇请来主持。拿来了地球模型，像切西瓜一样一切为二。把里斯本作为切点，里斯本以东全部归葡萄牙，里斯本以西全部归西班牙，这是人类第一次瓜分全球。而瓜分者今天看起来是世界上两个面积不那么大的国家。葡萄牙香料贸易从 22 万镑上升到 230 万镑，在全世界建立了 50 多个据点，成为当时世界第一贸易强国。西班牙在 16 世纪末控制了全球金银产量的 83%，统治了欧洲一半以上的天主教世界，在亚洲它征服了菲律宾，除巴西以外的美洲，全部归西班牙所有。我还看到一个小故事，当时西班牙在征服秘鲁的时候，一支 40 人的骑兵，打败了秘鲁 7 万人的军队。40 个人打败 7 万部队，为什么？因为秘鲁土人从来没见过马，所以骑兵一冲锋，他们认为来了怪兽，望风而逃，这就很有意思。葡萄牙也很厉害，殖民地遍布非洲、巴西。我小时候有一个事很纠结，我们那么大的中国，为什么澳门被一个小小葡萄牙统治那么多年。前两年，澳门科技大学聘请我担任客座特聘教授，请我和我太太到澳门去讲学，讲学后我们专门去参观了澳门博物馆。你们下次去澳门玩，一定要参观澳门博物馆。我看了澳门博物馆以后，对葡萄牙人肃然起敬。你别看葡萄牙现在几百万人口，可全世界讲葡萄牙语的人 2 亿，30 多个国家。成为葡语系国家。你想到巴西去做生意，要学葡萄牙语。巴西近一亿人口全部讲葡萄牙语。16、17 世纪，葡萄牙的贸易船队在全世界航行做贸易。所以我想我们国家那么多人失业，那么多大学生找不到工作，那么多人下岗，为什么就不能学习当年的葡萄牙人，到全世界去谋生？这方面我们做得好的就是今天的温州人，所以我们要推动《温州一家人》这样的电视剧在全国播放。只有到全世界去闯荡,我们才有更好的明天。

第三个是荷兰的崛起。

荷兰是小小的北欧国家,什么资源都没有。有什么?创新。老天爷唯一的恩宠。夏天有一种10公分长的小鱼叫作鲱鱼,游到荷兰海边,渔民打这种小鱼为生。一个渔民发明了一种剖鱼的小刀,一刀把鱼头和鱼肚里的东西去掉,把鱼肉放在冰里面,装在箱子里出去卖。他们发明了海堤防止海水倒灌,发明了风车可以把水泵出去。打小鱼卖小鱼,所以船就很重要。荷兰人挖空心思造好船,当时欧洲的船根据甲板宽度缴税,10英尺交10英尺的税,12英尺交12英尺的税。荷兰人为了多装鱼少交税,发明了一种船甲板宽度一样,但是肚子更大的船,这就是龙骨技术开始在造船中的应用,所以发明创造非常重要。荷兰人造船造成了世界冠军,被人称为"海上马车夫",打败了英国的造船技术。由于荷兰主要靠贸易,商业非常重要。几百年来,他们发展了两个商业观念,我们中国人一定要好好学习。

第一个叫**商业信用系统**。你们做过外贸的人知道,外国商人很重视你的信用。所以我们在美国住五年,从来不敢信用卡跳票,开罚单从来都是老老实实交罚,因为你一旦信用坏了,你在美国就不用混了,什么事情都做不成。现在的绿卡,一个芯片全有了。中国现在最大的问题是信用问题,经商往往是打一枪换个地方,江苏不能混了到浙江混,浙江不能混了到福建混。

第二个叫**经纪人制度**。做生意要有人给你介绍,介绍做成了你要付人家好处。这叫佣金,这在欧美是天经地义的。但是在中国,则把这种佣金起了两个难听的名字:一个叫回扣,一个叫返点。这个家伙拿回扣一定不是好东西。这是不对的。你要有更多的人为你介绍生意,你才能做到更大,这是制度建设,这是制度创新,这是观念的问题。好,荷兰人在制度创新上很动脑筋,做生意需要股本资金。荷兰人鼓励募集资金,在全世界创造了第一家股份制公司,公司可以卖股票给别人。人家把钱给你,你将来给人家好好分红。哪怕你是女王，哪怕你是女仆，买了股票都叫股东，只不过股本股权有大小。每个人都有权力参加股东大会。美国有一个香烟股票菲利普莫里斯。你只要买一百股，他都会一本正经邀请你参加股东大会。香烟公司的股东大会不得了，待遇好得不得了，请你住五星级酒店，吃豪华晚餐，因为你是股东。哪怕你只有一百股，地位是一样的，当股东就有地位，人人要去当股东。有人买了股票，但是有时又要花现金怎么办？荷兰人照顾到这些人，又发明了股票可以买卖，可以交易的制度。就在1609年，创建了世界上可以买卖交易股票的世界上第一个证券交易所。为了融通资金，1609年，又创建了世界上第一个商业银行。西方的商业银行，18、19世纪进入中国，打败了我们山西晋商几百年来发展的票号。也打败了我们江浙商人几百年来创造的钱庄。因为西方的商业银行有更好的管理制度，他们更信赖专业管理和专业管理人员。而我们的票号钱庄大部分是家族企业，弊端不少。我们的经理人制度尽管有，但不够，远远不够，我们通过《乔家大院》也可以看出晋商他们有所创新，但是毕竟不如西方股份制规范，也根本没有交易所。所以我们就可以看到，北欧这么一个小小的国家荷兰，曾经一度非常强大，荷兰当年有一家公司，到现在为止，世界上没有一家公司超过它，叫作荷兰东印度股份有限公司。这家公司当年在全世界有15000个据点，有1万艘商船，占据了全世界贸易的一半。垄断了整个印尼的外贸，它统治了好望角好多年，垄断了当年整个日本、巴西的净出口贸易，而且在北美洲有出海口哈得逊河出海口。荷兰商人非常精明，只用了价值24美元的一种小礼品，一种玻璃弹子，就从当年的印第安土著人那里，买下了一个岛屿，就是曼哈顿岛。在那里建立一个完全模仿欧洲的城市，当年叫新阿姆斯特丹，就是今天的纽约市。所以当年开发曼哈顿的土地出让金是世界迄今为止性价比最高的土地生意。荷兰人在这个岛的南部建了一堵墙，为了抵御印第安人的偷袭，这堵墙就是今天的华尔街。200多年前，美国商人在华尔街的一棵梧桐树下，创建了纽约证券交易所。

所以《大国崛起》摄制组接着拍了第二部片子叫《华尔街》,大家应该好好看。你做金融,当然要了解华尔街的故事。

《大国崛起》摄制组拍的第三部片子也非常重要,尤其要好好看一看,叫《公司的力量》。一个国家、一个地区、一个城市,了不起的,就是要有一批大公司。美国之所以了不起,是因为美国有谷歌、微软,有英特尔,有波音,有通用汽车,有花旗银行。日本为什么当年那么牛?因为有新日铁、住友化工、三菱重工、丰田汽车、索尼、日立家电。所以我们要进一步发展,政府要大力鼓励优秀的民营企业。最近又拍了第四部叫《货币》写货币战争。

第四个是英国的崛起。

你们知道英国率先进行政治体制改革即宪政运动。有一个小故事,和大家分享。430 年以前,1580 年,英国的普利茅斯人德雷克,成为世界上第一个独自完成环球航海的人。三年的航行,给投资人带来了 4700 倍的利润。英国女王伊丽莎白一世也分到了 16.3 万英镑的红利,相当于当时政府一年的财政支出。这种事今天在中国会发生吗?你敢不敢投资一个人,他说带了你的钱当资本,到全世界去航海,去冒险,去为你赚钱。我肯定是不会相信的。不要说 3 年,3 个月,这家伙鬼影都没有了,我到哪儿去找他。大家有没有注意到,我非常想要告诉大家的是,英国人在 430 年前就明确了这个道理,什么叫职业经理人,什么叫投资人,什么叫股东,什么叫股东分红。德雷克就是个职业经理人,他带了股东的钱,到全世界赚钱。赚了最多的钱,他很明确,这是股东权益,要分红,绝大部分分还给股东。他自己也有丰厚的收入,但是大部分要分给股东。我讲这个故事,绝不是随便讲的。我们沪深两市现在有 2500 多家上市公司,这些上市公司的董事长和 CEO,都要把这个故事深深印在脑子里。上市公司一定首先强调现金分红。你要上市可以,先明确你怎么样为股东现金分红。将来好几年不分红的,要给它戴帽子——铁公鸡上市公司。连续几年当铁公鸡要被开除,退市,我们的股市才会好起来。李嘉诚的股票,为什么在香港卖得那么好，很火？我到香港问过老百姓，因为李嘉诚公司的股票，每年分红比存在银行里高，所以卖水老太都会买李嘉诚的股票。所以李嘉诚厉害就厉害在，他的股票可以为千千万万穷人创造财富。

政治体制改革，英国很重要的就是实行宪政，这是英国对全世界政治发展最重要的贡献。就是国家要用一个最高法律称为宪法来治理国家，约束国家。任何人哪怕国王也不能胡来，宪法由全民投票通过，人民选举代表叫议员，全国议员组成议会。国王如果胡来，人民和宪法可以把他打倒。英国历史上出了一个国王叫查理，倒行逆施、穷兵黩武，横征暴敛，结果国家被搞得民不聊生，怨声载道。人民起来革命，议会组织军队打败了国王的军队，最后人民审判把他送上断头台，砍脑袋。这是历史上第一次通过法律审判把一个国家最高统治者国王处以死刑的案例。我到英国参观的时候，在英国议会，给我们参观做介绍的是一位老太太，是英国议院的前议长。她就跟我很幽默地讲，温先生，这条走道，就是当年查理国王走上断头台的路。这个国王蛮有意思，穿了两件衬衫，这样在寒风中就不会发抖。他上断头台的时候，还回头给行刑的士兵开了一个黑色幽默的玩笑，说，小伙子，把活干得漂亮一点。这就是英国绅士风度。国王犯法，照样要上断头台。

英国另外一个很重要的方面，伟人也非常重要，牛顿、瓦特。牛顿作为近代自然科学奠基人，他提出的力学三大定理实际上是把过去人们认为高不可攀的太阳、月亮、地球看成物体，可以计算它的运动，可以预测

蒸汽机刮起了人类第一次文明狂飙："工业革命"

它的轨迹。这就破除了千千万万人对大自然的迷信。中国今天有近14亿人,我问大家一个很尖锐的问题,这14亿人民中间,有多少人会认为命运是掌握在每个人自己手里?我们可以并应该通过奋斗、通过学习来追求美好生活,来追求和实现理想。我们是可以通过奋斗、学习改变我的命运的?瓦特改良了蒸汽机,瓦特是个发明家,蒸汽机是另外一个英国人钮卡门发明的,起先用于矿井抽水。瓦特改进以后可以用于各种机械。瓦特也想发财,开了一家公司,但是瓦特是个书呆子,不善经营。公司很快垮掉,欠了一屁股债,老婆都被他气得病死。老婆病死以后,瓦特更加沮丧,因为负债累累,准备到俄罗斯给一个俄国工厂主打工,将来慢慢还债。就在瓦特穷困潦倒的时候,他遇到了一位杰出的企业家,叫博尔顿。博尔顿性格和他相反,热情开朗,善于沟通、善于销售、善于管理,他说服了瓦特。你不是有改良的蒸汽机发明创造吗?何必要给俄国人打工呢?你可以把这项技术作为股本,我出现金投资,我们开一家股份公司。你出技术我出钱来生产新型蒸汽机,将来赚了钱,你就可以过好日子。博尔顿和瓦特的结合,大量出现的新型蒸汽机开始逐渐成为人类改造世界的一个伟大的利器。蒸汽机刮起了人类文明的第一次伟大的狂飙,成为了新文明的航标,叫工业革命,它把英国变成世界上第一个世界工厂。使一个小小岛国变成世界上最强大的的国家。我记得鸦片战争的时候,有一个英国商人在英国的议会上讲话,说四万万中国人,每人只要多穿一寸英国的衣服,我们的纺织厂就可以日夜开工。它的外交、它的军事、它的技术都是贸易,就是要把货卖到中国来。英国成了世界上第一个强大的工业国家,叫日不落帝国,18、19世纪引领世界的发展,它的殖民地遍布全球。整个十九世纪可以称为英镑世纪。

第五个崛起国家是德国。

德国也是政治家推动了改革,那就是俾斯麦,历史上称他“铁血宰相”,他推动了德国的威廉大帝变革,使德国从一个落后分散的小邦国变成

德国人本茨发明汽车引领人类第二次技术革命

强大的中央集权国家。有一个德国人叫本茨，发明了一辆汽车，开始只有三个轮子，后来戴姆勒把它改成了四个轮子。汽车的发明，唤起了人类第二次技术革命。造汽车需要钢材，就要炼钢、采矿。造汽车需要机械，就需要机械工业，新材料、化工。德国变成世界上强大的国家，引领了世界第二次技术革命。反过来从历史上看，德国发动了两次世界大战都失败了，尤其是二战。出了个希特勒，迫害犹太人。根据我的观察，犹太民族是全世界最优秀的民族之一。我在法国、美国都认识很多犹太人，交了好几个犹太朋友。注意观察犹太民族，今天我们中华民族应该向犹太民族学习三个优点。

第一个优点，**犹太民族无比团结**。全世界犹太民族像一家人。小小以色列几百万人口，可以打败31个国家，2亿人口的阿拉伯国家的联盟。以色列的财政部长，到美国发表讲演，全世界犹太人慷慨解囊捐款，买最好的武器给以色列。我们中华民族比较不够注意团结，你注意过没有，我到过世界上几十个国家，全世界的华侨分成了三大派，一派亲大陆新中国的，第二派亲台湾国民党的，第三派是两边都来往，都拉拉扯扯不得罪的，后来我发现亲共产党、亲国民党的华侨又按照地域分成了派，广东人聚在一起讲粤语广东话，别的地方的人听不懂，叫粤商广东商帮，自成体系。福建人聚在一起讲福建话，谁也听不懂，叫闽商，团在一起。现在又有浙商、温州商人、上海帮，后来我又发现，福建人闽商又按更小区域分派了，长乐人拢在一起组成了长乐同乡会，福清人聚在一起组成了福清同乡会，再接着长乐同乡会和福清同乡会为争权夺利又打了起来。台湾已经过世的著名作家柏杨先生写过有名的《丑陋的中国人》,台湾还在世的有名作家李敖先生讲述的中国酱缸文化,台湾著名女作家现任台湾文化部长的龙应台女生对此都做过精彩论述,我在二十多年前也写过两本书《改革与中国国民性改造》《改革与中国文化潜结构的影响》,探讨这方面话题。

第二个优点,**犹太人会赚钱**。犹太民族是世界上最有钱的民族,华尔街精英最有钱的银行家30%是犹太人,当年欧洲罗斯柴尔德家族几乎掌控世界财富的一半,美国今天最大的零售业、传媒业都是犹太人控制的。

第三个优点,**犹太人重视教育**。砸锅卖铁都要把儿女送进最好的大学,而且以愿意帮助邻居的孩上最好的大学为荣耀。

二战时,希特勒在欧洲疯狂迫害、屠杀犹太人,奥斯维辛集中营杀害了几百万犹太人。犹太人大量逃亡,大多数逃到了当时没有战火的美国,少数还逃到了中国上海,当时有一位中国驻欧洲的领事为落难的犹太人签发了大量可以去中国的签证。上海虹口区就有一个犹太人的博物馆。前不久以色列总理内塔尼亚胡访华还专门去上海参观了这个犹太人博物馆。所以犹太人和以色列对中国对上海特别亲切,因为二战时中国和上海保护了他们。所以这个对将来促进中国和犹太人合作是很重要的一个交往情感上的有利条件。由于犹太人中间有大量的科学家、工程师、学者、商人,他们逃到了美国,结果世界科学中心慢慢就从欧洲转移到了美国。后来有学者说,二战时犹太人从欧洲迁移到美国,这是人类历史上最大的一次天才和知识转移。它的标志性事件,就是德国当代最伟大的犹太籍物理学家爱因斯坦因受希特勒迫害逃到了美国,进了美国的普林斯顿大学。他在1939年给当时的美国总统罗斯福写信,建议美国要造原子弹。罗斯福总统非常重视爱因斯坦的建议信,立刻召来了一个工程兵少将,叫格罗夫斯。格罗夫斯是个非常有魄力的人,他请了一个年轻的美国物理学家,叫奥本海默,担任原子弹研究中心主任,开始在美国西部洛斯阿拉莫斯,一个沙漠中的小镇研究原子弹。研究到热火朝天的时候，美国的警察 FBI 居然查出了奥本海默和他的前女朋友，现在还保持来往，是美国共产党党员。你们知道二战时美国是反共的，原子弹研究是美国国家最高机密，却由一个和共产党有那么深关系的人负责原子弹研制，那当然要调离才行。但是格罗夫斯是个非常爱惜人才的人，经过再三考虑，格罗夫斯给总统罗斯福写信，说我会派特工在奥本海默周围，决不让敌人的间谍有机会接触到他。但是奥本海默要留下，因为这个人太有用太有才华了，热情洋溢，善于团结人。罗斯福总统也是个非常爱才的人，经过再三思考，最后批准了格罗夫斯的请求。但是叮嘱他，千万不能出任何差错。最后奥本海默终于和他的青年科学家，经过了三年奋斗，造出了人类第一批原子弹。我讲这个故事有深刻的背景道理在，“文化大革命”中我们痛失了多少个杰出科学家？有人统计，仅 1968 年中国科学院院士（当时叫学部委员），教授自杀身亡者 20 人，其中包括赵九章院士，他是中国当年最杰出的空间科学专家。所以你作为一个老板，你用一个有缺点的人才，你能不能坚持，能不能保护他的权益，给他创造条件？所以我们要看很多东西，原子弹改变了世界。

1945 年 7 月 16 日，第一颗原子弹在美国西部新墨西哥的沙漠试爆成功，人类掌握了一种前所未有的武器和能源。

1945 年的 8 月 6 日，一架美国 B29 轰炸机带着第二颗原子弹飞到日本上空。这颗原子弹绰号叫大胖子（Big Man），就是它把日本的大城市广岛夷为平地，杀死了十几万日本人。两天以后，第三颗原子弹又被一架 B29 轰炸机携带升空，细细长长的，绰号叫小个子（Little Boy），开始这颗原子弹要扔在日本的陆军总部所在地小仓，但是那天小仓云层太低，看不清目标，结果将旁边的长崎给炸了。两颗原子弹改变了二战的进程。起先日本最高当局有两派人，主和派以铃木首相为主，主张不要再作无谓抵抗，但主战的日本陆军大臣阿部大将，他主张“玉碎”，那就是拼命。但原子弹爆炸后

温元凯在美国西点军校广岛原子弹“大胖子”1:1 模型前

局面就改变了，1945 年 8 月 15 日日本天皇裕仁签署了无条件投降诏书，日本战败投降，二战正式结束。

下面讨论一下二战以后日本、德国崛起。我在德国旅游带回一张明信片，印有 1945 年德国大城市科隆的照片，只剩下了欧洲最高的科隆大教堂没炸，因为美国空军的司令官曾作为旅游者到过这个教堂，珍惜文物，说保护文物别炸了，其他全都炸成稀巴烂。莱茵河上的桥也被炸得像麻花。日本东京被炸得更惨，35 个街区被炸平，9 万东京人死于飞机轰炸。美军在东京用的是凝固汽油弹，东京曾被炸成一片火海。我为什么要给你们看这张照片？1945 年以后，我们尽管也牺牲了几千万人，但是我们的大城市没有被炸过。你无锡市没被炸过，上海没有被炸过，北京、南京、广州、武汉，都是在城市保存完整的情况下把日本人赶走了。所以如果从硬件来讲，1945 年后中国比日本、比德国好多了。但是为什么二战以后，德国、日本崛起，把中国远远甩在后面？我给你们讲这一条，我是有亲身体会的。我 1980 年被派往法国巴黎大学居里夫人实验室当访问学者。其间我到过德

国讲学，住在过一位德国朋友家里，一个油漆工工人家里。他有一个七八百平方米的单栋大房子。在今天中国也可称得上豪宅了。我当时受到了最大的震撼，这就是德国当时普通工人的生活水平。我们当时市长、部长、大学教授、校长也买不起这样的房子。而且在德国你去看，工人工作了十年，都会有这样的房子。这一点，我们中国现在还差得很远很远。

还有一个希望你们多思考的问题，为什么美国成为世界上最强大的国家？这是我们中央领导人，曾经把我请到中南海向我提出过的问题。如果今天我来回答的话可以讲得更清楚了，美国人口只占全世界人口 5%，但是美国人消耗了全球 25% 的资源。美国人烧了全球 25% 的石油。我到美国去买的第一辆汽车，500 美元。前盖被人家撞歪掉了，也能开，没关系，能开不就行了嘛。第二辆车 1700 块美金，第三辆车 3400 块美金，第四辆车比较好一点，伏特金牛，六缸的，也不过 7200 块。我当时一个月收入 5000 块美元。加油便宜得像加水一样。当时我在洛杉矶住，洛杉矶一千七百万人口拥有一千八百万辆车,洛杉矶一家有两三辆汽车的比比皆是。美国人掌控了全球60%的金融资源。主要是有两件事我们要好好研究,一个就是华尔街,一个就是美元。所以我们要研究的问题是,上海深圳交易所,什么时候能赶上纽交所?我们的人民币,什么时候像美元一样,能够成为全球硬通货,这是我们正在做的事情。美国人掌控了全世界70%的高端人才。我提醒大家注意,这个数字从来没有在中国任何一个统计报告、任何一个领导人讲话、任何一本书,任何一篇文章中出现过,是我亲自算出来的。这个数字很是令人震撼,美国一个国家,垄断了全世界70%的高端人才。美国人只用一张小小的卡片叫绿卡,吸引全世界的人为它打工。美国这两年在中国搞投资移民,我们中国人输送了90亿美元到美国,就是为了那张绿卡是不是,50万美元买张绿卡。为什么绿卡那么宝贝?因为美国人提出了闻名世界的"美国梦"。所以我很高兴,习近平总书记上台以后提出了中国梦。

美国梦是很具体的,什么叫美国梦?我给大家解释一下。任何一个到美国去的人,不管你原来是干吗的,你到了美国只要好好打工,5年、10年能买一栋房子,这就是美国梦,很具体。我在纽约市工作时住在曼哈顿,邻近福建人移民的社区。你们知道,之前很多福建人到美国去的都是偷渡去的,如有名的"金色冒险号"事件。到了美国在饭店打工刷碗,两年打苦工,交老板蛇头的偷渡费用钱,因为蛇头要5万美金左右。但是第三年开始发工资,在餐馆打工,挣1500块钱左右。因为餐馆吃饭不要钱,晚上住在店里面。所以1000多块钱可以攒下来,两三年以后把钱寄回家,家里就盖了大瓦房。再两三年,在美国就可以用按揭买一个房子,照片寄回家,乡亲们一看,哈,这穷小子到了美国,五年到十年居然就买了一个中国人可以称得上别墅的大房子。还了得。所以产生效仿效应,大家争先恐后出去。更不用说第二代儿女在美国读书,将来出来干白领,挣5万、10万美元年薪,这就叫作美国梦。什么时候我们能把中国梦描绘得那么具体?年轻人到北京来打工，十年能不能买一层楼？

所以我们应该把中国梦进一步具体化，现实化。今天中国人民生存大概是没有问题，但你要进一步发展要有基本的东西，要有更好的环境，能让更多的人能富裕起来。你有没有注意到，我们留学生，海归海归，好多人归不来的。大部分认为美国的环境好，一回到国内乱七八糟，所以我们仍然要看到我们的差距。更不用说空气，你飞机一落地，机场空气就不一样。现在有些在北京工作的美国大公司员工，享受空气补贴，有的戴防毒面具上班。

2. 诺贝尔奖是怎样炼成的？中国的科技应如何创新？

当然我们要更进一步研究，美国大学、研究机构，怎么运作？美国政府怎么鼓励创新、创业、白手起家？我总结了一下，1901 年到 2013 年全世界一共出了 585 个诺贝尔奖获得者，对他们做了分析。其中诺贝尔物理学奖一共出了 199 个，美国人包括在美国工作的科学家，占了 116 个，58.6%。化学奖 1901～2013 年一共 168 位，美国人 86 位约占一半，51.2%。生理学或医学奖美国人比例更高了，210 位诺贝尔生理学或医学奖获奖人美国人和在美国学习工作的人占 133 位，占 63.3%。但是并不是一向美国是诺贝尔奖获奖最多的国家，二战前，并不是那样，是德国人最多获诺贝尔奖，所以二战就成了德国人、美国人获诺贝尔奖多少的一个分水岭。

下面我们来细分一下看，为什么德国二战前有那么多诺贝尔奖获得者，因为德国是第二次世界技术革命的发源地，是世界量子力学的诞生地，因为它有当年辉煌的哥丁根大学。1901 年到 1945 年，全世界诺贝尔物理学奖获得者 49 位，德国人遥遥领先，出了 20 位，占了 40.8%。但是 1946

年到2013年的146位诺贝尔物理学获奖人中,美国人有100位占到68.4%。化学奖,德国化学化工曾经是世界上最先进发达的,世界上第一本化学文摘、第一本化学手册都是德文的。1901年到1945年,世界上诺贝尔化学奖43位中,德国人有27位,占62.8%。但是1946年到2013年诺贝尔化学奖125位中,美国人有81位,占了64.8%。生理学或医学奖,1901年到1945年世界上诺贝尔生理学或医学奖51位,德国人有20位占39.2%,但是1946年到2013年诺贝尔生理学或医学奖153位,美国人和在美国学习工作的有119位,就占到了77.8%。通过最后这个数字加起来除三,你就可以得到一个结论,今天世界上诺贝尔奖获得者70%是在美国工作。我要问大家一个问题,到2020年或者可以提前,能不能有100个诺贝尔奖获得者,到中国来上班?所以我准备向中央提出一个具体的建议,我们有那么多的外汇储备,现在天天被美国人剪羊毛,为什么我们就不能拿出300亿美元来,请100个诺贝尔奖获得者到中国来工作,平均一个人3亿美元,足够了。来干吗?来当大学校长,来当研究所的所长,来开办新的大学,创造新的研究所和研究中心。

另外一张表,大家可以看到,有人总结了20世纪人类最伟大的100项发明。1900年到1928年,全世界发明创造眼花缭乱,一场新的科学革命在全球兴起,中国人一项也没有。你们想想吧,1900年到1928年,中国人在干吗?清朝末年,朝政腐败,西方列强侵略大而无当泥足巨人般的中国,国家屡战屡败,割地赔款、丧权辱国,变法、革命、打仗。1928年到1957年,中国出了一项,是1938年有个科学家发明了世界首创的无籽西瓜,人家都把他列进去了。1958年到1981年,新中国有一段时间比较好。1963年上海第六人民医院的外科医生陈中伟首创断手再接技术。1964年农学家袁隆平发明杂交水稻,从此解决了中国人的吃饭问题。1965年中国科学院上海生化所人工合成牛胰岛素,开展了人工合成蛋白质和生命进程。但是,从1966年“文化大革命”爆发一直到现在,中国就再也没有出过一项伟大的发明。

又有人统计了，人类有史以来最伟大的发明家，不是科学家，从公元前287年的阿基米德开始算，到今天应该有2000多年之长的时间，中国居然只能列进去一个，那就是1000多年前一位太监蔡伦发明了造纸。近200年、近100年、近60年、近30年，中国没有出现过一个在世界上被认同的，可以在世界上称得上伟大发明家的。这些统计表，我认为可以和应该贴在科技部部长的家门口，贴在教育部部长办公楼的走廊里，贴在每一个大中小学的画廊里，激励我们的下一代奋起拼搏，改变这个状况。一个国家如果没有伟大的发明家，谈什么创新？

下面再给大家解读一下世界前500名大学排行榜前20名。

第一名，哈佛大学，培养了9个总统，7个第一夫人，151位诺贝尔奖获奖者，50～60门学科全球第一。大家公认哈佛是全世界最好的大学。

第二名，硅谷的摇篮斯坦福大学，全世界最富有创新精神的大学，全球IT伟大企业的孵化器，也是有几十门学科全球领先。

第三名，加州大学伯克利，美国最好的公立大学，也可称是硅谷的摇篮。那里出了一个华人的校长，叫田长霖，说明中国人也能当世界最好大学的校长，是不是。

第四名，剑桥大学，先后出过90个诺贝尔奖获奖者，剑桥大学的一个实验室叫卡文迪什实验室，就出过29位诺贝尔奖获奖人。牛顿、达尔文都是那里出来的。

第五名，麻省理工学院，全球高科技最高学府。钱学森曾经是麻省理工学院最年轻的终身教授，说明中国人完全可以当世界最好大学的最年轻的终身教授。

第六名，加州理工学院，钱学森就在这个大学造出了美国的火箭和导弹，成为世界一流火箭导弹专家。我很荣幸在这个大学作为访问教授工作了一年半，所以我对钱学森，对钱学森之问，有独特的认识和体验。现在我们每年都带一批中国的中小学生到这个大学去,让他们体验产生伟大科学家的卓越大学的科学氛围,激励他们将来攀登诺贝尔奖科学高峰。这个大学很小,才800个老师。现在出了31个诺贝尔奖获奖者,出了中国的“导弹之父”、全国人民崇敬的钱学森教授。

第七名,哥伦比亚大学,出过101位诺贝尔获奖人,创设了全世界新闻界最高奖项——普利策奖。

第八名,普林斯顿大学,爱因斯坦晚年在那里工作的大学。

第九名,芝加哥大学,培养了65个诺贝尔奖获奖者,培养了我们北京大学的林毅夫教授,林教授曾任世界银行高级副行长。

第十名,牛津大学,先后出过6个国王,44个首相,53位总统,57位诺贝尔奖获奖者。牛津大学的一个实验室,叫分子生物学实验室,先后出过12个诺贝尔奖获奖者。

第十一名,耶鲁大学,出过5个总统如小布什、克林顿。

第十二名,康乃尔大学。

第十三名,加州大学洛杉矶分校,加州大学系列最好大学之一。

第十四名,加州大学圣地亚哥分校,美国的生物谷或称为药谷。

第十五名,宾夕法尼亚大学,世界上第一台计算机,曾计算过世界第一颗原子弹的计算机的诞生地,它的沃顿商学院是金融最高学府,华尔街精英的摇篮。

第十六名,华盛顿大学西雅图分校,是美国西北最好的大学。比尔·盖茨给了它很大支持,我的导师当年就是比尔·盖茨的资助对象,比尔盖茨资助他1500万美元,他就在西雅图华盛顿大学建立了一个崭新的分子生物技术系。

第十七名,约翰霍普金斯大学,全世界最好的医科大学,那里有全世界最好的两家医院之一,另一家是哈佛医学院总医院。想做最好的医生要到那里去深造。

第十八名，加州大学旧金山分校，也是加州的一个名校，出了一个华人校长叫吴家玮，他后来到了香港，就创办了现在被称为亚洲最好的大学的香港科技大学。这一点说明，中国人也可以在非常短的时间内，办出世界最好的大学。

第十九名，威斯康星大学麦迪逊，这是美国中部最好的大学。

第二十名，瑞士苏黎世联邦理工学院，这是欧洲最好的理工大学之一，出过很多诺贝尔奖获奖人，爱因斯坦曾经在这个大学工作过。

东京大学，过去能排到 20 名，2013 年是 21 名，是日本最好的大学，日本的首相、大臣大部分出自于东京大学。

那么这张表上，我们清华、北大在什么位置呢？清华是前两百名，北大在两百名以后。

2010 年清华、北大总算双双进入了前 200 名，我和大家做一个对比。根据我的加分权重，清华大学排在 181 名，北大排在第二 199 名。中国的大学前 200 名中有两所，200 名到 300 名之间 5 所。第三就是中国科技大学，233 名。第四是这两年上升很快的浙江大学。第五上海交大，第六复旦，第七我的母校南京大学。然后 300 到 500 名之间，还有十几个大学。到了 2013 年，中国有五所大学进了前两百名，清华大学升到 158 名，上海交通大学超过北京大学列 167 位，北京大学列 188 位，复旦大学列 191 位，浙江大学列 200 位。201 ~ 300 名之间还有我曾任教的中国科技大学列 222 名，我的母校南京大学列 282 名，中山大学列 288 名。还有 20 所大学在 301 ~ 500 名之间。2013 年中国已经有 28 所大学进入世界大学 500 强，比起第一次出现这个排行的 2004 年只有 8 个大学，而且无一所大学进入前两百名已经大大进步了。但是中国仍然没有一所大学能进前 100 名。这张表另外有个解读，前 100 名叫世界一流大学，前 20 名的叫世界顶尖大学。

我要告诉你们，从你们开始做。你们原来最大的愿望，无非是让孩子考上清华、北大、南大、交大、复旦,太低了。这种要求已经陈旧,从现在开始,我给你拉高一个档次,要想办法把孩子送进哈佛、剑桥、麻省理工学院,这些世界最优秀的大学。但是我要告诉你们,你们的孩子,进了世界顶尖大学,毕业以后,恐怕他们绝大部分人,再也不一定愿意到家乡来工作了,你信不信?你家乡哪家企业,也不见得有哈佛的毕业生、麻省理工学院的毕业生。

但是没有关系,你们还要鼓励他们,在海外多工作几年。到那个时候,我坚信他们的根在中国,他们的父母亲在中国,他们一定会回来报效祖国,一定会回来创业奋斗,一定会回来进一步改造中国。5年、10年以后,他们再回来,他们带回来的朋友,带回来的信息,带回来的项目,带回来的投资,将给中国未来几十年发展产生深刻的影响。另外更重要的,你们要把孩子送到前20名世界顶尖大学,并不是光凭考试的,要从现在开始培养孩子四个能力。第一个叫领导力;鼓励孩子从小当班干部,班长、队长,组织同学甚至社会上的小朋友研究问题,讨论问题,参加各种学生社团,兴趣小组,参加社会公益事务。第二叫创造力;参加各种科技类活动,做航模、做小火箭、制作机器人,参加全国甚至全球青少年机器人大赛,观察自然现象,天文、地理、动植物、矿石。创作小说,甚至写书出版。第三叫团队精神;培养协同能力,沟通能力。第四叫爱心,从小喜欢帮助别人,尤其是有困难有生理缺陷的弱势群体。我告诉大家,去年我们在美国加州大学伯克利,伯克利大学去年二年级第一名是个中国女孩。你知道她为什么得第一名吗?因为她召集了几个香港大学的高中同学,从社会上募了一笔款,到非洲肯尼亚为穷人盖厕所。你肯定没有听到过,对美国大学来讲,这样的孩子一流。第一,她有领导力,张罗到肯尼亚盖厕所这件事也不容易。她能把一群孩子团结组织起来,把这件事做成功。第二,她有社会活动能力,她能募集资金,筹款,你们知道外国很讲究重视孩子参加社会活动的。第三,她有团队精神,她能组织一帮人一起干,而且善始善终。第四,她有爱心,愿意帮助别人甚至是非洲的穷人。第五,她不怕吃苦,非洲条件显然不好,更不用说人地生疏。这样的孩子，将来一定是社会领袖。

这两年我们带一批小孩、一批企业家和一批官员，到世界各国最好的大学研究机构去游学，包括我们在华尔街搞的活动，包括中美企业峰会。为什么要到这些大学去？这些大学是高科技发源地，是人才密集的地方。我们去过法国居里夫人大学，去过美国出过五位总统的耶鲁大学。去过我工作过的加州理工学院，这么一个小小的大学一共出了 31 个诺贝尔奖获得者，出了我们的导弹之父钱学森。诺贝尔文学奖得主莫言获得凤凰卫视“影响世界华人大奖”提名，你知道他上台的致辞是什么吗？他说我得了诺贝尔文学奖一点不稀罕，我如果再有第二生的话我要研究基因，研究太空，将来我如果能获得诺贝尔生理学或医学奖那才是最开心的。这是莫言的发言，什么时候中国能出自然科学方面的诺贝尔奖获得者？希望在下一代，在你们的孩子，我们要为此做出推动。

我们还去过以下地方：剑桥大学的三一学院，牛顿工作过的大学，看到了使牛顿发现万有引力的苹果树的“孙子”，老苹果树已经死掉了，它的孙子还活着。

牛津大学，这个大学出过 8 个国王，44 个首相，53 位总统。你别看这些大学都破破烂烂很旧的，但是这些大学的氛围是中国大学漂亮玻璃幕墙大楼里完全没有的。所以希望大家去领略领略这些古老然而又充满崇尚科学崇尚人才创新型大学的氛围。

我非常希望能够在全国各地兴办一批创新型国际学校。全世界最顶尖的国际学校，叫伊顿公学，先后出过 8 个国王，四十几个首相，几十个诺贝尔奖获得者。伊顿公学有几百年的良好传统，到现在没有一个大陆的孩子在里面念书，香港有过一两个。我非常希望中国将来能够慢慢形成这样的一流的国际学校。

哈佛商学院。哈佛商学院在美国绝对有最大的势力，最近我们同学会正商议，要在中国推动一些哈佛商学院对中国最优秀的年轻人的投资。

麻省理工学院,高科技最高学府。

金融华尔街精英的摇篮,宾夕法尼亚大学沃顿商学院。大家对金融有兴趣的将来暑假可以到这里去学习一下,你可以接触到来自全世界的金融精英。

西点军校,领导力培训,最近我们有一个哈佛西点的领导力拓展的培训。所以我非常希望你们以后有机会的话能够参加这样的一种更加高端的培训。

纽约证券交易所,参观这个地方让孩子们从小培养财商。

硅谷,让小孩从小领略硅谷的创新精神,谷歌就是两个从俄罗斯移民到美国的年轻人创业办起来的公司。

英特尔总部,看看怎么样把一把沙子变成电脑芯片。

硅谷摇篮,斯坦福大学,全世界最富有创新精神的大学,这是全球公认的。

2013 年度世界前 500 名大学排行榜中外比较

大学排名	总分	校友	得奖	研究教授	著名刊文	引文	师均值
1. 美国哈佛大学	100.0	100.0	100.0	100.0	100.0	100.0	72.5
2. 美国斯坦福大学	72.6	40.0	80.7	88.9	68.7	69.4	50.4
3. 美国加州大学伯克利	71.3	67.8	79.0	69.7	68.5	68.1	54.7
4. 美国麻省理工学院	71.8	69.0	83.2	68.2	69.2	61.6	64.1
5. 英国剑桥大学	69.6	88.5	97.2	54.6	55.0	65.9	52.1
6. 美国加州理工学院	64.1	48.5	68.8	57.4	64.8	46.2	100.0
7. 美国普林斯顿大学	62.1	52.3	91.3	62.2	44.4	44.5	55.3
8. 美国哥伦比亚大学	60.0	64.2	68.0	57.4	51.2	67.8	31.0
9. 美国芝加哥大学	57.2	61.8	85.3	52.2	40.6	49.2	38.9
10. 英国牛津大学	56.1	51.2	56.6	48.9	52.1	68.9	40.3
127. 台湾大学	(121.5)	12.1	0.0	17.7	12.7	59.5	19.5

续表

大学排名	总分	校友	得奖	研究教授	著名刊文	引文	师均值
158. 清华大学	(107.4)	10.8	0.0	0.0	17.3	57.0	16.4
176. 上海交通大学	(98.8)	0.0	0.0	7.9	10.4	61.3	15.2
182. 香港中文大学	(97.3)	0.0	14.2	16.1	4.5	42.0	20.5
188. 北京大学	(94.5)	0.0	0.0	0.0	17.2	60.1	17.2
191. 复旦大学	(92.5)	0.0	0.0	7.1	13.6	52.5	19.1
200. 浙江大学	(90.2)	0.0	0.0	0.0	10.1	62.9	17.2
222. 中国科技大学	(88.3)	0.0	0.0	7.2	14.5	45.4	21.2
292. 南京大学	(75.7)	0.0	0.0	1.4	8.9	48.7	16.7
298. 中山大学	(73.7)	0.0	0.0	0.0	7.6	50.5	15.6
329. 北京师范大学	(71.0)	16.0	0.0	0.0	7.5	33.7	13.8
361. 吉林大学	(66.8)	0.0	0.0	0.0	9.0	46.0	11.8
364. 四川大学	(66.0)	0.0	0.0	0.0	3.2	49.1	13.6
365. 华中科技大学	(65.8)	0.0	0.0	0.0	5.8	46.3	13.7
366. 山东大学	(65.7)	0.0	0.0	0.0	4.9	47.6	13.2
370. 西安交通大学	(65.3)	0.0	0.0	0.0	7.0	43.0	15.3
371. 中国农业大学	(65.3)	0.0	0.0	0.0	9.5	39.7	16.1
396. 哈尔滨工业大学	(60.9)	0.0	0.0	0.0	2.4	45.3	13.2
434. 北京航空航天大学	(59.4)	0.0	0.0	7.2	3.7	34.9	13.6
439. 大连理工大学	(58.8)	0.0	0.0	0.0	3.5	39.9	15.4
457. 厦门大学	(57.5)	0.0	0.0	1.0	8.2	35.8	12.5
453. 南开大学	(57.2)	0.0	0.0	0.0	9.4	35.0	12.8
455. 东南大学	(57.0)	0.0	0.0	0.0	6.4	37.6	13.0
457. 同济大学	(56.1)	0.0	0.0	0.0	4.2	39.6	12.3
459. 天津大学	(55.9)	0.0	0.0	0.0	1.5	39.8	14.6
461. 兰州大学	(55.6)	0.0	0.0	0.0	9.4	35.0	15.7
462. 北京协和医科大学	(55.5)	0.0	0.0	0.0	10.0	30.7	14.8
475. 中南大学	(54.5)	0.0	0.0	0.0	0.0	41.2	13.3

续表

大学排名	总分	校友	得奖	研究教授	著名刊文	引文	师均值
485. 华南理工大学	(53.2)	0.0	0.0	0.0	5.3	35.1	12.8
490. 武汉大学	(52.7)	0.0	0.0	5.1	2.6	39.3	10.8

为什么要做这件事呢?就是2004年我第一次看到了这个榜,当时差点晕过去。中国8个大学进去,清华、北大全部在200名以后。当时我就很震撼,原来我认为清华、北大在国际上排个前三四十名还是可以的。到了2012年,中国有四个大学进入了前200名,还有24个大学进去,所以现在中国有28个大学进了世界前500名,但是仍然没有一个大学进入前150名、100名,更不用说前20名。你们知道英文里面有一个词,top20,就是前20名的大学,如果你可以很自豪地说我是top5那就不得了了,那在美国绝对就是身价。所以我刚才鼓励一位培训学员,要把他的孩子从现在的学校将来争取到前20名,那将来他的前途就整个不一样了。

所以你要注意,我为什么要给你们讲这点?因为这些东西,你们多给孩子讲,他们的观念就会发生变化。我们暑假准备带100个上海的有钱人的孩子到四川大凉山去办一个吃苦夏令营,在当地最穷的学生家里去住一个星期,吃苦一个礼拜,再把大凉山的穷人家的孩子安排到上海、江浙一带,到这些条件好的学生家里也住一个礼拜,互相交换,带他们去看东方明珠、迪斯尼等等。这对双方的孩子和家庭都会很有益处。而且我发现,现在江浙一带有钱人的家长都非常希望我们办这样的活动。因为第一代创业的企业家,很多人都吃过很多苦的,才有今天的富有。所以有眼光的人一定知道,孩子不能太娇惯,要让他懂得生活的甘苦。有利于孩子将来的健康成长。

3. 2049 年的世界和中国会是什么样子?

美国为什么科技发达?我从另一个方面也做了观察。我是一个很喜欢看电影的人,在美国,打开电视看电影。我注意到好莱坞拍了非常多关于未来世界的科幻电影。我发现美国人喜欢看科幻电影,比如《火星人玩转地球》《星球大战》《外星人》等等。回到国内,我也喜欢看电影,一打开中国电视,我发现中国人最喜欢看、最喜欢拍摄的就是帝王戏,帝王戏最热播。帝王戏、宫廷戏太多了,从《封神榜》《秦始皇》《汉武大帝》《武则天》,到《康熙王朝》《乾隆王朝》等等,有的都拍了不止一回。这就是中美文化的差异。美国人喜欢科幻,研究未来世界研究创新。更重要的是,我讲这句话,心情是沉重的,中国人太多的精力耗费在人际关系上。你去过国外就知道,在国外公司、大学工作,人际关系很简单、单纯。你只需要对一个人负责,就是你的雇主或广义雇主,横向没有比较,没有攀比,所以他所有的精力 99% 以上都可以用在工作上、创新上。而在中国,我们就要担心,你不整人,至少你得担心人家整你,你还得防备,你不就累了嘛。我们的商场早就成了江湖,我们的大学正在有浓厚的江湖味道,这是我们整个国家、整个民族都要需要深刻反省的,我这个话不随便讲,你看看周围我们有很多人要把多少精力耗费在揣摩人心上,尤其是花在揣摩领导、老板的心思上,包括送礼怎么送到位,喝酒怎么喝到家,心思都花在这里了。美国人招待你很简单,自助餐,吃个三明治,克林顿也就吃个三明治。所以这方面我们要不要讨论一下全面深化改革。

我收集了一些好莱坞关于未来世界的科幻影片。按照时间排一个序,很有趣。《2012:世界末日》,玛雅人的预测;《2018:魔鬼终结者》;《2019:纽约陷落》;《2020:铁甲钢拳》,未来的机器人大赛,拳击赛。《2032:超级战警》;《2048:地动天惊》,美国政府在南太平洋一千米下的海底发现了一艘有300年历史的神秘太空船;《2054:未来报告》;《2065:最终幻想》;《2074:控制者》,地球上出现了跟人类差不多的机械人和人类开战。《2079:强殖入侵》,科学家发明了对抗外星人的终结武器。《2552:光晕传奇》,那个时候,地球已经有一个名叫联合国太空智慧总署的联合政府,进行行政管理。《2658:第六次世界大战》,我们第三次世界大战都不知道,他们就已经在谋划第六次世界大战怎么打了。《2834:人类终结》,人类开始成群地迁移到外星际去。

希望大家关注一个将来非常活跃的领域,叫机器人产业。大家有没有注意,中央电视台前不久放了一个纪录片,叫《遥控战争》。美国人现在在华盛顿的地下室就可以像玩电子游戏一样,指挥几万公里以外的无人机对你轰炸,给你运输,在航空母舰上起降。所以如果将来中美真有一天发生对抗,我们伟大的中国人民解放军,很可能面临的就是美国的无人机和机器人战士,你打掉它,它马上生产线再生产出来一批机器人。怎么办?所以为什么我们要做青少年机器人夏令营?我们希望更多小孩成为机器人发明家。

你看《星球大战》,全世界的小孩喜欢这两个机器人。美国人就拍了一个女机器人电影叫《大都市》,阿德·施瓦辛格拍了四部《终结者》,拍到第二部,他的片酬就是两千万美元,后来当州长,最近才回到演艺界。《霹雳五号》里机器人和人跳舞,将来警察由机器人代替,《人工智能》里讲将来机器人会不会进化,有思想、有情感,甚至和人谈恋爱。《变形金刚》全世界的小孩喜欢玩,去年《变形金刚Ⅲ》在全球放,票房也非常高。《机器人总动员》里讲将来机器人帮人清理环境。

2049 年的中国会怎么样?

这是我最近正在写的一本书《2049 年的中国》一部分内容。

首先我们以四部美国大片为题材从科技层面来看未来世界。

第一方面:我们要致力开发太空。

太空科技是未来大国必争之地。

1957 年苏联发射人类第一颗人造卫星;1969 年美国阿波罗 11 号把宇航员阿姆斯特朗送上月球,2013 年我们的神舟十号搭载又一个女宇航员飞向太空。2013 年 12 月,中国的月球车“玉兔号”登上月球。但是最近我看到一段话非常窝心。美国前共和党总统候选人罗姆尼讲了一段话,说中国人至少一两年以后才能派人登上月球,去看一看我们在 44 年前插在那里的国旗。这话我听了真的很恼火,但是人家讲得一点不假。人家 44 年前就人登上月球了,人家现在玩登火星。地球到月球两天,地球到火星要 6 个月,这可不是一个水平上的技术差距。而且他们最近在全球征集去火星探险旅行的单程票,准备不回来了,全世界报名了 6 万人,听说中国都有 1 万人报了名。去了不打算回来了,真了不起。我不知道你们中间有没有人去看过美国华盛顿的宇航博物馆。美国人在二三十年前,就已经把一个巨大的长 14.7 米、宽 4.7 米的哈勃望远镜发射到空间。

哈勃望远镜里拍摄的宇宙照片,右下方就是我们银河系的形状

通过哈勃望远镜来看,我们那么庞大的太阳系,不过是银河系里 2000 亿个恒星之一,我们的银河系直径有 10 亿光年,也就是说每秒 30

万公里的光从这端到那端要走十亿年,但在哈勃望远镜里看来,只不过是宇宙中千千万万个星系之一。你说我们这个地球,我们这个社会,我们这一生,在浩瀚的宇宙中是多么的渺小。我们人类进化到至今也不过一百多万年,江豚都生存了二千五百万年了,太阳已经燃烧了45亿年。而我们这个宇宙,已经有138多亿年历史。所以想明白这一点的话,你还和人家吵什么架?我们要开阔我们的心胸。既然宇宙那么广袤,由亿亿万万个恒星组成,几十年来,各国科学家在思考,那么多的太阳,一定能找到和地球差不多条件的行星,上面有高等进化的生命甚至人类,可以称他们外星人。所以外国人做了非常多的外星人的研究,耗费了大量的钱。为什么?如果一旦找到一个外星人,比地球进步了一万年,他们什么样子?他们如果有朝一日到地球上来,友好还是不友好?如果他们要来统治甚至消灭我们人类我们怎么办?所以他们就做了各种各样的想象。写了非常多的科幻小说,拍了几百部科幻电影。

电影《阿凡达》海报

前些年美国拍了一部最成功的科幻电影,叫《阿凡达》。里面所有的飞行器,都是现实生活中没有的,是电脑模拟出来的,这个技术非常重要,叫3D动画模拟技术。背景是我们湖南的张家界和桂林的山水,人家把山拍得悬空了。里面每一个飞鸟,每一个造型,都是想象的,没有实物可以参考的,所以想象非常重要。里面还有很快会在战场上出现的机器人战兵,所以你想将来的战争能够照这样的打法的话，我们该怎么弄？

为什么美国人要拍《阿凡达》这样的电影呢？因为人类的科学家在1939年找到了一种金属，U－235，一公斤大小做出的原子弹，能把一个大城市彻底毁灭。所以几十年来，科学家当然要想象，能不能在自然界和元素周期表里找到更厉害的金属呢？后来才发现，潘多拉行星上，有这样的金属，叫“超导金属”，有这样的矿。那么地球人就要去开矿，发现这个矿是在阿凡达人住的大树底下，所以就去动员人家搞拆迁，阿凡达人不愿意拆迁，后来就打起来。所以原则上，《阿凡达》也是一部讲拆迁的电影。但是这个电影在经济上获得了最大的收益，一共卖了30亿美元的票房，因为它的导演非常厉害，叫卡梅隆。他拍了两部有史以来最赚钱的电影，一部是十几年前大家大部分都看过的，叫《泰坦尼克号》，卖了18亿美元；另一部就是《阿凡达》。当然我很高兴地看到，卡梅隆曾在北京宣布，《阿凡达Ⅱ》将有中国方面的投资。所以你们将来能看到的《阿凡达Ⅱ》肯定会有更多的中国元素，中国资本不但进军华尔街，现在也已经开始进军好莱坞了。

第二个题材，基因克隆技术。

将来人们关注的还有基因克隆。人类很快就可以探讨，怎么样可以活到1200岁。大家仔细看看这部电影，《侏罗纪公园》。开矿找到了一块琥珀，仔细一看有一只蚊子被包埋在里面，后来才知道这只蚊子在几千万年前叮咬过恐龙一口，就在旁边找到了霸王龙的化石。这是一具完整的霸王龙化石。我们在四川自贡、山东诸城也发现过这样的恐龙化石，我们却没有一个人根据它写出故事。电影里，他们去参观一家公司，叫侏罗纪公园公司，其中一个穿短袖衬衣瘸腿的老头，听听他是怎么说的。大堂里摆了个霸王龙化石，这家公司的使命就是要把这样的恐龙给制造出来。为什么我们能把几千万年前的恐龙给制造出来呢？先来听听原理，电影里出现了创始人的复制品，问他我是怎么来的？先要拿你一滴血，因为你的一滴血

电影《侏罗纪公园》海报

里面就有几十万个 DNA 分子。DNA 分子就是复制生命的蓝图和钥匙。通过提取蚊子身体里的恐龙血，就拿到了恐龙的 DNA。注意这张表叫基因图谱，是人类在 2000 年 6 月 26 号才宣告全部解读出来的。每一个人，你之所以长那么高，那么矮，那么胖，那么瘦，那么漂亮，那么难看，将来会不会得癌症、糖尿病，全由你身体里这张表决定，所以我们将来把自己的表读透了，我们就可以改造、提升我们的生命质量。

每人捧了个恐龙蛋，看能不能孵化出小恐龙。这些人急不可待，他们都要冲过去看小恐龙出世。实验室的负责人，是一个中国人的面孔，叫亨利。在美国的生物公司和实验室里面，现在干活的 30% 是华人，但是目前老板大部分还是美国人。所以将来中国经济发达了，我们一定要投资这样的公司，我们是老板，成果首先就要为我们所用。这就是你们下一阶段风险投资可以参与的事情。电影中人们看到一个恐龙蛋在动，恐龙就要破壳而出了，叫里面的小恐龙加油，赶快顶出来。你看，那么大的恐龙，出世的时候就那么小。所以我们要多让孩子们亲眼观察各类自然现象，天文、地理、矿物、植物、动物，培养他们观察自然进而研究自然的兴趣，看到小鸡是怎么从鸡蛋里孵化出来的瞬间，也许你这个孩子就会迷上这门科学，而且可能把一生献给这门伟大的科学。

电影中的老头在讲这番话的时候非常陶醉，这就是成就感、幸福感，这就是幸福指数。推动科学进步的动力。“**追求的过程即是美好**”，追求一个伟大的事业，追求的本身就是很幸福。所以关注小生命，是一件非常非常有趣的事情。所以你们有没有注意到，国外的小孩、大人，大多喜欢饲养小动物，作为宠物，他们在探讨生命的过程和本质。

随着生物科学的进步，英国的人类基因组的负责人约翰·哈里斯爵士在报纸做了一个专访，他说，随着基因科技进步带来的医学进展，未来人类的寿命，很快会比目前增加一倍，并且有活到1200岁的潜力。这是第一次由一个科学家提出来的人类未来寿命的一个预测。美国人干脆开了一家公司，在亚利桑那州斯特斯科市，叫阿尔科。你只要花八万英镑，就可以买一个复活的机会。死了以后，把你冻在一个圆柱形的、亮晶晶的不锈钢的液态空气冰箱里。等将来生物科技发达了，再把你捞出来使你复活。现在世界上有69个人已经冻进去了，还有746个人付了钱，准备将来冻进去。500年以后，再出来看看这个世界什么样，很有意思。我们招商引资，将来应该找这样的项目，这才是有核心竞争力的项目。我拿你一块表皮，拿你一点唾沫，我将来克隆一个和你一样的人。但是你的记忆，能不能拷贝下来，这是另外一个问题。最近有一个电影叫电脑拷贝。电脑将来很快可以拷贝人脑，这个就不得了，这个学问深，所以我们应该好好发展，我们要更多的钱投到这个方面。上次我在清华大学一个工商管理总裁研修班讲这个话题，有两位女老板很有想法和魄力，下课后就来找我，说温老师你能不能帮我们联络一下，我们准备去亚利桑那州跑一趟，问一下阿尔科愿不愿意，我们可以做他们在中国的总代理，现在中国有钱人越来越多，到了七八十岁，每个人都是害怕死亡的，你再有钱，死时和穷人都是一样的，一分钱也带不走，留下遗产弄不好，儿女老婆为争遗产都会打起来，何不趁现在，只要花一百万都不到，就可以买到一个复活机会，这种推销生意在中国恐怕不难做。

第三个题材:未来的机器人世界;机器人。

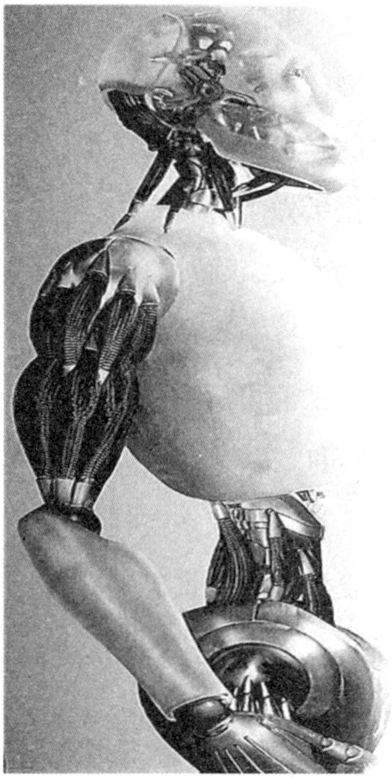
美国科幻电影《我！机器人》海报

通过《我,机器人》这部电影,我们看2036年的芝加哥市什么样?以后请秘书、助理,应该请机器人,耐心好得不得了,没有任何差错,任劳任怨。马路上机器人和人走在一起。还有代人遛狗的机器人、倒垃圾干重活的机器人。机器人在饭店给你端菜、刷碗,陪你的老人聊天,教你的小孩学习。所以将来大家如果从事机械行业、光机电一体化行业的,以后可以参与开发这个领域。我手上很快有一个产品,称得上互动式学习型机器人。可以和你小孩子对话,教小孩数理化,教小孩英语,这在将来会很有市场。这是美国机器人电影中拍摄得最像机器人形的机器人。你们要让你们的孩子多看一些这样的优秀的科幻片,能够大大激发他们对科技发明创造的追求。这个人很快要显形了。这个机器人迷失掉,"我是谁"也搞不清。他被团团包围了。我们在2010年开始、前年、去年,已经连续举办了四届青少年机器人制作训练营,让小孩子花十天时间造出一个机器人,把你喜欢的音乐,编成程序输到机器人里去。

青少年人形机器人制作训练营

第四个题材是新能源。

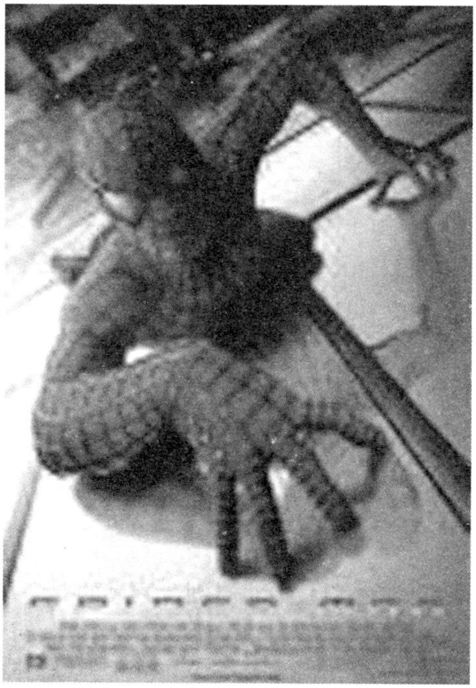

美国科幻电影《蜘蛛侠2》海报

我们注意到现在电动汽车的发展已经到了大爆发前夜，2013年已经被人们称为“电动汽车元年”，现在世界上的汽车用掉了人类开发出的70%的原油。石油造成污染，将来都会改成电动汽车。那么电从哪里来呢？目前中国发电来源70%是煤火电，所以中国成了全世界二氧化碳最大的排放国。我们的总理在哥本哈根会议上向全世界承诺，到2020年我们要削减以2005年计的40%的排放量，现在已经2013年了，压力很大。20%左右是水力发电，5%不到是核电。我认为，将来人类能源最有前途的是受控热核聚变发电，大家注意，就是《蜘蛛侠2》这个电影描写的原理。乒乓球大小的原料，就可以装在你们车里面，把它放在一个磁场里面，用激光把它点燃，它就会慢慢自我燃烧成为一个越来越大的火球。在教授的后面，是条钢腿，是一个机器人装置控制了他。火球已经越来越大，把周围的东西吸引过去为它所用，人类到1939年才搞清楚，太阳就是这么一个火球，太阳为什么燃烧那么多年？它烧的是氢气。电影中，马路上的出租车都被火球吸走了，我们必须把它摧毁，否则它要把纽约市毁掉。教授终于战胜了控制他的机器人，他要亲手毁掉他建起来的装置，为了拯救纽约市。这是美国人最喜欢拍的拯救世界的英雄的片子。这些大片拍得没话讲，把那么高深的科学原理，和男女之间的情感、曲折的情

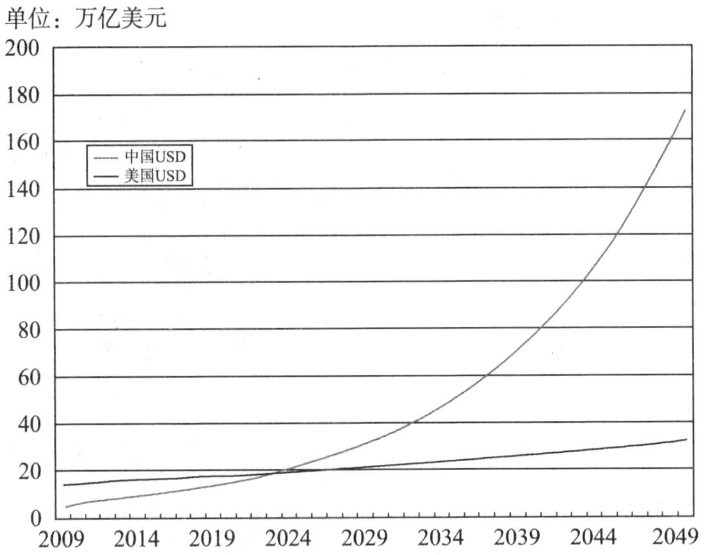

2009～2049 年中美 GDP 增长曲线比较图

节交织在一起,绝对能创造巨大的票房。所以我们需要大大解放我们下一代的想象力。

2049 年的中国经济会怎么样呢?

我从网上下载了一套数据,绘制了一张从 2009 年到 2049 年中国和美国的 GDP 增长曲线比较图。虚线代表中国,实线代表美国。你们注意,现在虚线还在实线下面,去年我们是 8.3 万亿,美国已经接近 15 万亿。大概 2020 年左右,红线能够赶上绿线。如果中美双方都以目前的速度发展,中国 GDP 每年 7% 到 8% 的增长,美国能够保证 2% 到 3% 的增长,到 2049 年,中国的 GDP 总量能达到美国的 3 到 5 倍。大家想想,到那个时候这个世界的格局将发生多么深刻的变化。我们有没有为这样的变化做好所有的准备?

2049 年的中国科技会怎么样呢?

我归纳了 12 个科技领域,我们必须抓紧发展争取领先于世界。

第一个领域,开发新能源,是最最重要的领域。

就是解决未来人类的能源问题。

中国的受控核聚变装置

新能源的最大希望所在恐怕是突破受控核聚变发电。你们知道原子弹核裂变反应受控，就是现在的反应堆，如现在的核电站，我们大亚湾核电站等等。那么将来要解决的是氢弹核聚变怎么受控。它的原料是氢的同位素氘和氚。从海水中可以提取氘和氚作为燃料参与受控热核反应堆发电，科学家计算，一升海水可提取的氘和氚发电产生的能量相当于300公升汽油的能量。你想海水是取之不尽，用之不竭的。所以将来我们人类再也不用担心能源危机。而且我作为一个科学家可以很自信地预测，二三十年之后，我们一定能攻下这个课题。受控核聚变反应投入实用商业化。这个计划叫人造太阳计划，世界上目前只有5个国家研究这个课题：美国、俄罗斯、法国、中国、日本。中国这个计划就在中国科学院合肥等离子体物理研究所研究，当年我就是由于这个项目的名额才调进中国科技大学，因为它是国家超级重点项目。这方面最发达的还是美国，美国的人造太阳计划在美国的加州大学伯克利劳伦斯实验室，而它的负责人，就是一位华裔诺贝尔物理奖获奖人朱棣文教授，他的祖籍是江苏太仓，当然大家知道朱棣文已经被奥巴马任命为美国联邦政府的能源部部长，可见美国对这方面的重视。当然我很高兴地看到，有好几个中国大学的学生，我们中国科技大学也有几个学生，在那里读博士、博士后，所以我们的政府，我们的大学，我们的研究机构，要以更大的诚意，把这些将来最顶尖的人才吸引回国，推动中国的受控聚变反应事业。他们中就会出中国明天的钱学森、钱三强，我们要看到这一点，所以我们都应该为此做一点努力。

第二个领域:垂直高效农业。

农业正在发生一场深刻的革命,美国科学家已经提出“垂直农业”概念。将来农作物逐步就不再长在土地上,会长在大楼里,有美国科学家已经做出预测,将来一栋五十层的大楼里面种的庄稼就可以养活十万人,所以将来像纽约、伦敦、巴黎、东京、北京、上海这样的大都市,只要一二百栋这样的农业大楼就可以解决所有人的吃饭问题。

未来的“农业大楼”

这是中国农科院在北京的蔬菜工厂,每平方米每年可以出产75公斤西红柿,每年每亩就可以出产10万斤左右,每平方米每年可以出产黄瓜100公斤,每年每亩的产量可以高达66000公斤。

中国农业科学院的蔬菜工厂

第三个领域:探索外太空,寻找外星人。

美国的外星人寻找计划叫卡普勒计划,2013年获得了重大突破,就在地球外发现了一颗和地球差不多的类地行星,上面有海洋,有水。有海洋,就可能孕育出高等生命。可惜这颗被称为卡普勒16b的类地行星距离地球有300光年,也就是说,每秒30万公里速度的光要走300年,那我们速度大约每秒18公里的神舟飞船就要飞46万年才能到达那里。

将来的“畜牧业大楼”

从北京猿人飞到今天恐怕还没有到。那人类有没有可能和外星人交往呢？我们要庆幸的是，剑桥大学出了一个当代极其伟大的科学家叫霍金，被称为当代“爱因斯坦”，他写了一本著名的科普读物《时间简史》，提出了一个有趣的“虫洞理论”，他认为时空在空间某种情况下会折叠，形成所谓“虫洞”现象，会形成虫洞。如果我们的火箭能找到这样的虫洞，就可以几分钟几小时穿越虫洞，到达几百、几千，甚至几万光年外的空间。当然这是个假设，还没有实现。也不知道进了虫洞，火箭里面的人会怎么样，但是至少提供了一种可能性。我们中国科技大学也曾经请霍金到我们中国科技大学来讲演，他乘坐的飞机上拆了好几排座位，因为他需要特殊的轮椅。他演讲的时候，需要两个翻译，一个翻译把他的唇语翻成英文，第二个再把英文翻成中文。但是当他进入我们中国科技大学礼堂的时候，我们全场几千人站起来热烈地向他鼓掌超过 5 分钟，向他致敬。霍金是伟大的科学家，我们也需要有这样伟大的科学家来探索宇宙奥秘。

另外这是一幅非常壮观的画。中间有两个小黑点，是到达外太空的人看出来的世界。这是一幅完全想象的画，而这种称为超现实主义美术的艺术流派的画，中国当前是空白。我 20 世纪 80 年代去法国留学时已经注意到这种美术流派，这是科幻电影创作的美术基础之一。中国为什么拍不出科幻片，除了中国太缺乏有杰出想象力的作家、电影导演，同时也与完全缺乏超现实主义美术的画家有关系。所以你们的子女中间，如果有谁喜欢画画，喜欢艺术的话，可以到国外留学这个门类，这个是稀缺人才。这个叫超现实主义美术。美国和西方的科幻片，需要有这样的美术作为基础，就是想象画。

今天不知可否给你们出个家庭作业，请你们中有中小学生孩子的家长，如果你们的孩子有兴趣的话，请画十幅外星人的画，画完如愿意可以寄给我或发给我，我会选最佳的发给美国有名的《PopularScience 科学大众》，如果美国《科学大众》杂志能把你的孩子的画刊登出来的话，你拿了这本

中国嫦娥计划“玉兔号”登月

美国火星计划“好奇号”登上火星探测

杂志,我们给你孩子稍作包装恐怕就能把他保送进麻省理工学院。像麻省理工学院这样的世界顶尖大学目前都在全世界使劲寻找有杰出天赋的苗子。这幅画给你们作为样本,你们知道它是外星人电影《ET》里面一个外星人。那你的孩子就要想象了,我至少已经看到过 20 个不同的科幻电影中间的外星人在我脑海里,但是你要你的孩子,发挥他的想象力。

第四个领域,探索基本粒子世界,研制开发中微子武器。

中国在中微子科学上,已经有重大的突破。2013 年凤凰卫视举办典礼颁奖给对世界最有贡献的杰出华人,其中之一奖给了在深圳大亚湾核电站地下 100 米研究中微子的中国科学院高能物理研究所的研究人员,据说已获得重大突破。我看到日本也正在研制中微子武器。理论上中微子武器可以打掉敌方任何卫星、导弹和航母。我们中国不能落后,所以我把它归纳为一条。怎么才能开发中微子武器呢?有一个视频,介绍的是世界最大的粒子加速器欧洲联合核子研究中心,位于法国和瑞士边境上。我们就需要这样的装置,而这个装置现在中国还没有。这是在法国和瑞士边境的全世界最大的加速器,叫欧洲联合合资研究所。他们在花几十亿美元做一个科学实验,把两束高速的质子进行对撞,要创造新的反物质。

国外一个非常重要的东西,叫做大科学。核电站、跨海大桥,这是大科学。让你喜欢数理化的孩子,多接触这样的题材,他就会产生一种远大的理想和抱负,将来参与这种伟大的事业。有个片子你们可以下载看一看,

中国科学院大亚湾中微子探测装置

很好看的电影,叫《魔鬼与天使》,里面有很多罗马的景观,更主要的是里面提到了欧洲核子研究中心,我们科技大学有几位老师在这个研究中心工作过。你要知道人家是几千人,有一次花了100亿美元做这么一次实验。所以不要认为我们很有钱,我们没有做过这样的事情,也没有这样的装置。中国至少得做这样一个东西,要比它大。然而,谁来策划、谁来设计、谁来施工、谁来建造、谁来使用,谁来让它发挥最大作用?如果你们的公司,将来能够抓住这种工程里面一小块的话,那就是几个亿。而我们应该感到,我们还缺这种领军人才。

第五个领域,叫基因医学,"犯罪基因"的研究。

美国科学家发现有一些美国青少年罪犯身上,有一种犯罪基因。随着基因医学的研究,将来改造罪犯就容易了。将来一查有不良基因,把它剪掉,坏蛋就变成好人,笨蛋就变成聪明人,懒鬼就变成了勤快人。每个人都可以成为美女、帅哥,这都是基因医学。电影《侏罗纪公园》里面,有一个非常长的表,叫人类基因组,每个人都不一样,双胞胎也不一样。你30万个字母排列的,有一段也许决定了你是个美女,有一段也许就决定了你是个傻瓜,另外有一段决定了你将来50岁就会得癌症,这很恐怖。所以基因诊断已经慢慢开始。上海复旦大学有一个联合基因研究所,只要取你一点唾液,放在机器里就可以测定的DNA

美国科学家发现"犯罪基因"

基因图谱。目前至少可以查出你几十种疾病基因缺陷,容易患哪些病。比如说有一种女性比较容易患上的疾病属于基因缺陷,就很可怕,你们可能听说过,叫红斑狼疮。如果有这样的疾病基因缺陷,你就不能吃韭菜和蘑菇。如果你吃了蘑菇和韭菜,就容易诱发这个基因产生反应,而激活机体某个系统,那你就会得红斑狼疮这种可怕的不治之症。世界上人类每年有几百万人死于对自己的基因缺陷无知。所以我们老实讲现在医学其实水平很低,我们连人为什么得感冒都没搞清楚,所以我们希望更多的人来研究医学。

第六个领域,分子设计。

将来我们要设计新的药物、新的材料、新的塑料,我相信二三十年后的汽车不会再用钢板制造,将来会用碳纤维和工程塑料,透明,又轻又薄,叫新材料。药物也是,一种药的发明就可以大大改变人类的命运。当年青霉素的发明,使整个人类的寿命整整提高了一倍。青霉素发明前,全球人类平均年龄只有30岁左右,而青霉素发明后,全球人类的平均寿命一下子就延长到60岁左右了。而利福平和链霉素的发现,把人类从肺结核的死亡阴影中解救出来。现在有三个比较大类的病困扰着人类,第一个癌症,第二个心血管病,第三个器官移植后的排异反应。下个十年,这三个问题解决,人类至少活到200岁。为什么?很简单。你心脏有问题,我抽一点你的干细胞,就能做一个符合你自己基因图谱的人工心脏把病心脏换下来,移植上去。肺坏了,就给你换一个你自己基因的人工肺,就是干细胞做出来的肺,全坏了,干脆拆了大修了。所以这是很诱人的前景。

如果我们的城市要转型,那么全世界哪个城市是样板和标杆呢?美国旧金山市。你知道旧金山市人均GDP是多少美金?45万美金。我们经济最发达的北京、上海、深圳等城市今天的GDP人均刚刚超过1万美金。你说差距大不大?旧金山为什么人均GDP45万美元?因为那里有绝对可以称之全世界IT产业发源地的高新科技园区(Silicon Volley)——硅谷。更重要的是，去年旧金山我一个中国科大的学生告诉我，下一个阶段，美国旧金山准备要投100亿美元，就在旧金山，做一个全球最大的干细胞研究中心。100亿美元，我们有这样规模的科技开发计划吗？就算有钱，你有这样的规划吗？你能找到合适的人才来统领、领导和管理吗？而且你想100亿美元，要请多少人，建立多少研究机构和公司？你得有这种规模，所以我们千万不要认为中国稍微有点富裕了就沾沾自喜，好像不得了了。

分子设计。我当时在加州理工学院工作，要请顶尖的分子设计专家，研制新药，设计新材料，我原来就做这个专业。目前全中国有6000～7000家制药企业和药厂，没有一家企业配置计算机辅助分子设计系统。我们花在研究开发方面的钱太少了。1996年左右我在美国接待当年江苏省一家据说销售额已经达到50亿人民币的民营企业，董事长老板牛得不得了。说他们想做药，因为在中国据说做药利润奇高，比喻如劫道。希望我安排参观世界几个著名跨国制药公司。去了一家公司，叫罗斯制药，罗斯制药蛮有名的，是全球维生素最大生产厂商。到了罗斯，人家用幻灯片一打做介绍，1996年，罗斯制药销售额130亿美元。研究新药的费用，达到19亿美金。你想19亿美元，用于一家公司研究新药。我告诉董事长，1996年整个中国，有6000多家药厂、几十个大学的医学院、药学院、医学研究所、药学研究所，加起来的新药开发经费是5亿人民币。全国及不上人家一个零头。你说差距有多大。所以你有没有注意到，中国为什么没有一个新药能拿到美国的药房去卖。当然中药也有很多很好的，但你没有到达分子水平。我们的制药企业，研发部没合适人，

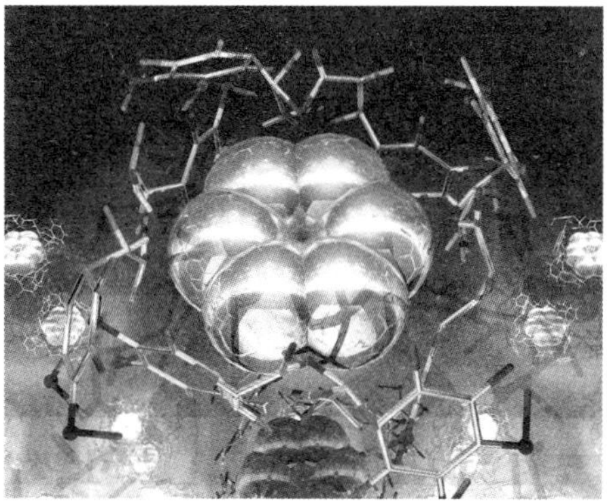

设计新分子、新药物、新材料

至少没高人。我们都是恨不得一年就弄出个新药来,可新药研发这个东西也许五年、十年什么名堂都没有,但是美国就每年几百万、几千万美元养大批人在那里琢磨。所以国外大公司已经开始有人专门找各种奇怪的高人,扔给他们几百万甚至几千万美金,你去玩吧,也不管你是否一定出成果,到年底给个报告就行,大部分什么名堂也没有,他就愿意。100 万 1 个,那就几十个了,这也是一种风险。这是更加早期的天使投资,我们国家需要推广。如果慢慢有更多成功的企业家愿意做这样的投资,那中国的发明创造就会越来越好。

第七个领域叫未来城市。

未来的城市什么样?这方面,有两位中国房地产开发商,做了非常宝贵的尝试,他们都算是我的朋友。一个叫冯仑,北京万通房地产公司董事局主席,这个人被称为中国民营企业家的思想家,写了一本书叫《野蛮生长》,很有思想。他经过了 10 年的探索,要做一个新型城市综合体,一平方公里住 20 万人,他为这个理想奔波了 10 年。

能不能建成?不一定。因为这是完全没有过的探索,一平方公里住 20 万人,所有的工作、学习、上班都要步行,购物、娱乐、休闲,全部在这一平方公里里面。我最近想找他,建议他给我几千平方米,我给他种粮食、蔬菜、花卉和水果。要注意,这种项目你能够参与不得了,你提供电梯也是不得了的生意了,你提供餐饮也不得了。冯仑这个人了不起的,他也有过坎坷,他和我差不多,我们属于一类人,我们都属于什么人呢?属于理想主义者。我要对你们发出一个呼吁,我们这个国家太缺少理想主义者了,都是太实用的实用主义者。所以建议我们多一点理想主

未来城市设计

义色彩，少一点点功利色彩，我们将来就会对人类做出更大的贡献，对祖国做出更大的贡献，我相信这一点。我们哪怕一小部分人推动，做得成做不成不重要。就像《侏罗纪公园》里那个老头讲，每一个小恐龙诞生的时候他都在场，他都很陶醉。什么叫幸福感？追求就是幸福感。不一定得到才有幸福感，有追求就有幸福感。

第二个朋友可能有点不顺利，不很成功。就是皇明太阳能董事长黄鸣，他也是一个理想主义者，一生在太阳能产业拼搏。他做太阳能热水器做得很好，他在他的家乡山东省德州市做了一个以太阳能利用为基本技术的太阳谷。但是他要做太阳能城市。我去过他的企业考察过，看了以后，就知道他可能会遇到困难。我也坦率地跟他讲了，他不一定愿意听我们的劝告，包括我们给他提的改进建议。所以这也是大老板有的时候很要命的事情。因为大老板都是个性非常强的，有一个想法不是轻易能够让他改变的。但是他的追求我非常欣赏。

第八个领域是未来的海陆空交通工具。

这个你们将来可以大量参与。美国人已经造出来会飞的汽车。这个领域非常重要，叫低空开放、通用航空、私人飞机行业的崛起，将带来未来中国万亿市场井喷。从2015年提前到2013年，中央把4千米以下的天空开放。为什么中国私人飞机将来有巨大的机会呢？有人统计，2010年中国只有2609架飞机，现在大概到3千架飞机不到。美国有多少飞机？有22万架飞机。而且98%是私人飞机。中国有多少人会开飞机呢？2237个人。美国有多少人会开飞机？59万人。你说我们的发展空间大不大？你

美国开发的“会飞的汽车”

就做私人飞机俱乐部,已经有很多,但做得都不怎么样。当年开汽车驾校都赚钱,现在开飞机驾校会更厉害。瑞士已经开发出一种完全用太阳能的飞机,2012年已经成功飞跃了英吉利海峡,2013年已经从美国加州飞到了德克萨斯州,航程已达3000公里,据说很快要安排环绕地球整一周的环球飞行。新西兰出了个年轻的发明家叫鲁迪赫曼,他用了13年工夫,开发成了一种海陆空三栖气垫船,可以在低空飞行,可以在水中当船行驶,也可以在地面上当汽车。还有新西兰基督城有家马丁航空器公司开发了背包飞行器,就像电影《钢铁侠》差不多了。今年差不多要投产,要做500个,每个售价5万英镑,200匹马力,半小时可以飞行30英里。还有就是目前花在构思、设计的,未来的原子能飞机,将来乘坐这样的飞机,中国到美国只要2小时。所以大家想想,5年、10年之后2小时就到美国了。所以我们有没有可能,将来风险投资关注这个领域。

第九个领域就是机器人,包括比蚂蚁还小可以进入人体的纳米机器人。

我相信将来会有大批工厂生产机器人,参与人类的各种活动。

我在重庆有一位朋友,原先是做建筑装修的,赚到钱之后,他很爱学习也很爱创新。有一次他看到了一个内部资料,介绍美国正在开发比蚂蚁还小的可以用于战争的纳米机器人。他是个很敏锐也很有魄力的企业家。当即决定他要进军这个领域。到处打听和请教。国内几乎没有人能给他提供任何有效信息,大部分人都从没听说过。他很聪敏,想高科技无非美国最先进。他一张机票飞到美国高科技最先进的麻省理工学院所在波士顿市,就在麻省理工学院旁边住进一家旅馆,天天在麻省理工学院校园里转悠,

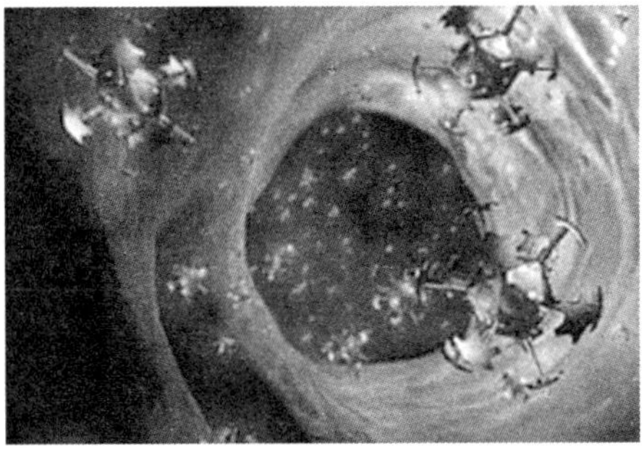

进入人体血管的"纳米机器人"

见到中国留学生后来也有外国师生就请教麻省理工学院有没有懂纳米机器人的专家,结果终于让他找到了这方面的行家,他就虚心诚恳求教学习进修深造,后来又到全世界走访了所有能去的纳米机器人研究机构和专家。最后他从美国结识和最终挖到了一位掌握核心技术的技术专家,把他请到中国,开始建立了中国第一个纳米机器人研究开发机构,几年下来,他们生产出来中国第一个,世界也只有两家能生产的纳米机器人用于医学监测,叫胶囊内窥镜,现在畅销世界 65 个国家,他现在正在做人体试验的是更小的可以进入人体血管的纳米机器人,将来可以治疗冠心病、心肌梗死等,他进一步在研制的是将来可以进入脑血管的更加细微的纳米机器人,将来可以治好脑梗、中风等疾病。胡锦涛总书记出国带过他四次,当年温家宝总理出国他随行过六次,真可谓国宝。

目前全世界只有两家企业能生产这样的医学纳米机器人,一家是以色列在美国纳斯达克上市的上市公司,我当时查时股价 40 多美元,市值 20 亿美元,另一家就是他的公司。

第十个领域就是 IT 最新的领域,云计算、大数据、超级网络。

今天,互联网的出现,电脑、手机、移动互联的发展,使世界发生了翻天覆地的变化,现在只要你有一个手机你就可以和世界上任何一个国家的任何人通话、交流,你只要有一台上网电脑,你就可以了解世界上发生的任何事情,查阅到世界上任何一个图书馆的任何一本书,一篇论文、一篇文章;哪怕你在中国西藏的一个偏僻山村,你照样可以听到世界上任何一个著名大学如哈佛、耶鲁、剑桥、牛津,或北大、清华的任何知名教授的免费公开课。这对教育和科学研究将是一场何等的革命性推进。你的信用卡遗失或被偷盗,联网 ATM 的探头可以方便地查出几号几点几分几秒什么人在哪台 ATM 机上取走了你多少钱?你的车在城市哪里超速、闯红灯、违章,车管所的电脑里都记录得清清楚楚,等你车年检时,电脑给你显示得清清楚楚,不需任何申辩,乖乖付钱就是了。这一切都归功于电子技术、互联网、云计算、大数据、超级网络的发展。电讯、银行的整个客户管理系统,包括ATM系统,包括探头系统,都要大数据管理。所有的资料,无论国家、机构、个人,不管多少,多大都可以存储于云端上,随时取用。甚至可以留给子孙后代或别人和任何感兴趣的人来使用。这样社会的进步和发展将大大加快。

第十一个领域,叫克隆人技术。

你们知道1996年就有成功的克隆羊,技术上来讲克隆人已经不成问题。但是克隆人就有很多道德、伦理这些方面的问题,所以世界上还是禁止克隆人的。但是既然有这个技术,那么它的发展就不可避免了。意大利一个医学家宣告,他的克隆人已经9岁了。那么更重要的是,我们人类有很多基因的缺陷,甚至严重的基因缺陷,所以将来怎么样消除这些缺陷,人类要不要研究如何成为优良品种,也是非常值得研究的问题。将来都是优良品种,都是体格健全、智慧睿智的各方面优秀的人才。有一本科幻小说很可怕,说有一个科学家在实验室里面秘密复制了76个希特勒。当然复制76个爱因斯坦就好了,因为爱因斯坦DNA还保留着,他的大脑被储存在福尔马林里面。

第十二个领域叫海洋开发。

我们这个世界,我们这个家园——地球,71%的面积是海洋。人类已经70亿人口,很快要到100亿,吃饭将来哪里提供?怎样供应?陆地上的可耕地已经很有限了。所以将来人类一定会进军海洋,向海洋要食物、要矿产、要资源、要能源。受控核聚变,海洋就是取之不尽、用之不竭的能源所在。食物也是这样,海洋食物多得不得了,关键是怎么样为我所用。这两年,全国像山东、浙江、江苏等都在发展蓝色海洋经济区,这个领域将来范围很大。我知道一个数据也很惊人,日本海洋开发全世界最先进,仅仅开发的土地、增加的国土就有5万平方公里,所以这个空间很大。现在国家鼓励你开发滩涂,因为滩涂上面啥东西都种不出来。所以你将来能够把农业项目搞到滩涂上就没有问题。不浇水，它是用营养液循环的，那就不得了。

2049年中国教育会怎么样呢？

我们也做了展望。至少到2049年全世界领先的100个大学，中国占一半不为过。世界上最好的20所大学，中国至少应该占1/3，这是我们一个小小的愿望，也是国家应该做到的。将来应该培养出一大批诺贝尔奖获奖人。而且中国崛起的经验和模式，要被全世界发展中国家和欠发达国家学习和追随。我这几年非常有兴趣的是研究怎么样培养未来中国政商学领袖和杰出人才，这里面有八个板块，是我们的教育制度需要解决的。这也是目前中国教育体制并没有解决好的课题。

第一个板块，怎么让我们的孩子有远大的理想、抱负和高尚的情操、道德。

这是个大问题。现在有些人，把孩子弄到深山老林里面搞一个学校，读《弟子规》、读国学，也是一种探索。从《弟子规》开始，因为《弟子规》非常重要的，就是教育孩子要孝顺父母，这是为人的首要一条。现在小孩都很叛逆。孝顺父母，这可是中国的优良传统。不知道你们有没有听说过，日本有一个非常有名的私塾学校，叫“松下政经塾”。据说日本很多杰出人才都是从这里出来的。它请了很多政商领袖，给中小学生讲课或做讲演。美国大学也有不少是这样做的，普林斯顿大学、纽约大学都会安排诺贝尔奖获得者给大学一年级的新生上基础课。我们当年在中国科技大学也曾经是这样，中国科技大学当年，华罗庚上一年级高等数学课，钱学森讲普通物理学课，中国科学院各所所长都兼中国科技大学各门基础课程。因为这样就可以让小孩子非常喜欢这些课程。我有一个清华的朋友，他原来也希望让孩子进清华、北大，认为清华、北大总也不错。后来孩子到纽约大学留学，这个孩子半年以后回来探亲，一句话，把他当教授的老爸给镇住了，他说老爸，我在纽约大学念书，半年就听了三个获诺贝尔奖老师的课。

半年就三个,你说你清华、北大的学生,一年能听一次诺贝尔奖获奖人的课吗?十年都碰不到一位。这就是教育的差距。听诺贝尔奖获得者讲课,也许就会让小孩产生一个伟大的理想,我将来要做机器人,我将来要当宇航员,我将来要造武器,对不对,小孩都是这样的。我小时候迷上化学就是因为看了一本书,叫《元素的故事》,你们可以找来看一看。这本书写得非常好,是苏联的科普作家写的。还有一本书也是俄国人写的,叫作《趣味地球化学》,讲宝石的来历,也很有趣。我高中时受了一本书的影响,就是《居里夫人传》。还有参加青少年科技活动,做小火箭什么的。我家里当时很穷,妈妈一个月给我一块钱零用钱,但是我在家里做了一个小实验室,有的时候花六毛钱买一个试管,买一个烧杯。后来在代数课上发生爆炸,因为我要做焰火,我要把发令枪里面的火药提纯。但是我那时小不懂,就在青霉素瓶里面用钢笔去粘,一粘手都烧伤了。这把代数老师吓坏了,因为上着课炸起来了,隔壁都认为这个楼塌掉了,后来我差点受处分被开除,但是这丝毫没有影响我对科学的热爱,所以我成了化学迷。我到高中不得了,可以难倒我的化学老师。我是权威,因为我已经进修了大学一年级的化学课程。但是我相信,我是开启了自己发条的玩具娃娃。我爸爸妈妈没什么文化,我完全靠自己追求。教育孩子有一句名言,你们一定知道,叫"每一个孩子都是天使"。这句话讲得非常好,我的比方是每一个孩子都是一个电动娃娃,重要的是你把发条找到,把它拧上,让娃娃自己动。但是可悲的是,目前我们的教育制度,我们的大部分学校,我们的大部分家长,我们的大部分老师,没有找到这个发条,没有把它拧上。

第二个板块,怎么样培养孩子的毅力、意志、体格。

现在男孩子都像豆芽菜,女孩子全骨感,这都很可怕,弱不禁风那怎么行。所以我说,将来女孩子要阳光灿烂,男孩子要高大伟岸,就要锻炼。中央电视台有一位主持人讲到前不久他在日本东京一个小学看到一群9到10岁左右的女孩子,小学生在练习剑道课,不轻的木剑在戴着头盔的头上、身上互相劈刺，有时也很重，但是他看到这些日本女孩非常认真地练习，劈重了也丝毫不叫苦，他深感到担心我们的孩子将来恐怕不是她们的对手。

第三个板块，要教学习方法，读万卷书、行万里路。

现在互联网技术发展如此迅速，知识爆炸的速度越来越快，越来越重要的事情是掌握获得知识的能力和途径。将来越来越重要的是要提高学习力，而不是灌一大堆知识，上网啥知识都能找到。给他一个渔网，而不是给他一条鱼。

第四个板块，要让他们奋斗中有标杆，有偶像。

我记得好多民营企业老板都崇拜李嘉诚；很多科学家都崇拜钱学森、居里夫人；很多发明人崇拜爱迪生；政治家崇拜毛泽东、周恩来、林肯；IT 业者崇拜乔布斯、比尔·盖茨；搞金融的崇拜巴菲特。注意读他们的传记和文章，看描述他们的电影和故事，这样受影响的人将来就可以逐步成为各领域的杰出人才、领袖人物。

第五个板块，我们中国小孩是弱项，叫 Communication Skill，沟通技巧。

要学会如何讲演、表达、谈判、筹款。所以我们很快要开一个课程，叫一分钟公众讲演技术。你看我们很多官员，邀请他参加各种活动，请他讲几句。他上台讲一些套话，人家很讨厌，恨不得把他哄下去。你请外国政要讲演，他一般都能幽默起来，一般都讨人喜欢，时间控制得也非常好，一分钟一秒钟都不多。我现在也很注意这一点，参加各种活动，10 分钟的讲话我一秒钟都不多。这种技术要训练，你掌握好了，可以找到很多朋友，很多人会对你有好感，这是很重要的。我做了多年夏令营，发现我们很多小孩现在毛病很多，很自私，很孤僻。怎么样能够让大家喜欢你？这是需要教育和锻炼的。

第六个板块，创业、经济、理财。

两年前有一个女孩跟我们去夏令营，这个女孩很了不起，高中就和一个女伴开了一家咖啡馆,赚了钱。去年她考上了沃顿商学院。为什么?因为她有这段开店的经历,沃顿商学院非常欣赏。所以实践活动很重要。外国大学生凡是学财经的、金融的,都有炒股比赛。你设计一个100万的投资组合,然后3个月、6个月以后,看你100万变成多少。第一名给10万美金奖学金,所有的好大学抢着要。所以国外大学不是光念书。人才哪里来?成千上万海选,对不对,全国10万大学生参加炒股比赛,第一名冒出来的,有天分。所以投资人就找这样有天分的人。在美国找工作很简单。你只要拿出3份给客户炒股的记录,连续3年回报超过15%,你就能轻巧地得到一份年薪30万的基金经理工作。你们的孩子,你敢不敢把他扔到华尔街,从给他3万、5万开始,让他打拼?而基金经理就是这样才能练出来。不是什么书本里大学里教出来的。

第七条,发明创造,艺术创新。

我们要组织各种活动,制造机器人,制造航空模型、航海模型,作文比赛等,还有小记者比赛,写专访。我们现在的中小学生,时间大部分都被自觉和被迫地贡献给了应付各类考试。绝大部分不能参加各类能激发和培养他们创造力和思考能力的课外活动、社团活动、科技活动、文化创作和文艺表演活动。欧美、以色列等教育发达国家完全不是那样。他们的学生也是有考试的,但是他们完全不像中国学生那样有那么大的应付考试的压力和时间安排。我听过一个科技部副部长关于以色列教育的报告,他说以色列人告诉他以色列的小学的理念就是在玩中学,小学基本上以玩、游戏、游览为主,根本没有家庭作业。没有考试也不重视考试,代替考试的是各种能力和素质的测试。观察学生将来朝什么方向发展。英国有一个十岁的小女孩发现了一颗超新星,这个小女孩喜欢天文学,有一位在天文台工作的亲戚,跟着亲戚到天文台去玩,慢慢就学习和使用天文望远镜观察天象,这个小女孩很细心,她居然注意到了有一颗星星亮度发生了变化,当然后来是大人帮助她确认了这颗变化了亮度的星星是一颗超新星。结果这个小女孩发现了这颗超新星。

在美国，中小学生夏令营和冬令营的活动有一本砖头厚的大开本书介绍。美国有千百种各类机构学校、各类热心资助人举办的各种科技的、文化的、社会的竞赛，鼓励孩子们参与和竞争，也可以从中选拔出未来的优秀人才。其中中学生最有名的叫英特尔科学竞赛，原先叫西屋科技大赛，无非原先西屋电气是赞助商现在换成了英特尔芯片公司。美国评价一家优秀中学很重要标志，一就是多少学生能进入美国前100名，前30名，前10名或哈佛、MIT、耶鲁、斯坦福等顶尖名校，二就是多少学生在英特尔这类大赛中参加决赛或获奖，像著名的纽约斯蒂文森中学、布朗科学高中等校，而哈佛、MIT、斯坦福确实每年从这些大赛优胜者中选拔未来杰出人才。

第八个板块，电影课教学法。

我们有一个合作伙伴，可能你们有些人知道他的名字，叫雷祯孝。他是北大毕业的，是中国人才学创始人，专门研究人才成长规律。以前胡耀邦总书记曾经非常赏识他。现在我们合作，准备在中国推动中国电影课教学法。他收集了6万部电影，家里有很多存储服务器，第一步归纳出69部世界名人传记电影给小孩看，其中有《爱因斯坦传》《居里夫人传》《比尔·盖茨传》《华盛顿传》《林肯传》《达·芬奇传》，这些人都是小孩的标杆。我们非常希望能够推动这样的研究，希望更多人来参加。

未来的人类交流。

讲一个案例，大家都知道。这个脸上长了一些雀斑的小伙子，今年才27岁，八年前他19岁还是哈佛大学二年级的学生。在哈佛大学的学生宿舍里面，捣鼓一个新生照片和简历的网站，叫Facebook。短短8年，这个网站成长非常迅速。去年销售额15亿，公司估值恐怕超过1000亿。他去年5月份上市，2013年他的身价已经超过150亿美金。最近有人给他写了一份传记，叫《Facebook效应》，好莱坞给他拍了一个故事片，叫《社交网络》。所以我今天推荐，家里有小学、中学、大学学生的家长，带着你的孩子，一起读一下这本传记,读一下这个 28 岁小伙子的传记。看一下这个小伙子的传记电影《社交网络》,我相信对你孩子未来的成长有益,如果对你孩子有启示,会产生难以想象的作用。他会讲中文,因为他的女朋友,现在已经结婚了,他的老婆是中国人。他为了讨好他老婆的外祖母,刻苦学习了汉语,汉语讲得不错。前不久和他女朋友,那时还没有结婚,到中国来考察互联网市场。首都机场下飞机,很难想象,背了双肩包,一对年轻的美国男女。有人说他会成为未来的世界首富。26 岁,比当年的比尔·盖茨还年轻。

第六章

中国未来十大财富新机遇

1. 未来十大财富新机遇解析
2. 只有不断学习提升我们才能更加成功

——企业可持续发展的“十轮驱动”模型

1. 未来十大财富新机遇解析

下面探讨一下中国经济未来的十大财富的新机遇,我用七种颜色来标注未来的中国经济的未来,这样比较形象。

第一种叫绿色经济浪潮,那就是新能源、绿色食品、节能减排。尤其是绿色食品、绿色能源,绿色建筑。随着人们生活水平的提高,人们对食品的要求越来越高,要求没有任何化肥、农药和其他有害物质的污染,而且高品质。将来的能源会越来越摒弃石化能源、煤炭和石油,而采取新型不产生污染的太阳能、风能、核能等,建筑也会采用绿色能源的结构。将来都会有很大的发展空间。你要看能不能把你的业务慢慢和这些方面挂钩。

第二个叫白色经济浪潮,那就是老龄化、银发族社会,健康养生的消费升级。

中国正在和很快会进入老龄化社会,中国的商业化养老产业刚刚开始,甚至连个雏形都没有,这是个有多大发展空间的领域。

第三个叫金色经济浪潮,那就是投资理财。千千万万的老百姓怕通货膨胀,希望自己的资产保值增值,希望有可靠的专业人士帮他们理财,这里面有巨大的服务空间。将来企业需要普遍资本运营的服务,要上市,尤其未来的创业板,新三板,上了市之后还要有管理,怎么使公司的股票股价高高飘扬,这是对上市公司的提升要求。

第四个叫红色经济浪潮,那就是女性、小孩的教育升级,教育培训事业越来越深入发展。

第五个叫蓝色经济浪潮,海洋开发,海洋经济,中国有几千公里的海岸线,将来人类一定会越来越多地利用海洋获取食物、能源、矿产,甚至居住空间。这方面有很大的空间。

第六个叫银色经济浪潮，高新科技产品、网络、基因、纳米。智能手机、Google 眼镜、智能手表、智能汽车等等，层出不穷，这都将一次一次地彻底改变人们的生活方式。

第七个叫象牙色经济浪潮，文化产业、艺术产业、时尚产业。2012 年中共中央还专门召开了一个全会，专门要发展文化产业，因为中国有 14 亿人，文化的消费越来越大，大家看到 2012 年我国电影票房突破了 150 亿，2013 年突破 200 个亿，但是我们这个数字跟美国比还差得很远。美国才 3 亿人口，就有 4 万多块银幕，我们搞了那么多电影院，到现在才只有 8000 多块银幕，你想我们差别有多大，所以这个电影院还有很好的前景。

中国人正在迎接第五次财富浪潮。

第一次，1979 年，邓小平提出一部分人先富起来，当时城里出现了个体户，农村出现了专业户，社会出现了万元户，这是中国最早富起来的一批人。

第二次浪潮，20 世纪 80 年代加快双轨制，倒卖批文，这就是中国腐败的开始，愈演愈烈。最近习近平总书记讲了，我们腐败再不治的话将来就要亡党亡国，他说得非常非常重。

第三次浪潮是 20 世纪 90 年代开始的炒股票，股份制改制。我注意到 7781 个亿万富豪中间 80～90% 以上都和上市公司有关。

第四次是房地产开发造就了中国数量最多的富人。

当前，第五次财富浪潮的机会在哪里呢？我认为有四大话题，第一个叫“国退民进”，这就是十八大以后中国民营经济新的机会。第二个就是城镇化，千千万万人将来要创业，你若能给他们提供一个创业的机会，你就会成为一个非常重要的创业提供商。第三要注意品牌，中国是制造业大国，但仍然是品牌的小国。第四，有条件的话继续走出国门，走国际化发展道路。

中国未来十大财富新机遇

第一,将来要有更多的企业争取上市进入资本市场尤其是创业板。

因为创业板一年造就了中国400个亿万富翁,成为中国当前最庞大、最快速的造富机器,创造了一系列上市造富的神话。智飞生物,董事长叫蒋仁生,一上市现在有90亿的身家。何许人呢?是原来广西灌县卫生防疫站副站长,我看到这家公司以前都不知道灌县在中国哪一个角落里,但是他的公司现在已经成为中国最大的育苗生产厂商。乐普医疗,是夫妻创富,夫妻两人双双成为亿万富翁。华谊兄弟就是兄弟创富,兄弟两人双双成为亿万富翁。天龙集团更厉害,叫全家总动员,董事长冯毅8.8个亿,有8个家族成员,10个人股票身价超过10个亿,所以这家公司不得了,一上市就使10个家族成员变成亿万富翁。浙江还出现了娃娃富豪,向日葵有一个6岁的股东,他有139万。浙江有个22岁的女孩子朱泽瑞有2.75亿的身价。所以全世界看到中国这几年确实出现了令人眼花缭乱的创富神话,涌现了一大批成功的创业者。

"中国私募投资的金手指"——沈南鹏

上海人,早年曾是数学竞赛中的佼佼者,一直被认为是数学天才。高中毕业以后,进入上海交通大学学习,在校期间曾担任学生会主席。1989获得上海交通大学的学士学位。

本科毕业以后,到美国进行深造,先后在哥伦比亚大学数学系、耶鲁大学学习MBA,并在耶鲁取得硕士学位。在创建携程旅行网之前,沈南鹏在纽约和香港的投资银行业工作了八年多。在1996年前,沈先生在美国汉华银行、雷曼兄弟证券和花旗银行的投资银行部门工作。

红杉资本中国基金创始及执行合伙人。携程旅行网的创始人及董事,2003年底在纳斯达克上市。他也是如家连锁酒店的创始人及董事长,2006年成功登陆纳斯达克。他也是中国最大的户外媒体企业分众传媒及中国最大的房地产服务公司易居中国的投资人及董事。

财富:2011年《理财周报中国3000家族财富榜》估计沈南鹏财富为86.1亿人民币

2004年4.5亿,2005年5.1亿,2006年7亿,2007年16亿,2008年29亿,2009年20亿,2010年30亿,2011年70亿,2012年30亿(新财富)

要在创业板上市门槛并不高，需要2年利润超过1000万，或两年营业额增长超30%。但是中国符合这个条件的企业有4万家，现在有850家在北京排队等上市。那么你怎么办？能不能插队？能不能提前？所以你就要研究你的题材，叫“七新三高”，即新经济、新技术、新能源、新材料、新增长、新农村、新商业模式，以及高成长、高科技、高附加值。当然，令人鼓舞的是，最近有一个专家说五年以后中国创业板的上市加速，超过沪深两市的主板，所以这方面中国又开了新三板，开了地方股权交易市场。所以大家应该更有信心地雄心勃勃地争取将来成为上市公司。

这两年中国的私募股权投资资金（PE）风起云涌，现在有7千多家，因为它创造了全世界投资回报最高的一种“都是效益”，平均3年回报7.5倍。而美国的私募只能2.4倍，美国在纳斯达克上市平均的回报也不过3.6倍，所以越来越多的资金进入PE。当然，PE现在已经没那么好做了，PE中间做得最好的被称为中国私募投资的金手指，就是当年我在华尔街认识的沈南鹏，他当年是雷曼兄弟公司的高级经理，回到中国来创业。第一家上市的叫携程网，原来就是我们的客户，在网络上订酒店和订旅馆的一家服务公司。沈南鹏因为在美国那边很熟悉，把它包装成携程网在美国上了市，这个过程我估计他赚到了几千万。有了几千万，第二个案子他自己就是投资人，投了一家一星级的酒店，叫如家。一上市，因为他自己是投资人，我估计他赚了几个亿。下面就发展很快了，他现在差不多40个亿身价，投了几十家企业，有两个企业很成功。一个是做杀毒软件，叫奇虎360。他放进去700万美金，3年以后就变成3.37亿美金，回报了48倍。第二个是重庆一家炸鸡店叫乡村鸡，他放进去650万美金，出来变成5200万美金，回报了8倍。所以这样的投资吸引了千千万万的手上有现金的人去参与。

郭凡生:批量制造百万富翁

年龄:50

教育:大学(中国人民大学)

主要公司:慧聪集团

公司总部:北京

第一次上市:慧聪国际(8292. HK),2003 年 12 月 IPO

主要行业:信息服务

20 年来,一位理想主义者一直进行着他将知识转化为财富的实践。

政府官员郭凡生在 1984 年写作了一本书,《企业管理案例分析》,这是中国第一本案例分析式的书籍,他为此得到了 1 万元稿费,这位当时 29 岁的北京人证明,在 80 年代的中国,通过知识可以成为万元户。

20 年后,他是一家市值上十亿美元的香港上市公司创始人及首席执行官,他试图证明,在他的公司里,知识可以创造出上百个百万富翁。他又一次如愿以偿。

总部设在北京的慧聪国际资讯有限公司为郭凡生一手缔造。2003 年 12 月,当这家民营企业在香港挂牌上市,有 126 名员工因持有足够份额股份而一下跨入百万富翁之列。"慧聪是中国内地上市公司中诞生百万富翁最多的企业。"皮肤黝黑的郭凡生说话直接而干脆。这并非意外,而是印证了郭凡生一个持续近 20 年的设想——股份制。

财富:2006 年《新财富中国富人 500 人榜》估计郭凡生财富为 6. 5 亿人民

2004 年 5 亿,2005 年 6. 2 亿

第二,和国际接轨的高科技。

这里面很复杂,有一些专业的概念,什么云计算、物联网、三网合一、基因、纳米等等,但是我们不要迷信,关键是能不能找到关键的人,他能掌握这些技术。

丁磊,是中国第一个网络首富,他的成功鼓励了千千万万搞技术的人,把技术变成财富。你现在也可以找这样的人。这个大胡子叫吴鹰,他从美国回来就带了一样小东西到中国推广,叫小灵通手机,通过小灵通手机的推广他们的几个人的身价都超过了 10 亿。第三个是做中药的,李大鹏,提取里面的多糖,做成一种注射液,癌症病人做了化疗、放疗以后一定要打这个针保护白细胞。他的聪明之处就在于找到了美国的风险投资,给了他一笔钱做美国的 FBA 的三期临床实验,他就把中国的药带入美国的风险主

吴鹰:从30美元到70亿

出生年月:1959年7月

出生地:北京

教育:硕士(美国新泽西理工大学)　本科(北京工业大学)

主要公司:UT斯达康

公司总部:加利福尼亚阿拉梅达

第一次上市:纳斯达克-UTSI UT斯达康(2000年3月)

主要行业:通讯设施、器材

作为海外学子创业精英,作为第一家在美国纳斯达克上市的由海外留学生创办的高科技通信公司总裁,吴鹰率UT斯达康公司首次在高新技术国际周上亮相便赢得众多媒体与观众的注意力,被称为与诺基亚董事长奥利拉、小超人李泽楷等人齐名的十大热点人物之一。

财富:2003年《福布斯中国富豪排行榜》估计吴鹰财富为15.4亿人民币

2000年11.4亿,2001年8亿,2002年12.3亿,2003年15亿,2004年8.3亿,2005年6亿,2008年8亿

李大鹏:中药国际化领军人物

出生年月:1950年1月

出生地:温州

教育:大学(上海医科大学)

主要公司:浙江康莱特集团

公司总部:杭州

主要行业:药品

"创业者无论胜败,必须意守丹田,不乱阵脚。当我们出现重大波折或潮起潮落时仍然要闲庭信步。"李大鹏。一个经历过生死考验的人;一个当自己处于生死边缘,仍不肯将自己的医药研究拿去卖钱,以换取生命的人;一个创业不息,不上财富榜,却因亿元捐款被宣布为中国十大慈善企业家的人——浙江康莱特药业有限公司董事长李大鹏。目前,康莱特注射液在美国开始进入Ⅲ期临床试验,俄罗斯卫生部则在近期批准康莱特在俄上市。这将是以中药为原料作为处方药进入美国市场的"零的突破",标志着中药走向世界实现了重大跨越。

财富:2006年《福布斯中国富豪排行榜》估计李大鹏财富为12亿人民币

2003年2.5亿,2005年4.9亿,2006年5.5亿,2007年8亿

流市场。由于有风险投资的投入,他的身价就有对价,开始两年还是5.1个亿,2006年变成了12个亿。如果FBA能够批准其成为新药的话,这个数字大概还要乘以3~5,因为美国一个新药可以卖10亿美元。所以将来

中药怎么样能够进入美国FBA的临床,将来怎么能够成为美国主流市场的产品,仍然有非常大的空间。

做人工合成胰岛素,基因重组胰岛素的通化东宝老总李一奎,他关键请了两个海归,一个担任科研主管,一个担任销售主管,他的身价2006年提高到了16亿。

第三,产业化、集约化的高新农业。

很重要的模式就是公司加农户,公司加农场加合作社加激励加农户。成功的有做牛奶的蒙牛乳业,他一家公司解决了全国20万牧民养奶牛卖牛奶的问题,给蒙牛养一头奶牛一年可以有4千块的利润,养个三五头就是小康,养几十头以上就是富人。我在内蒙古见到过一个给蒙牛养了100头奶牛的人,这个牧民蛮幽默的,跟我讲,说我们给蒙牛养奶牛挺省力,因为种牛都是蒙牛提供,每天的牛奶蒙牛来限期收购,饲料蒙牛派车运,生病蒙牛派医生来给牛看病,牛粪全部可以卖给蒙牛,他说他每天只需要陪奶牛散散步就可以了,一年就赚40万,两年就是百万富翁。所以牛根生当年不得了,老牛走出了火箭的速度。

李一奎:演绎东宝王国新辉煌

出生年月:1951年5月
出生地:吉林
教育:大学(北京大学)
主要公司:通化东宝集团
公司总部:吉林通化
第一次上市:通化东宝(600867),1994年6月IPO
主要行业:制药

通化东宝集团迈上了国际生物制药的前沿,其研制生产的人胰岛素产品,不仅填补了我国生物制药空白,而且使中国成为世界上第三个可以生产人胰岛素的国家。东宝人胰岛素产品的工艺已申请国际专利,在国际市场上大显身手,目前已签订的合同近亿美元。东宝集团聘请留美博士甘忠如担任科研主持。聘请拥有丰富国际事务工作经验的留瑞博士李兆琦先生实施国际市场的拓展工作。

财富:2001年《福布斯中国富豪排行榜》估计李一奎财富为16亿人民币
2003年4.8亿,2004年6亿,2005年5.8亿,2013年14.9亿

郭浩:中国农业的一条深藏大鳄

出生年份:1955 年
出生地:福建
教育:初中
主要公司:超大现代农业控股(www. chaoda. com)
公司总部:福建福州
第一次上市:香港主板——0682 超大现代农业控股(2000 年 12 月)
主要行业:有机农业
财富:2008 年《胡润中国富豪排行榜》估计郭浩财富为 60 亿人民币
2001 年 19. 3 亿,2002 年 17. 8 亿,2003 年 18. 2 亿,2004 年 21. 7 亿,2005 年 27. 8 亿,2006 年 41. 6 亿,2007 年 37 亿,2008 年 31. 3 亿,2009 年 42. 3 亿,2010 年 44 亿,2011 年 32 亿

第二个就是种菜的郭浩,就在福建,种的菜出口到日本、韩国。他在香港上市拿到 6 亿港币,第二年增发股票又拿到 10 亿港币,第三年增发股票又拿到 5 亿港币,短短三年他在香港的股市就拿到了 20 亿港币,所以他的发展速度就非常快。他在湖北种 30 亩地,而且他种的菜全是高档品,全部出口,所以人们称他是中国农业的一条深藏大鳄。

这是我的本家温鹏程,养肉鸡的,在广东省云浮市新兴县。现在他养了 4 亿只鸡,3. 5 万户农户给他养,他是广东西部最成功的企业家,香港人

温鹏程:新兴"温氏模式"

出生年月:1962 年 10 月
出生地:广东
教育:高中
主要公司:广东温氏食品集团
公司总部:广东云浮
主要行业:畜牧业
1984 年高中毕业后,集资 8000 元办养鸡场开始创业。
独特经营模式——"温氏模式",以工业化模式发展农业。2004 年,温氏集团销售额达 55 亿元,养鸡 7500 万只。
财富:2011 年《胡润中国富豪排行榜》估计温鹏程财富为 34 亿人民币
2004 年 8. 9 亿,2005 年 9 亿,2008 年 8 亿,2009 年 10 亿,2013 年 8. 5 亿

吃的肉鸡一半是他提供的。

第四,创新房地产开发。

我们最近刚刚给几家比较大的房地产公司做了战略咨询,有三个重要的创新,因为房地产公司现在压力也很大,政策打压,贷款很难,产品有的时候卖不动,怎么办?我认为要有三个重要的突破,第一个叫拿地模式的创新,第二叫产品和业态的创新,第三叫资金和来源的创新。

产品业态的创新讲几个概念。第一个,北京、上海、广州、长沙、南京、武汉、哈尔滨都可以开发这个产品,叫超小户型公寓。你们知道一般中国房子的小户型是只有60平方米,超小户型是指15~30平方米。而在国外,新加坡有24平方米的公寓,在英国,伦敦市中心有只有5.6平方米的公寓。我在国外住过这个房子,国外是现成的概念叫STUDIO,照样有洗手间,有厨房,5.6平方米,很紧凑。5.6平方米你单价再贵,整个房子总价都贵不到哪里去,所以我们应该大量地开发这样的超小户型公寓,给城市的白领、刚结婚的小夫妻住,将来有了钱再换大房子。我在美国就看得很清楚,买房是分阶段的,随着收入的提高换房换车,这也加速流通。

第二个概念就是和休闲旅游结合的房地产开发。中山的雅居乐在海南三亚开发的清水湾,青山绿水,最多时一年卖了60亿的房子,使三亚的房屋单价从4千涨到3万。我们各地都有很多机会来开发这样的旅游休闲房地产。国外有一个新的概念,叫分时度假房地产。还有就是到海外去做房地产,山西一家做纺织的集团叫天利集团,在非洲的毛里求斯岛国做了一个中非商贸城,也是一个商业地产,210公顷的甘蔗园,将来还要做工业区,成为中国对非洲出口的一个重要的加工和贸易基地。因为毛里求斯是一个免税港。我们的温州人在埃及,在巴西,在东欧,在俄罗斯,在柬埔寨,在越南,都开始做这样的房子,这是一个有魄力的人可以做的一个非常重要的项目。

这是房地产资本运营做得非常成功的潘石屹,抓住了2007年民营企

潘石屹：中国房地产巨擘

出生年月：1963 年 10 月

出生地：甘肃天水

教育：大学（石油管道学院）

主要公司：SOHO 中国

公司总部：北京

主要行业：房地产

在 Panshiyi. com 网络上"老潘其人"这样介绍："潘石屹，人称老潘，甘肃天水人，身不高，体不壮，头发不浓密，但身手头脑均敏捷矫健。年龄未及不惑，吃过'文革'的苦，享过改革的福，故能上能下，可屈可伸。"而在"2001 年中国经济年度人物"候选人介绍里，另有如下描述："潘石屹，北京红石实业有限公司董事长。在中国房地产界，他不是最有钱的，他的红石公司也不是规模最大的，但他无疑是最会吸引人眼球的。"

财富：2007 年《福布斯中国富豪排行榜》估计潘石屹财富为 285. 3 亿人民币

2003 年 8 亿，2004 年 12. 3 亿，2005 年 15. 9 亿，2006 年 15 亿，2007 年 16 亿，2008 年 248. 6 亿，2009 年 97. 5 亿，2010 年 122. 7 亿，2011 年 163 亿，2012 年 150. 3 亿，2013 年 181 亿（新财富）

业在香港上市的最后一次机会，把他的公司在香港上市，他的财富就从 15. 9 个亿一下子变成 270 个亿。他也是在一年内增长了十几倍，增加了 254 亿财富的人。

第五，连锁经营特许加盟。

这里面非常重要的模式就是连锁经营特许加盟，全世界做得最成功的就是麦当劳的模式，麦当劳在全球开了 4 万家，建了 7 个汉堡大学培养人才。中国模仿它，做得比较好得有温州的服装生产厂商报喜鸟，全国开了 2 千多家。福建的七匹狼，江苏的红豆，在全国开了 3 千多家。鞋卖得比较好的有温州的红蜻蜓，在全国开了 2 千多家，专门做三四线城市。深圳卖鞋的店中店百丽全国开了七八千家，福建卖运动服饰的 361°和特步，开了上万家。餐饮做得好的有味千拉面和小肥羊火锅，味千拉面现在有五六百家，小肥羊火锅已经超过 8 百家。我们大卖场做不过麦德龙、家乐福、沃尔玛，超市做不过美国的 seven-eleven。我们还有空白，像美国有名的 1 美元店,中国有类似的,但做得非常不规范,美国的1美元店有几千家,卖的是便宜货,尤其最近经济不景气的时候生意非常好。

这是我们帮助过的小肥羊火锅,5万块钱起家,买来了一个配方叫不蘸小料的涮羊肉。包头做成功以后进军北京、上海,短短5年全国开了500家连锁店,比较混乱。这个时候它请教了我们,我们无非给它介绍了麦当劳的管理模式,因为我们和麦当劳的中国负责人有过交往。麦当劳给每一个加盟商四大本手册每一本都有两块砖头厚的手册。第一本叫投资手册,什么样的地方可以开麦当劳。第二本叫管理手册,麦当劳怎么开,你只要严格照着它做就能成功。第三本叫产品管理手册,麦当劳的产品每一样怎么做,写得非常详细。第四本叫员工管理手册,麦当劳的每一个岗位怎么

张钢:中国餐饮市场领头羊

出生年月:1964年10月
出生地:内蒙古包头
主要公司:小肥羊集团
公司总部:包头
第一次上市:香港主板——0493(2008年6月)
主要行业:餐饮连锁

20岁即在包头钢铁厂担任工人的张钢,天生喜爱做生意,受不了工厂一成不变的生活,于是利用业余空档从呼和浩特批来新款服饰在街上叫卖,“10天居然就赚了300元,当时月薪不过十几块”。初尝甜头的张钢干脆提出辞职,先断了自己的后路,正式踏上创业旅程。

一张配方启蒙了餐饮连锁大亨。1998年初,经常利用出差之便尝遍各地美味的张钢,发现一家极具特色的火锅店,老板将涮羊肉直接放进调好味的一锅汤里,完全不用蘸料,味道仍是鲜美异常,这又触动了他的商业灵感,“若配上咱们内蒙古的小羔羊,岂不更具商业价值”。当下张钢毫不犹豫,掏钱买断了这张有四十多种材料的配方,立即奔回包头请了五六位厨师与中医师,进行改良试验,并请朋友前来品尝论断,费时整整一年,终于独创出集结了六十多味中药材的汤头。内蒙古资源加上了全球连锁经营的观念和方法,小肥羊终以王者之尊于内地餐饮业崭露头角。直至去年底,小肥羊的营业额与店数均击败了中国地区麦当劳,仅次于学习对象的肯德基,位居中国连锁餐饮百强的第二名,中式连锁餐饮打败西方巨鳄,这在中国还是头一遭。

财富:2007年《胡润中国富豪排行榜》估计张钢财富为16亿人民币
2006年8亿(胡润榜)

设置，什么职责。所以麦当劳很少有不成功的。张钢悟性很好，如法炮制模仿，最后做到735家，成功地在香港上市，在香港被称为中国火锅第一股，他的身价一下子就跳到30个亿。

第六，文化、娱乐产业。

你们知不知道一部电影可以卖几十亿美元，《星球大战》甚至可以创造两百亿美元的财富，因为美国一部大片后面有八个工业与它配套。

电子游戏；1983年～2005年，全世界出了120款“星球大战”的游戏。

图书；亚马逊书店出了3772种和“星球大战”有关的图书。其中，30年间出了19部与“星球大战”有关的小说，发行6500万册，翻译成40多种文字出版。

漫画；美国漫画巨头奇迹公司出版了107卷星际漫画。

玩具；1978年～1986年美国玩具凯纳公司推出了115种和星球大战有关的玩具，卖了2.5亿件，由于要支付巨额的专利费，1987年另外一家玩具商接棒，数量不会少于这个数。

下面还有音像制品、音乐、巧克力豆等等。所以从《星球大战》大家可以看到，它一个电影可以创造几百个亿财富。

《哈利·波特》就更厉害了，创造了一千个亿美元的财富。《哈利·波特》的作者是英国一个穷困潦倒地带着两个孩子领救济金为生的单亲妈妈罗琳女士，在咖啡馆里写小说。当时她写出小说以后，有人把它带到美国拍成电影。现在这个罗琳女士拿到的专利费收入已经超过了10亿美金，有人说她的现金比英国女王还要多，就是一本小说创造的财富奇迹。所以我们可以看到这个文化产业有多大的空间。

文化传媒做得很优秀的是凤凰卫视董事局主席刘长乐和他的合伙人“世界媒体大王”澳大利亚小报记者出身的传奇企业家默多克。

第七，旅游，广义的服务产业。

服务产业的含义非常广泛，我认为这是下一个阶段具有最大发展空间

刘长乐:凤凰八载长乐未央

年龄:54
出生地:上海
教育:北京广播学院本科
主要公司:凤凰卫视
公司总部:香港
第一次上市:凤凰卫视(8002. HK),2000 年 6 月 IPO
主要行业:传播媒体
1951 年 11 月生于上海。1953 年随父母到北京。
下过乡。后进工厂。1970 年从军。

1980 年 11 月调入中央人民广播电台。历任记者、编辑、新闻评论员及高级管理人员。并就读北京广播学院。

1988 年投身商海。第一桶金来自原油贸易,做石油制品买卖中间商很快完成原始积累。一年后,赴美发展,1990 年到香港。1996 年 3 月 31 日,旗下今日亚洲有限公司,与"卫星电视"及"华颖国际"有限公司合作创办凤凰卫视

财富:2013 年《胡润中国富豪排行榜》估计刘长乐财富为 55 亿人民币

2003 年 16 亿,2004 年 24.7 亿,2005 年 24.7 亿,2006 年 32.3 亿,2007 年 33.1 亿,2008 年 13.6 亿,2009 年 28 亿,2010 年 39.5 亿,2011 年 42.2 亿,2012 年 41 亿

的领域。中国巨大的制造业目前面临严重的产能过剩,唯一的出路是转型、升级和创新,转型的最重要途径是退二进三,就像中国经济刚起飞时的退一进二,从农业转向制造业一样,现在需要大批劳动力从制造业转向服务产业和行业。

婚介,你们知道有一个介绍对象的网站叫世纪佳缘,在美国上市融资了 1 亿美金。

保姆、家政服务、留学服务、理财服务、医疗服务,还有大量的各式各样的服务,因为中国的服务水平是非常低的。

旅游,做得最成功的就是杭州的宋城集团,做主题公园,做成了中国最大的旅游民营企业。它现在想做这么一个题材,就是乘坐五星级的油轮环游世界,到南极洲。我们有这样一个项目,前两年一个叫毕淑敏的女作家带着她的儿子在日本的横滨才买到了这样一张票,20 万不到,沿这条路线

黄巧灵:旅游市场,谋“势”为王

年龄:47

出生地:浙江丽水

教育:大学

主要公司:宋城集团

公司总部:浙江杭州

主要行业:旅游

第一次上市:未

访谈背景:7月19日,奥丽安娜号豪华邮轮正式在星海湾开园纳客。作为这座海上主题乐园的投资方,中国最大的旅游民营企业——杭州宋城集团,在为大连增添一处景观的同时,已经将其势力范围拓展到了北方。随着这支外埠资本的抢滩登陆,大连旅游市场的竞争格局也为之一变。

财富:2011年《胡润中国富豪排行榜》估计黄巧灵财富为65亿人民币

2001年12亿,2002年12.5亿,2003年16亿,2004年5.8亿,2005年8.5亿,2006年6亿,2007年12亿,2011年39亿,2012年32.4亿,2013年65亿

绕世界一周,其中有大西洋、太平洋,144天。我看了这个项目之后立刻跟我老婆讲,我说我们这辈子无论如何干它一回。后来很多老板也很感兴趣,说项目很好,但144天时间太长,公司不用管了。后来我跟旅行社商量,22天就可以走完这条线,就是大西洋、太平洋坐飞机,这就很多人愿意去了。我们很多人小时候都想周游世界,你没有周游过,现在可以让你周游世界一周,22天度一个假。所以这种市场非常大,到南极洲可以去看大冰山看企鹅,外国人就喜欢搞这种东西。

物流。重庆有个做得非常成功的叫每日鲜,你只要在网上下个单,用手机发个短信,10块钱的菜,第二天就可以从菜地送到你的家门口。10块钱一袋,四种菜,如果在北京,市场价估计20块,深圳至少20块,你可以自己挑,你也可以买单样。它已经做成功了,我们正要把它拷贝到北京,如果谁有兴趣可以拷贝到深圳,深圳绝对有这样的市场。将来你如果掌握几千个高端用户你就不得了了,你这个物流就值钱了,这样的人家,深圳多了去了,就海岸城这一块就不得了,一个社区比一个社区大,而且量一

大,物流成本就下降了。现在菜到居民家里有 4 ~5 个环节,将来把 2 个环节就可以了,你的利润就来了,所以这就是物流一个非常有趣的要解决的问题。

第八,教育培训。

中国教育培训市场2009 年已经有 2 千亿的市场。

这是培训做得最成功的新东方的俞敏洪,也是 2013 年热映电影《中国合伙人》的原型人物。被北京大学除名出来,骑了一辆破自行车,提了个糨糊桶,在北大、清华和中关村周边的电线杆上刷他的广告,第一次来了两个学生,见到他们夫妻两个人,以为遇到了骗子,交了钱都没去上课,但是他们的托福课讲得非常好,慢慢学生就多起来,就赚到了钱。赚到钱后俞敏洪很有远见,后来到美国、加拿大请了三个当年北大的同窗好友,一个叫徐小平,一个叫王强,一个叫包凡一,这三个人和他一起把新东方慢慢做起来,他们有很有远见地使新东方在美国股票上市,成为美国股市中的中国教育产业第一股,一上市俞敏洪 22 个亿身价,徐小平 6 个亿,现在俞敏洪

俞敏洪:新东方传奇

出生年月:1962 年 10 月

出生地:江苏江阴

教育:大学

主要公司:北京新东方教育集团

公司总部:北京

主要行业:教育、培训

俞敏洪,江苏省江阴市人,现任新东方教育集团董事长。其人博闻强志,娴于辞令,幽默儒雅。他精通英语,尤工词汇,一本“红宝书”在业内有口皆碑,并主编了多套实用教学光盘,成为中外颇负盛名的英语教学专家,由他创办的新东方学校目前已经占据了北京 80%、全国 50% 的出国培训市场,年培训学生超过 15 万人次,国外的留学生 70% 是其弟子,由于他对留学教育专业的杰出贡献,被社会誉为“留学教父”。

财富:2011 年《胡润中国富豪排行榜》估计俞敏洪财富为 95 亿人民币

2006 年 22.4 亿,2007 年 58.1 亿,2008 年 47.9 亿,2009 年 59.4 亿,2010 年 63.5 亿,2011 年 70.3 亿,2012 年 48.2 亿,2013 年 64.7 亿

大概有60个亿人民币身价，徐小平有二十几个亿。所以新东方的故事大家好好看看，这个成功案例可以启发我们很多人在管理上提升。

祝义才："肉食大亨"的胃口

年龄：41
出生地：安徽
教育：大学（合肥理工大学）
主要公司：江苏雨润食品集团
公司总部：江苏南京
第一次上市：香港主板——0735东成控股（2002年4月）
主要行业：肉制品，房地产

祝义才，连续两年入选《福布斯》中国内地首富排行榜的江苏雨润集团老总。1989年他手拿200元下海做水产生意，1992年创办雨润，九年时间把资产仅300万元的小工厂发展成拥有总资产18亿元、年销售收入31亿元、利税4亿元、出口创汇330万美元的集团型大企业。今天，几乎在全国各大城市的超市里都可以见到"雨润"的肉制品。

财富：2011年《新财富》"中国500富人榜"估计祝义才财富为230亿人民币

2001年8.8亿，2002年15.8亿，2003年10亿，2004年11.2亿，2005年34亿，2006年52.9亿，2007年87.7亿，2008年66.3亿，2009年129.7亿，2010年210亿，2011年144.5亿，2012年102.7亿，2013年158.6亿

第九，企业并购。

世界出现了5次并购浪潮。中国慢慢也开始学习企业并购，中国股市中的并购也越来越活跃起来。中国最成功的并购成功者要数江苏雨润，做火腿肠的企业，1989年祝义才只有200元下海做水产生意。9年时间，把300万的小工厂发展成30亿的大企业。我多次到过南京，碰到过雨润的高管，每次他们都跟我讲，我们雨润是学习型的组织，我们老板是最爱学习的老板，所以我们才能有今天。

第十，走向世界、跨国运作。

过去我们欣赏海尔，短短5年时间在130个国家建立了销售网络，在14个国家建立了生产基地。

这几年我们很欣赏的是天津做保健品直销的天狮集团的董事长李金

元。他的产品再简单也没有了,主要产品是钙片,起个好听的名称叫“高钙片”。销售方式叫直销。他们后来商量了好久,决定杀到北方到俄罗斯去做保健品传销,这批人也真有本事,居然在语言不通的条件下最终把几十万俄罗斯人全弄在一起,吃中国生产的保健品,我看过一个天狮集团给我的宣传片,在圣彼得堡一个体育场,几万俄罗斯男男女女在看台上手举鲜花,向体育场跑道上站立在敞篷车上的他们的领袖人物李金元欢呼。在俄罗斯成功后,李金元有转战欧洲,英国、法国、德国,一个一个国家的市场被他攻下,2002 年 12 月 10 日,李金元在国际公关公司策划下,在德国首都柏林做了一个盛大的活动“天师全球销售精英颁奖大会”,他也真有魄力,在会上李金元发了一百辆宝马轿车,43 艘游艇,31 架家庭私人飞机,6 栋豪华别墅,这个奖颁发后,全欧洲乃至全世界震惊,一百辆宝马轿车在大街上

李金元:借美国俄罗斯玩转中国天狮

年龄:44
出生地:河北沧州
教育:硕士(工商管理)
主要公司:天狮集团
公司总部:天津
主要行业:保健品
第一次上市:天狮生物(TBGU),2003 年收购
搞传销传到了俄罗斯卖企业卖到纳斯达克
借美国俄罗斯玩转中国天狮李金元身家看涨 5.74 亿美元

李金元通过自己控股的反向收购了 SGKA。在收购前,SGKA 公司股价仅仅是 3 美分。从 2003 年 9 月,收购完成之后,SGKA 公司的股价开始飙升。到 2004 年 1 月 12 日,据 OTCBB 的收盘报价,SGKA 每股已经高达 11.00 美元———仅仅 3 个多月,股价劲升了 360 多倍!

而李金元持有 6650 万股 SGKA 股票,按每股 11.00 美元计算,价值高达 7.31 亿美元。

财富:2013 年《胡润中国富豪排行榜》估计李金元财富为 290 亿人民币

2001 年 12.5 亿,2003 年 13 亿,2004 年 24.4 亿,2005 年 25.8 亿,2006 年 42 亿,2007 年 31.3 亿,2008 年 13.6 亿,2009 年 41 亿,2010 年 40 亿,2011 年 74.2 亿,2012 年 56.7 亿(福布斯)

列陈驶过,43 艘游艇在江河中编队行进,31 架私人飞机在空中编队飞行,好架势,谁搞那么大动静,一个中国人叫李金元,做保健品的老板,欧洲人,慢慢全世界人都认为李金元的天狮就是中国的安利。李金元抓住这个机会在华尔街买壳上市,买的壳叫 SBKA,当时股价才 3 美分一股,但是这时全世界的炒股人都已经知道,这个股票由于已经由一位中国安利入主了,纷纷进来抢,股价就开始飙涨,短短 3 个月居然涨了 360 倍。李金元拥有 6500 万股 SGKA 的股票,他买时 3 美分一股,总共也不过 200 多万美元,但涨了 360 倍后就完全不同了,李金元的身价一下子就变成了拥有了 7 亿美元,当时近值 50 亿人民币,后来他的股票涨到过 150 亿人民币,成为福布斯中国富豪榜前 20 名。李金元的这个案例可以成为我们一生做企业资本运作的成功案例典范。

2. 只有不断学习提升我们才能更加成功

——企业可持续发展的"十轮驱动"模型

可持续发展的"十轮模型",这是我们对中国管理界的一点小小的贡献。

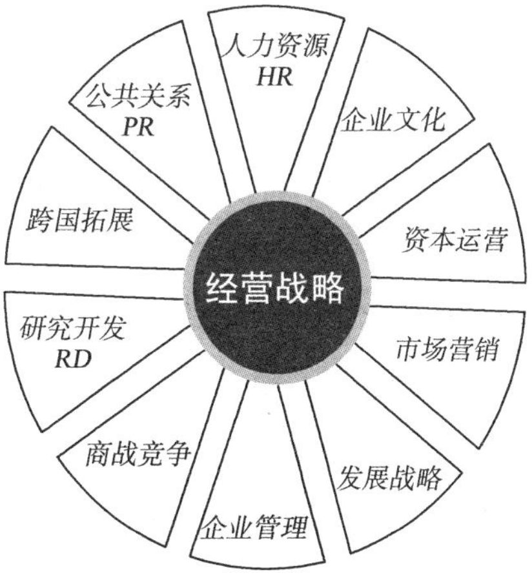

什么是中国企业的"短命"现象的解决之道?中国企业家素质要继续提高,中国企业家的生态环境要改善。中国企业家的素质在全球来讲是偏低的,需要提高的。中国企业大部分处在需要变革的阶段,我们要打造企业的核心竞争力,企业要有战略观念,企业的核心人物要有活力,老板掌门人要有超前意识,企业要培养创新能力,企业对内部和外部各种资源要素要有越来越强的整合能力。

怎么样提升核心竞争力?怎么样寻找自己的蓝海?核心竞争力的要素是什么?

六大要素:资本结构、产业结构、组织结构、人才结构、产品结构、股权结构。所以你要找专门的人,给你来解决这些问题。我们曾经提出过一系列的解决方案,提出了十轮驱动的模型。第一块就是战略管理,企业要研究发展战略,要制定战略,要执行战略。第二,要制定资本运营方略,怎么样用别人的钱来发展自己,争取上市,发行债券、并购。初级阶段、高级阶段,就是行业的整合,包括把自己卖掉也算一种战略。运用各种投资工具。

中国企业短命现象

短命企业、短命企业家现象:

中国民营企业平均寿命2.9岁

太阳神下山、飞龙折翅、巨人倒下、首富首骗、秦池醉倒、三株枯萎、爱多生病、水仙花败、金鳗之死、亚细亚落日、小霸王别姬、瀛海威换帅、联想弃将、方正逼宫、四通变局……

中国企业家总体素质急需提高!!!

中国企业家生态环境急需改善

中国企业家常见误区和病症

老板误区、金融运作、投资决策人力资源、组织架构、研究开发

中国企业诊断

"水桶理论"——找出短板!

第三,市场营销策略,怎么样设计产品,怎么样做品牌,怎么样建销售网络,怎么样控制成本,怎么样开发新产品。第四,生产管理,ERP,SCM,CRN,精细化生产管理。第五,研究开发,组织、经费、人才,我认为关键的是人才、产品。第六,商战竞争,不断研究竞争对手,商业兵法。第七,注意公共关系,非常重要,你要维护好各方面的关系,危机公关、媒体公关、政府公关、

金融公关和跨国运作的公关。第八,企业文化,学习型组织,管理精神,投资员工。第九,人力资源,不断网罗优秀人才,建立淘汰制度,绩效考评,股权激励制度。

中国呼唤一代职业经理人,现在非常缺乏优秀的职业经理人,我们就要注意培养。第十,跨国运作走出国门,将来成为跨国企业。八个可以争取的市场:南美洲、非洲、拉丁美洲、中东、东欧、俄罗斯、东南亚新兴国家、南亚。

我们对未来有一点期望。要高度智慧地实际推进政治体制改革,教育体制改革也是非大手笔推进不可;经济体制改革的"国进民退"和"国退民进",发展民营企业;从一部分人先富起来到更多的人富起来,真正总结出中国崛起之道,为人类进步做出更大的贡献。

最后送给大家一个"二十字方针",是我多年来对企业的成长的一点心得的结晶。五句话,很好记。

第一句话叫**体制创新**。不要讲太远,两个体制都需要创新,一个叫绩效管理体制,一个叫股权激励机制,就是"金手铐"制度。把它建好了,就能不断吸纳人才,维系人才,激励优秀人才。

第二,**核心竞争**。就是好好研究你的蓝海战略,寻找到蓝海你就会比较自在,将来赚钱就会比较轻松。

第三,要做到这点需要**广招人才**,老板千万不要有武大郎开店的心态。优秀的人才如韩信带兵,多多益善。招聘、造就、培养,把更多的人送来参加培训,变成优秀的管理者。

第四,抓住当前**资本经营**的大好机会,政府推动,希望你上市,鼓励你上市。

第五,**跨国运作**,有条件的话走出国门。

后　记

我之所以写这本书是由于我亲历了36年来中国改革开放进程的许多经历，1994年我从美国著名的加州理工学院进入纽约华尔街工作，从一个化学家转型为一个金融、管理领域的专家。

1997年我回国创业，逐步创建了一个小管理咨询公司，十多年来也直接咨询服务过近一百家中国企业，其中也包括了后来很有名的优秀企业如海尔、蒙牛、中石油、海信、广药、美的等等，结识了中国三十多年来一批优秀的企业家如王石、马云、牛根生、冯仑等人。我也目睹了三十多年来中国的崛起和中国财富的崛起。

1998年以来由于我的讲演题目新颖、内容丰富、信息量大、颇有见地很受欢迎，各地就请我到处讲演，清华大学两个机构聘请我任特聘教授，我在清华大学为180多个工商管理类研修班授过课，为北京大学40多个工商管理类研修班讲过课，也为复旦大学、上海交通大学、同济大学、浙江大学、南京大学、中山大学、四川大学、武汉大学等几十家全国著名大学做过讲演，另外我这十几年来在各种国际性论坛、全国性论坛和各种地方性论坛讲演数百次，结识和交往过的企业家恐怕超过10万，深入交流过的企业家恐怕也有上万。从他们身上学习到和见识到了很多宝贵的优点、长处和突出的个性。这也大大补充了我讲课和讲演的内容、特点和亲临境界感。

这也是本书内容的特点。当然本书有些对一些企业家的经历和状况的描述由于非直接调查,可能也会有不准确之处,敬请各位多多谅解和包涵。

希望本书能为正在奋斗还想上进的企业家提供启示,为正在创业的有志青年提供榜样和参考,为正在学校学习的学生提供一些鲜活的当代案例。

温元凯

2014 年 12 月

附　录

2014 年中国富豪排行榜总汇前 102 名

序号	姓名照片	年龄	企业名称	财富及出处	文化程度	资本运行状况	创业过程	行业
1	 马云	50	杭州阿里巴巴公司	1500 亿《胡润榜》2014、620 亿《福布斯》2014 433.1 亿《福布斯》2013、250 亿《胡润榜》2013 200 亿《新财富》2013、9.4 亿《理财报》2013 214.2 亿《福布斯》2012、150 亿《胡润榜》2012 100 亿《新财富》2012、100 亿《胡润榜》2011 75 亿《新财富》2011、121.5 亿《福布斯》2011 80 亿《新财富》2010、110 亿《胡润榜》2010 79 亿《福布斯》2010、80 亿《胡润榜》2009 30 亿《新财富》2009、88.8 亿《福布斯》2009 42.2 亿《福布斯》2008、29 亿《理财报》2008 55 亿《胡润榜》2008、59.4 亿《新财富》2008 67.5 亿《福布斯》2007、67.5 亿《福布斯》2007 50 亿《胡润榜》2007、41 亿《新财富》2007 28 亿《福布斯》2006、40 亿《胡润榜》2006 41 亿《新财富》2006、30 亿《胡润榜》2005 29.97 亿《福布斯》2005、5.3 亿《新财富》2004	大学 杭州师范学院	2005 年收购雅虎中国 2007 香港 IPO 2014 年 9 月美国上市	中国最早的互联网网页制作公司，后去北京 & 外贸部合作电子商务。1999 年回杭州，员工凑 50 万，其中马云占 20 万，再次创业 CTOC 网站阿里巴巴	电子商务
2	 王健林	60	大连万达集团	1450 亿《胡润榜》2014、1350 亿《胡润榜》2013 540 亿《新财富》2013 860.1 亿《福布斯》2013、460 亿《新财富》2012 504 亿《福布斯》2012、650 亿《胡润榜》2012 255.7 亿《福布斯》2011、450 亿《胡润榜》2011 430 亿《新财富》2011、350 亿《胡润榜》2010 401.1 亿《新财富》2010、260 亿《福布斯》2010 72 亿《新财富》2009、239 亿《福布斯》2009 290 亿《胡润榜》2009、160 亿《胡润榜》2008 25 亿《新财富》2008、57.1 亿《福布斯》2008 50 亿《胡润榜》2007、20 亿《新财富》2007 25 亿《福布斯》2006、25 亿《福布斯》2005			退役军人，负债起家。1988 年组建万达集团，2001 年订单地产	房地产、电影院线
3	 杨惠妍(女)	33	广东顺德碧桂园集团	1300 亿《胡润榜》2007、329.8 亿《新财富》2013 338.2 亿《理财报》2013、510 亿《胡润榜》2013 439.2 亿《福布斯》2013、277.2 亿《福布斯》2012 330 亿《胡润榜》2012、235.7 亿《新财富》2012 277.4 亿《理财报》2012、360 亿《胡润榜》2011 246 亿《新财富》2011、287.7 亿《福布斯》2011 325.3 亿《理财报》2011、234 亿《福布斯》2010 240 亿《胡润榜》2010、247.2 亿《新财富》2010 196.9 亿《理财报》2010、310 亿《胡润榜》2009 160.3 亿《新财富》2009、266.3 亿《福布斯》2009 308.9 亿《理财报》2009、151 亿《福布斯》2008 330 亿《胡润榜》2008、798.6 亿《新财富》2008 407.1 亿《理财报》2008、1211.5 亿《福布斯》2007 455.1 亿《新财富》2007	留学生(美国俄亥俄州立大学)	2007 年香港 IPO 上市	父亲杨国强是广东顺德碧桂园房地产开发公司创始人，开发著名别墅楼盘“碧桂园”。杨惠妍留学美国俄亥俄大学营销专业，接班父亲公司和股份	房地产

续表

序号	姓名照片	年龄	企业名称	财富及出处	文化程度	资本运行状况	创业过程	行业
4	 宗庆后	69	杭州娃哈哈集团	1250亿《胡润榜》2014 1150亿《胡润榜》2013、683.2亿《福布斯》2013 700亿《新财富》2013、800亿《胡润榜》2012 630亿《福布斯》2012、228亿《新财富》2012 680亿《胡润榜》2011、165亿《新财富》2011 415.5亿《福布斯》2011、534亿《福布斯》2010 130亿《新财富》2010、800亿《胡润榜》2010 90亿《新财富》2009、327.7亿《福布斯》2009 270亿《胡润榜》2009、88.4亿《福布斯》2008 180亿《胡润榜》2008、77亿《新财富》2008 75亿《福布斯》2007、260亿《胡润榜》2007 55.2亿《新财富》2007、57亿《福布斯》2006 47.5亿《新财富》2006、80亿《胡润榜》2006 24.8亿《新财富》2005、65亿《胡润榜》2005 9.6亿《福布斯》2005、20.2亿《新财富》2004 27.3亿《福布斯》2004、19亿《胡润榜》2004 13亿《福布斯》2003、16.4亿《新财富》2003 12亿《胡润榜》2003	大专		祖籍浙江杭州，1945年10月出生于江苏宿迁。 1963年，初中毕业后为了减轻家庭负担，宗庆后去了舟山一个农场，几年后辗转于绍兴的一个茶场。1978年，随着知青的大批返城，33岁的宗庆后回到杭州，在校办厂做推销员，10年里辗转于几家校办企业。1989年，借款14万创建杭州娃哈哈营养食品厂，任厂长。1991年，企业产值首次突破亿元大关，达到2.17亿元。此后，娃哈哈迈开了“西进北上”步伐，先后在全国29个省市自治区建立了160多家分公司。2010年9月，宗庆后以财富800亿元成为胡润全球百富榜2010年中国首富	饮料、童装
5	 李河君	47	汉能	1250亿《胡润榜》2014 130亿《胡润榜》2013				太阳能、风电、水电
6	 马化腾	43	深圳腾讯集团	1085亿《胡润榜》2014 622.2亿《福布斯》2013、620亿《胡润榜》2013 466.6亿《理财报》2013、405.1亿《新财富》2013 410亿《胡润榜》2012、254亿《新财富》2012 354.2亿《理财报》2012、403.2亿《福布斯》2012 347亿《新财富》2011、340亿《胡润榜》2011 393.2亿《理财报》2011、274.9亿《福布斯》2011 334.2亿《新财富》2010、294亿《福布斯》2010 320亿《胡润榜》2010、247.5亿《理财报》2010 169.7亿《理财报》2009、245亿《胡润榜》2009 100亿《新财富》2009、259.4亿《福布斯》2009 107.4亿《福布斯》2008、131.5亿《理财报》2008 126.9亿《新财富》2008、125亿《胡润榜》2008 120亿《胡润榜》2007、101.9亿《福布斯》2007 64.3亿《新财富》2007、42.7亿《福布斯》2006 40亿《胡润榜》2006、20.9亿《新财富》2006 20.9亿《福布斯》2005、19亿《胡润榜》2005 12亿《新财富》2005、3.5亿《新财富》2004	大学 深圳大学		1971年10月29日出生，广东潮阳县人，腾讯主要创办人之一，于1998年11月创办腾讯。其公司代表作腾讯QQ，为在中国大陆范围内影响力最大的个人网络即时通讯软件之一，一般外界称他QQ教父，曾在深圳大学主修计算机及应用，于1993年取得深圳大学理学学士学位。1998年和好友张志东注册成立“深圳市腾讯计算机系统有限公司”。2009年马化腾当选中国经济十年商业领袖，腾讯入选《财富》“全球最受尊敬50家公司”	即时通讯服务

续表

序号	姓名照片	年龄	企业名称	财富及出处	文化程度	资本运行状况	创业过程	行业
7	 李彦宏	46	北京百度公司	1050 亿《胡润榜》2014 677.1 亿《福布斯》2013、349 亿《新财富》2013 410.9 亿《理财报》2013、500 亿《胡润榜》2013 510 亿《胡润榜》2012、510.3 亿《福布斯》2012 422 亿《新财富》2012、386 亿《理财报》2012 470 亿《新财富》2011、560 亿《胡润榜》2011 536.5 亿《理财报》2011、588.1 亿《福布斯》2011 480 亿《福布斯》2010、156.7 亿《新财富》2010 360 亿《胡润榜》2010、180 亿《胡润榜》2009 198 亿《福布斯》2009、100 亿《新财富》2009 116.2 亿《理财报》2009、115.6 亿《福布斯》2008 160 亿《胡润榜》2008、159 亿《新财富》2008 148.9 亿《理财报》2008、180 亿《胡润榜》2007 64.1 亿《新财富》2007、175.9 亿《福布斯》2007 51 亿《福布斯》2006、35 亿《胡润榜》2006 38 亿《新财富》2006、49 亿《胡润榜》2005 43.2 亿《福布斯》2005、20 亿《胡润榜》2004 10 亿《新财富》2004、8.3 亿《福布斯》2004	硕士 纽约州立大学 大学 北京大学	2005 年美国 NASDA	1987 年,19 岁上北京大学;1991 年,去美国纽约州立大学;1997 年,创业;2000 年,创办百度	搜索引擎
8	 严介和	54	江苏太平洋建设集团有限公司	850 亿《胡润榜》2014 180 亿《胡润榜》2013、 100 亿《胡润榜》2011、120 亿《胡润榜》2010 120 亿《胡润榜》2009、100 亿《胡润榜》2008 100 亿《胡润榜》2007、8 亿《新财富》2007 75 亿《胡润榜》2006、7.3 亿《新财富》2006 34.5 亿《新财富》2005、125 亿《胡润榜》2005 4.9 亿《新财富》2004、15 亿《胡润榜》2004	高中	2003 年收购 ST 纵横	1960 年生于江苏淮安,曾从教从政十年,官商领袖十年,私营老板十年,历任国有、外资、集体、民营、上市公司"掌门",先后成就了上百家企业。其中收购、重组、整合了几十家倒闭、破产、停产的国有企业,横跨十几个产业。被评为全国"光彩之星"、中国经济十大新闻人物	路桥、市政设施
9	 张茵(女)	57	广东东莞玖龙纸业	770 亿《胡润榜》2007、174.5 亿《新财富》2013 40.9 亿《理财报》2013、270 亿《胡润榜》2013 57.6 亿《福布斯》2013、42.5 亿《福布斯》2012 200 亿《胡润榜》2012、121.9 亿《新财富》2012 105.5 亿《理财报》2012、57.5 亿《福布斯》2011 280 亿《胡润榜》2011、300 亿《新财富》2011 180.9 亿《理财报》2011、287 亿《新财富》2010 140 亿《福布斯》2010、380 亿《胡润榜》2010 282.8 亿《理财报》2010、330 亿《胡润榜》2009 117.4 亿《福布斯》2009、21.6 亿《新财富》2009 136.7 亿《理财报》2009、18 亿《福布斯》2008 180 亿《胡润榜》2008、203.2 亿《新财富》2008 129.2 亿《理财报》2008、253.5 亿《福布斯》2007 148 亿《新财富》2007、270 亿《胡润榜》2006 115.8 亿《福布斯》2006、30 亿《新财富》2006 30 亿《胡润榜》2005、15 亿《福布斯》2005 28 亿《新财富》2005、30 亿《胡润榜》2004 26.5 亿《新财富》2004、10.4 亿《福布斯》2004 25 亿《胡润榜》2003	大学	2006 年香港 IPO 上市	出身军人家庭;大学毕业在深圳工厂工作;1985 年移居香港,以废纸回收生意起家;1990 年移民美国,和丈夫一同创办中南控股	纸箱、包装纸

续表

序号	姓名照片	年龄	企业名称	财富及出处	文化程度	资本运行状况	创业过程	行业
10	 梁稳根	58	湖南三一重工集团	700 亿《胡润榜》2011、380 亿《新财富》2013 219.2 亿《理财报》2013、365 亿《胡润榜》2013 305 亿《福布斯》2013、440 亿《新财富》2012 371.7 亿《福布斯》2012、460 亿《胡润榜》2012 406.8 亿《理财报》2012、500 亿《新财富》2011 594.5 亿《福布斯》2011、598.5 亿《理财报》2011 291.6 亿《新财富》2010、394 亿《福布斯》2010 370 亿《胡润榜》2010、104.1 亿《新财富》2009 211.6 亿《福布斯》2009、220 亿《胡润榜》2009 151.4 亿《理财报》2009、120 亿《胡润榜》2008 226.2 亿《新财富》2008、65.6 亿《福布斯》2008 205 亿《胡润榜》2007、70.1 亿《新财富》2007 196.5 亿《福布斯》2007、32.9 亿《福布斯》2006 22 亿《胡润榜》2006、20.5 亿《新财富》2006 12 亿《福布斯》2005、12 亿《胡润榜》2005 10 亿《新财富》2005、12 亿《福布斯》2004 6.2 亿《新财富》2004、11 亿《福布斯》2003 3 亿《新财富》2003	大学 中南大学	2003 年上海 IPO 三一重工	1956 年出生于湖南省涟源市茅塘镇。1983 年毕业于中南矿冶学院材料学专业，高级工程师。1983 年至 1986 年在兵器工业部洪源机械厂工作，曾任计划处副处长、体改委副主任。1986 年下海创办涟源特种焊接材料厂。1991 年将企业更名为"湖南三一集团有限公司"，源于"创建一流企业，造就一流人才，做出一流贡献"，并担任董事长。其核心企业三一重工股份有限公司已成功上市，成为湖南民企第一股、中国工程机械民企第一股，为中国最大的工程建设机械制造企业之一	重型机械
11	 严彬	53	山东华彬集团	600 亿《胡润榜》2014 500 亿《胡润榜》2013、109.8 亿《福布斯》2013 500 亿《胡润榜》2012、69.3 亿《福布斯》2012 150 亿《新财富》2012、500 亿《胡润榜》2011 130 亿《新财富》2011、74.2 亿《福布斯》2011 104 亿《福布斯》2010、360 亿《胡润榜》2010 120 亿《新财富》2010、280 亿《胡润榜》2009 54.6 亿《福布斯》2009、80 亿《新财富》2009 85 亿《胡润榜》2008、34 亿《福布斯》2008 60 亿《胡润榜》2007、30 亿《福布斯》2007 40 亿《胡润榜》2006、35 亿《胡润榜》2005 33 亿《胡润榜》2004			曾在河南插队后到泰国打工。 1984 年在泰国建立华彬国际。 1995 年回国投资	国际贸易、物业经营管理、功能饮料
12	 许荣茂	65	上海世茂集团	550 亿《胡润榜》2007、328 亿《新财富》2013 299.7 亿《理财报》2013、430 亿《胡润榜》2013 335.5 亿《福布斯》2013、300 亿《胡润榜》2012 252 亿《福布斯》2012、200 亿《新财富》2012 268.4 亿《理财报》2012、470 亿《新财富》2011 250 亿《胡润榜》2011、536.5 亿《理财报》2011 153.4 亿《福布斯》2011、536.5 亿《理财报》2010 244 亿《福布斯》2010、156.7 亿《新财富》2010 330 亿《胡润榜》2010、320 亿《胡润榜》2009 262.9 亿《福布斯》2009、100 亿《新财富》2009 116.2 亿《理财报》2009、210 亿《胡润榜》2008 83.6 亿《福布斯》2008、385.2 亿《新财富》2008 116.2 亿《理财报》2008、544.3 亿《福布斯》2007 550 亿《胡润榜》2007、304 亿《新财富》2007 173.6 亿《福布斯》2006、160 亿《胡润榜》2006 69.6 亿《新财富》2006、100 亿《胡润榜》2005 81 亿《福布斯》2005、55.5 亿《新财富》2005 70 亿《胡润榜》2004、69.7 亿《福布斯》2004 48.5 亿《新财富》2004、66.4 亿《新财富》2003 68 亿《胡润榜》2003、66.4 亿《福布斯》2003 32.4 亿《新财富》2003、64.7 亿《福布斯》2002 60 亿《福布斯》2001		2001 年上海 IPO	上世纪 70 年代初赤手空拳到香港打工，靠证券交易获得最原始的积累后通过纺织品贸易起家，在上世纪 80 年代后期进入房地产开发	

续表

序号	姓名照片	年龄	企业名称	财富及出处	文化程度	资本运行状况	创业过程	行业
13	 魏建军	50	河北长城汽车集团	549 亿《福布斯》2013、515 亿《胡润榜》2013 260. 6 亿《理财报》2013、252. 1 亿《新财富》2013 180 亿《胡润榜》2012、174. 6 亿《理财报》2012 182. 7 亿《福布斯》2012、127. 3 亿《新财富》2012 63 亿《胡润榜》2011、41. 6 亿《福布斯》2011 55 亿《胡润榜》2010、52. 6 亿《理财报》2010 73 亿《福布斯》2010、22. 6 亿《理财报》2009 26. 6 亿《福布斯》2009、25 亿《胡润榜》2009 43. 7 亿《福布斯》2007、20. 7 亿《理财报》2008 43. 6 亿《新财富》2008、14 亿《胡润榜》2008 40 亿《胡润榜》2007、28. 7 亿《新财富》2007 26 亿《胡润榜》2006、5 亿《新财富》2006 23. 2 亿《福布斯》2006、5 亿《胡润榜》2005 10. 5 亿《福布斯》2005、6 亿《新财富》2005 33. 5 亿《新财富》2004、14 亿《胡润榜》2004 10 亿《胡润榜》2003	高中	2003 年香港上市	1964 年出生，中共党员，河北保定人，大专文化，他将一个乡镇小厂发展成现代化国家级大型企业，成为国内首家在香港上市的民营汽车企业。 1990 年，当魏建军承包下位于保定城南的南大园乡长城汽车厂时，企业只有 60 多名员工，且负债累累。真正让长城汽车站住脚的，是 1995 年转产皮卡的决定。由于定位准确，从 1998 年至 2006 年，长城皮卡一直遥遥领先。2003 年年底，公司相继推出了功能、定位不同的赛影 RUV、赛骏 SUV 等系列产品。同年 12 月 15 日，长城汽车在香港联合交易所主板正式挂牌交易（2333. HK），IPO 获得超额认购 682 倍	汽车
14	 刘强东	40	北京京东商城	530 亿《胡润榜》2014	大学		2014 年京东商城在美国成功上市	
15	 许家印	57	广州恒大集团	481. 9 亿《理财报》2011、351. 5 亿《新财富》2013 258 亿《理财报》2013、375 亿《胡润榜》2013 350 亿《胡润榜》2012、308. 7 亿《福布斯》2012 266. 3 亿《新财富》2012、339. 7 亿《理财报》2012 304. 2 亿《新财富》2011、460 亿《胡润榜》2011 481. 9 亿《理财报》2011、396. 4 亿《福布斯》2011 280 亿《福布斯》2010、385. 3 亿《新财富》2010 230 亿《胡润榜》2010、165 亿《胡润榜》2009 62. 8 亿《福布斯》2009、120 亿《新财富》2009 413. 7 亿《新财富》2008、150 亿《胡润榜》2008 400 亿《胡润榜》2007、97. 5 亿《福布斯》2007 80 亿《新财富》2007、100 亿《胡润榜》2006 72 亿《新财富》2006、35 亿《福布斯》2006 60 亿《胡润榜》2005、17. 98 亿《福布斯》2005 4. 1 亿《新财富》2005、20 亿《胡润榜》2004 15 亿《福布斯》2004、3. 6 亿《新财富》2004 3 亿《新财富》2003、16 亿《胡润榜》2003	大学 武汉钢铁学院	2002 年深圳 IPO 恒大地产	1982 年大学毕业曾在大型国营钢铁公司任高级经济师 1997 年创办恒大	

续表

序号	姓名照片	年龄	企业名称	财富及出处	文化程度	资本运行状况	创业过程	行业
16	 黄光裕	45	北京鹏润集团	450 亿《胡润榜》2007、108 亿《新财富》2013 36.3 亿《理财报》2013、200 亿《胡润榜》2013 76.3 亿《福布斯》2013、76.2 亿《福布斯》2012 210 亿《胡润榜》2012、76.2 亿《福布斯》2012 140 亿《新财富》2012、54.6 亿《理财报》2012 197 亿《新财富》2011、330 亿《胡润榜》2011 165.6 亿《理财报》2011、207.8 亿《福布斯》2011 49.7 亿《福布斯》2010、240 亿《胡润榜》2010 200 亿《新财富》2010、230 亿《胡润榜》2009 49.5 亿《福布斯》2009、85.9 亿《理财报》2009 430 亿《胡润榜》2008、183.6 亿《福布斯》2008 400 亿《新财富》2008、57.6 亿《理财报》2008 271.5 亿《福布斯》2007、450 亿《胡润榜》2007 104.5 亿《新财富》2007、200 亿《胡润榜》2006 180.9 亿《福布斯》2006、121 亿《新财富》2006 140 亿《胡润榜》2005、128 亿《新财富》2005 101 亿《福布斯》2005、108 亿《福布斯》2004 105 亿《胡润榜》2004、28 亿《新财富》2004 46.8 亿《新财富》2003、18 亿《胡润榜》2003 16 亿《福布斯》2003、16 亿《福布斯》2002 15 亿《福布斯》2001	中学	2004 年香港收购上市	广东汕头农民，17 岁随兄弟北京打工后经商创业	
17	 刘永行	66	上海东方希望集团	450 亿《胡润榜》2012、420 亿《新财富》2013 370 亿《胡润榜》2013、372.1 亿《福布斯》2013 365.4 亿《福布斯》2012、400 亿《新财富》2012 330 亿《新财富》2011、410 亿《胡润榜》2011 434.7 亿《福布斯》2011、327 亿《福布斯》2010 320 亿《新财富》2010、350 亿《胡润榜》2010 300 亿《胡润榜》2009、375.5 亿《福布斯》2009 150 亿《新财富》2009、204 亿《福布斯》2008 182.2 亿《新财富》2008、250 亿《胡润榜》2008 180.8 亿《福布斯》2007、180 亿《胡润榜》2007 51.7 亿《新财富》2007、44.5 亿《新财富》2006 91.7 亿《福布斯》2006、70 亿《胡润榜》2006 93.9 亿《福布斯》2005、45 亿《胡润榜》2005 39.3 亿《新财富》2005、42 亿《胡润榜》2004 41.5 亿《福布斯》2004、37 亿《新财富》2004 41 亿《胡润榜》2003、39.8 亿《福布斯》2003 35 亿《新财富》2003、39.8 亿《福布斯》2002 82.7 亿《福布斯》2001、82.7 亿《福布斯》2000	大专 四川师范学院	1998 年上海 IPO	1982 年卖掉自行车、手表凑 1000 元人民币创业	
18	 雷军	50	北京金山软件	450 亿《胡润榜》2014 160 亿《胡润榜》2013、35 亿《理财报》2013 94.5 亿《福布斯》2012、51.1 亿《福布斯》2011 5.1 亿《理财报》2011、8 亿《理财报》2009 5.1 亿《理财报》2008				

续表

序号	姓名照片	年龄	企业名称	财富及出处	文化程度	资本运行状况	创业过程	行业
19	 吴亚军	50	重庆龙湖地产	449 亿《理财报》2011、284.7 亿《新财富》2013 212.2 亿《理财报》2013、280 亿《胡润榜》2013 380 亿《胡润榜》2012、390.6 亿《福布斯》2012 404.7 亿《理财报》2012、278 亿《新财富》2012 420 亿《胡润榜》2011、358.3 亿《新财富》2011 377.2 亿《福布斯》2011、280 亿《胡润榜》2011 280 亿《胡润榜》2010、300.3 亿《新财富》2010 170 亿《胡润榜》2009、119.5 亿《福布斯》2009 50 亿《新财富》2009、110 亿《胡润榜》2008 50 亿《新财富》2008、52.7 亿《福布斯》2008 80 亿《胡润榜》2007、50.9 亿《福布斯》2007	西北工业大学		1964 年出生，女，重庆合川人，1984 年 7 月毕业于西北工业大学，曾从事过机械工程师、记者、编辑等工作，她曾历任重庆龙湖地产总经理、董事长，2005 年 9 月内部机构改组成立龙湖集团，任集团董事长。吴女士担任全国人民代表大会代表、重庆市工商联副会长。2012 年 10 月 20 日发布的《2012 年胡润女富豪榜》中，吴亚军再次成为全球白手起家的女首富	房地产
20	 刘永好	63	成都新希望集团	421.9 亿《福布斯》2011、182.4 亿《新财富》2013 184.4 亿《理财报》2013、340 亿《胡润榜》2013 201.3 亿《福布斯》2013 280 亿《胡润榜》2012、173.3 亿《福布斯》2012 216.2 亿《新财富》2012、159.2 亿《理财报》2012 256 亿《新财富》2011、300 亿《胡润榜》2011 197.1 亿《理财报》2011、421.9 亿《福布斯》2011 34.9 亿《理财报》2010、200 亿《福布斯》2010 200 亿《新财富》2010、250 亿《胡润榜》2010 220 亿《胡润榜》2009、177.5 亿《福布斯》2009 140 亿《新财富》2009、28.3 亿《理财报》2009 190 亿《胡润榜》2008、149.6 亿《福布斯》2008 217.5 亿《新财富》2008、237.5 亿《福布斯》2007 63.1 亿《新财富》2007、43.7 亿《新财富》2006 88.5 亿《福布斯》2006、68 亿《胡润榜》2006 30.7 亿《新财富》2005、47 亿《胡润榜》2005 90.96 亿《福布斯》2005、54 亿《福布斯》2004 45 亿《胡润榜》2004、37 亿《新财富》2004 45.7 亿《福布斯》2003、48 亿《胡润榜》2003 24.8 亿《新财富》2003、44.8 亿《福布斯》2002 82.7 亿《福布斯》2001	西南财经大学	新希望 1998 年 IPO 民生银行 2000 上海 IPO	生于 1951 年 9 月，大专文化，高级工程师，全国政协常委。曾是四川省机械工业管理干部学校讲师，1982 年以后辞去公职卖掉自行车、手表凑 1000 元人民币到农村创业，创立了希望集团，并参股中国民生银行，现任四川新希望集团董事长，中国民生银行副董事长。荣获“亚洲之星”（2000 年度美国《商业周刊》）、最具世界影响力的中国企业领袖、中国十佳民营企业家、中国改革风云人物等称号。2011 年胡润金融富豪榜刘永好以 115 亿元排名第一，2011 年中国富豪榜刘永好以 300 亿元全国排名十九，蝉联四川首富。2013 年 5 月 22 日，刘永好在新希望六和股份有限公司召开的年度股东大会上透露，将不再担任董事长	

续表

序号	姓名照片	年龄	企业名称	财富及出处	文化程度	资本运行状况	创业过程	行业
21	 李锂	50	深圳海普瑞药业	420.7 亿《新财富》2011、112.6 亿《新财富》2013 113.9 亿《理财报》2013、140 亿《胡润榜》2013 137.3 亿《福布斯》2013、254 亿《新财富》2012 126.9 亿《理财报》2012、140 亿《胡润榜》2012 119.7 亿《福布斯》2012、130 亿《胡润榜》2011 185.4 亿《福布斯》2011、393.2 亿《理财报》2011 360 亿《福布斯》2010、400 亿《胡润榜》2010 355.1 亿《理财报》2010、131.5 亿《理财报》2008	大学　四川大学　化学系		1964 年出生，1987 年 7 月毕业于四川大学化学系。1987 年 7 月进入成都肉联厂工作，1992 年 10 月进入重庆通达，1998 年 4 月创立海普瑞实业并任公司董事长。2010 年 5 月 6 日，深圳海普瑞在深交所创业板正式挂牌上市，李锂夫妇按照开盘价计算成为中国新首富	化工
22	张力、张量父子	53	广州富力地产	420 亿《胡润榜》2007、223 亿《新财富》2013 107.7 亿《理财报》2013、175 亿《胡润榜》2013 150 亿《胡润榜》2012、136.7 亿《福布斯》2012 94.2 亿《新财富》2012、89.5 亿《理财报》2012 97 亿《新财富》2011、110 亿《胡润榜》2011 95.3 亿《理财报》2011、95.9 亿《福布斯》2011 97.9 亿《理财报》2010、117 亿《福布斯》2010 124.2 亿《新财富》2010、120 亿《胡润榜》2010 145 亿《胡润榜》2009、143.4 亿《福布斯》2009 79.9 亿《新财富》2009、161.9 亿《理财报》2009 265.3 亿《新财富》2008、64.6 亿《福布斯》2008 130 亿《胡润榜》2008、48.4 亿《理财报》2008 420 亿《胡润榜》2007、358.8 亿《福布斯》2007 180.2 亿《新财富》2007、115 亿《福布斯》2006 108 亿《胡润榜》2006、38 亿《新财富》2006 65.93 亿《福布斯》2005、12.3 亿《新财富》2005 28 亿《胡润榜》2005、18.5 亿《新财富》2004 12.5 亿《福布斯》2004、15 亿《胡润榜》2004 12 亿《胡润榜》2003	留英学生硕士　天津大学		1988 年广州天河区政府干部，下海后和港商合作开发房地产	
23	 荣智健	66	香港中信泰富	400 亿《胡润榜》2007、100 亿《新财富》2013 180 亿《胡润榜》2013、54.9 亿《福布斯》2013 180 亿《胡润榜》2012、56.4 亿《福布斯》2012 100 亿《新财富》2012、105 亿《新财富》2011 220 亿《胡润榜》2011、74.2 亿《福布斯》2011 53.3 亿《理财报》2010、66.5 亿《福布斯》2010 100 亿《新财富》2010、220 亿《胡润榜》2010 165 亿《胡润榜》2009、95.6 亿《福布斯》2009 62 亿《新财富》2009、59.1 亿《理财报》2009 350 亿《新财富》2008、44.9 亿《福布斯》2008 250 亿《胡润榜》2008、272.2 亿《福布斯》2007 108 亿《新财富》2007、400 亿《胡润榜》2007 158 亿《福布斯》2006、145 亿《胡润榜》2006 89 亿《新财富》2006、133 亿《福布斯》2005 94 亿《新财富》2005、90 亿《胡润榜》2005 124.3 亿《福布斯》2004、85.2 亿《新财富》2004 85 亿《胡润榜》2004、77.5 亿《福布斯》2003 70 亿《胡润榜》2003、61.1 亿《新财富》2003 70.6 亿《福布斯》2002、65 亿《福布斯》2001	天津大学	1986 香港收购泰富	1978 年移居香港，几十万港币办电子工厂创业。1982 年加入中信	

续表

序号	姓名照片	年龄	企业名称	财富及出处	文化程度	资本运行状况	创业过程	行业
24	 彭小峰	39	江西赛维太阳能	400 亿《胡润榜》2007、7.27 亿《理财报》2013 50.4 亿《新财富》2011、35 亿《胡润榜》2011 35.3 亿《理财报》2011、56 亿《福布斯》2010 36.2 亿《新财富》2010、40 亿《胡润榜》2010 55 亿《胡润榜》2009、39.6 亿《福布斯》2009 70 亿《新财富》2009、62.8 亿《理财报》2009 183.6 亿《理财报》2008、95.9 亿《福布斯》2008 259.3 亿《新财富》2008、270 亿《胡润榜》2008 286.6 亿《福布斯》2007	大专 江西外贸学校	2007 美国上市	大专毕业,进江西吉安外贸局工作,3 年后于 1997 年下海创业生产劳保用品。2005 年得到新余市委书记汪德和财政支持 2 亿人民币,投资创办太阳能硅晶片生产	
25	 何享健	70	广东顺德美的集团	400 亿《胡润榜》2011、135 亿《新财富》2013 124 亿《理财报》2013、350 亿《胡润榜》2013 210 亿《胡润榜》2012、207.9 亿《福布斯》2012 180 亿《新财富》2012、102.3 亿《理财报》2012 130 亿《新财富》2011 79.3 亿《理财报》2011、116 亿《福布斯》2011 64.2 亿《理财报》2010、102 亿《福布斯》2010 120 亿《新财富》2010、150 亿《胡润榜》2010 145 亿《胡润榜》2009、109.2 亿《福布斯》2009 85 亿《新财富》2009、90.7 亿《理财报》2009 78.2 亿《福布斯》2008、206 亿《新财富》2008 195 亿《胡润榜》2008、129.2 亿《理财报》2008 131.2 亿《福布斯》2007、110 亿《胡润榜》2007 18 亿《新财富》2007、20 亿《福布斯》2006 28 亿《胡润榜》2006、6.6 亿《新财富》2006 5.3 亿《新财富》2005、28.03 亿《福布斯》2005 4.8 亿《新财富》2004、2.7 亿《新财富》2003	高中	1993 年上海 IPO 粤美的	1983 年以 5000 元的镇办企业起家	
26	 王传福	48	深圳比亚迪股份有限公司	396 亿《福布斯》2009、116 亿《新财富》2013 158.5 亿《理财报》2013、210 亿《胡润榜》2013 76.9 亿《福布斯》2012、115.4 亿《理财报》2012 130 亿《新财富》2012、115.3 亿《理财报》2012 185 亿《胡润榜》2011、200 亿《新财富》2011 97.2 亿《福布斯》2011、204.1 亿《理财报》2011 284 亿《福布斯》2010、310 亿《胡润榜》2010 343.3 亿《新财富》2010、300.4 亿《理财报》2010 350 亿《胡润榜》2009、63.9 亿《新财富》2009 396 亿《福布斯》2009、157.2 亿《理财报》2006 63.9 亿《新财富》2009、350 亿《胡润榜》2009 72.1 亿《福布斯》2008、10.9 亿《理财报》2008 60 亿《胡润榜》2008、72 亿《新财富》2008 85 亿《胡润榜》2007、97.5 亿《福布斯》2007 45.6 亿《新财富》2007、33 亿《福布斯》2006 30 亿《胡润榜》2006、18.6 亿《新财富》2006 32.7 亿《新财富》2005、18.3 亿《福布斯》2005 16 亿《胡润榜》2005、32.7 亿《新财富》2004 30 亿《福布斯》2004、24 亿《胡润榜》2004 25 亿《新财富》2003、28 亿《福布斯》2003 15.5 亿《胡润榜》2003、12.6 亿《福布斯》2002	硕士 北京有色金属研究院	2002 年香港 IPO	安徽省无为县人,1966 年 2 月 15 日出生,1987 年毕业于中南大学冶金物理化学专业,同年进入北京有色金属研究总院攻读硕士,1990 年毕业后留院工作,1995 年辞职,创办比亚迪公司,短短几年时间,发展成为中国第一、全球第二的充电电池制造商,2003 年进入汽车行业,现为比亚迪股份有限公司(1211.HK)董事局主席兼总裁、比亚迪电子(国际)有限公司主席	充电电池

续表

序号	姓名照片	年龄	企业名称	财富及出处	文化程度	资本运行状况	创业过程	行业
27	 张近东	50	江苏苏宁电器	380 亿《胡润榜》2007、156. 8 亿《新财富》2013 127. 1 亿《理财报》2013、395 亿《胡润榜》2013 235 亿《胡润榜》2012、201. 6 亿《福布斯》2012 199 亿《新财富》2012、192. 2 亿《理财报》2012 290. 3 亿《新财富》2011、350 亿《胡润榜》2011 288. 3 亿《理财报》2011、358 亿《福布斯》2011 254. 4 亿《理财报》2010、380 亿《福布斯》2010 303. 3 亿《新财富》2010、350 亿《胡润榜》2010 280 亿《胡润榜》2009、252. 6 亿《福布斯》2009 174. 3 亿《新财富》2009、234. 5 亿《理财报》2009 220 亿《胡润榜》2008、225. 5 亿《理财报》2008 351. 4 亿《新财富》2008、122. 4 亿《福布斯》2008 336. 1 亿《福布斯》2007、380 亿《胡润榜》2007 109 亿《新财富》2007、66. 2 亿《福布斯》2006 65 亿《胡润榜》2006、32. 5 亿《新财富》2006 22 亿《胡润榜》2005、17. 3 亿《新财富》2005 2. 8 亿《新财富》2004、5. 8 亿《新财富》2003	大学　南京师范大学　中文系	2004 年上海 IPO	1984 至 1989 年任职豪威集团； 1990 年创立苏宁	
28	 刘忠田	50	辽宁忠旺集团	375. 9 亿《理财报》2009、75. 3 亿《理财报》2013 95 亿《胡润榜》2013 122. 9 亿《福布斯》2012、86. 3 亿《新财富》2012 115 亿《胡润榜》2012、93. 6 亿《理财报》2012 130 亿《胡润榜》2011、146. 8 亿《新财富》2011 128. 5 亿《福布斯》2011、123. 5 亿《理财报》2011 180 亿《福布斯》2010、185 亿《胡润榜》2010 220 亿《新财富》2010、179. 1 亿《理财报》2010 280 亿《胡润榜》2009、52 亿《新财富》2009 258. 8 亿《福布斯》2009、27. 2 亿《福布斯》2008 70 亿《胡润榜》2008、30 亿《福布斯》2007 75 亿《胡润榜》2007、60 亿《新财富》2007 67 亿《福布斯》2006、14 亿《新财富》2006 15. 3 亿《新财富》2005、14 亿《胡润榜》2005 13. 1 亿《新财富》2004、14 亿《胡润榜》2004 12 亿《胡润榜》2003	高中		1964 年出生，高中毕业之后即在老家辽宁省辽阳市创办化工厂，在成立中国忠旺之前，他曾成立辽阳铝制品厂、福田化工、程程塑料及宏程塑料等企业，并担任这些公司的董事长。资料显示，刘忠田于上世纪 90 年代到香港进行房地产投资，赚取第一桶金。1993 年，他与港商合创忠旺并任职董事长至今。2006 年忠旺集团铝型材销售额超过 60 亿元人民币。除铝型材以外，忠旺集团所涉及的产业还包括塑料型材、模具、服装等。同时，集团董事长刘忠田先生还是第十届全国人大代表	铝制品、塑料制品

续表

序号	姓名照片	年龄	企业名称	财富及出处	文化程度	资本运行状况	创业过程	行业
29	 陈丽华	65	北京富华国际	370 亿《胡润榜》2013、190 亿《新财富》2013 340 亿《胡润榜》2012 176.4 亿《福布斯》2012、170 亿《新财富》2012 150 亿《新财富》2011、330 亿《胡润榜》2011 142.6 亿《福布斯》2011、77.5 亿《福布斯》2010 100 亿《新财富》2010、270 亿《胡润榜》2010 30 亿《胡润榜》2009、88.8 亿《福布斯》2009 58 亿《新财富》2009、54.7 亿《福布斯》2008 180 亿《胡润榜》2008、83.2 亿《新财富》2008 62 亿《新财富》2007、82.5 亿《福布斯》2007 200 亿《胡润榜》2007、60 亿《胡润榜》2006 50 亿《新财富》2006、75 亿《福布斯》2006 40 亿《新财富》2005、40.0 亿《福布斯》2005 50 亿《胡润榜》2005、50 亿《胡润榜》2004 38.6 亿《新财富》2004、35 亿《福布斯》2004 48 亿《胡润榜》2003、38.5 亿《新财富》2003 30 亿《福布斯》2003、46.4 亿《福布斯》2002 55 亿《福布斯》2001	高中		1982 年移居香港，房地产起家，回北京创北京长安俱乐部	
30	 卢志强	56	山东泛海集团	370 亿《胡润榜》2013、210 亿《新财富》2013 178.2 亿《理财报》2013、170.1 亿《福布斯》2012 152.4 亿《新财富》2012、157 亿《理财报》2012 220 亿《新财富》2011、300 亿《胡润榜》2011 172 亿《理财报》2011、198.2 亿《福布斯》2011 100 亿《理财报》2010、143 亿《福布斯》2010 150 亿《新财富》2010、230 亿《胡润榜》2010 300 亿《胡润榜》2009、330 亿《胡润榜》2007 180.9 亿《福布斯》2009、85 亿《新财富》2009 303.5 亿《理财报》2009、160 亿《胡润榜》2008 280.2《新财富》2008、103.4 亿《福布斯》2008 330 亿《胡润榜》2007、279.8 亿《福布斯》2007 86 亿《新财富》2007、41 亿《胡润榜》2006 30 亿《福布斯》2006、31 亿《新财富》2006 30 亿《胡润榜》2005、25.7 亿《福布斯》2005 25.5 亿《新财富》2005、18.1 亿《福布斯》2004 17 亿《胡润榜》2004、18.8 亿《新财富》2004 20 亿《新财富》2003、15 亿《福布斯》2003 15 亿《胡润榜》2003、12 亿《福布斯》2002 12 亿《福布斯》2001、12.1 亿《福布斯》2000	大学 复旦大学	1998 年收购光彩	1985 年 33 岁房地产起家创办泛海集团	房地产
31	 郭广昌	40	上海复星集团	363.7 亿《新财富》2008、214.1 亿《理财报》2013 190 亿《胡润榜》2013 125 亿《胡润榜》2012、133.6 亿《福布斯》2012 161 亿《新财富》2012、189.6 亿《理财报》2012 178 亿《新财富》2011、165 亿《胡润榜》2011 252.3 亿《理财报》2011、175.2 亿《福布斯》2011 188.8 亿《理财报》2010、187 亿《福布斯》2010 170 亿《新财富》2010、180 亿《胡润榜》2010 165 亿《胡润榜》2009、161.4 亿《福布斯》2009 125 亿《新财富》2009、278 亿《理财报》2009 363.7 亿《新财富》2008、48.3 亿《福布斯》2008 136.3 亿《理财报》2008、110 亿《胡润榜》2008 360 亿《胡润榜》2007、103 亿《新财富》2007 90.8 亿《福布斯》2006、90 亿《胡润榜》2006 52.3 亿《新财富》2006、88.7 亿《福布斯》2005 55 亿《胡润榜》2005、37 亿《新财富》2005 33 亿《新财富》2004、31.5 亿《福布斯》2004 33 亿《胡润榜》2004、32 亿《胡润榜》2003 14.5 亿《新财富》2003、31 亿《福布斯》2003 29.9 亿《福布斯》2002、6 亿《福布斯》2001 9.6 亿《福布斯》2000	硕士 复旦大学 MBA	1998 年上海 IPO	复旦大学毕业留校，在校团委工作，1992 年十万元合伙创业	

续表

序号	姓名照片	年龄	企业名称	财富及出处	文化程度	资本运行状况	创业过程	行业
32	 邱光和	62	浙江森马集团	350.2 亿《新财富》2011、123.1 亿《新财富》2013 122.7 亿《理财报》2013、135 亿《胡润榜》2013 213.8 亿《新财富》2012、122.9 亿《福布斯》2012 140 亿《胡润榜》2012、142.8 亿《理财报》2012 306.9 亿《福布斯》2011、340 亿《胡润榜》2011 286.9 亿《理财报》2011、312.2 亿《新财富》2010 68 亿《胡润榜》2010、60 亿《福布斯》2010 55 亿《胡润榜》2009、28 亿《福布斯》2009 30 亿《新财富》2009、39 亿《胡润榜》2008 50 亿《胡润榜》2007、22 亿《胡润榜》2006			1951 年出生于浙江温州市瓯海；1973 年退伍返乡后，曾担任过温州市瓯海区娄桥农机厂厂长；1981 年，他凭借对市场的敏锐和独到的见解，独资创建家用电器公司；1996 年末，创立了温州市森马企业有限公司。实施名牌兴业战略，使森马每年都以平均 55% 的速度增长，连续六年跻身中国民企业 500 强、中国服装行业“10 强”行列	服装
33	 杜双华	42	山东日照钢铁集团、河北京华创新集团	350 亿《胡润榜》2008、150 亿《新财富》2013 190 亿《胡润榜》2013 185 亿《胡润榜》2012、165 亿《新财富》2012 160 亿《新财富》2011、270 亿《胡润榜》2011 3.5 亿《理财报》2011、42.8 亿《福布斯》2011 45.5 亿《福布斯》2010、155 亿《新财富》2010 220 亿《胡润榜》2010、160 亿《胡润榜》2009 81.9 亿《福布斯》2009、152.5 亿《新财富》2009 350 亿《胡润榜》2008、108.8 亿《福布斯》2008 60 亿《新财富》2008、50 亿《福布斯》2007 21.1 亿《新财富》2007、80 亿《胡润榜》2007 80 亿《胡润榜》2006、15 亿《福布斯》2006	大专		1993 年创办河北京华制管，规模效益居亚洲制管业之首，后参与投资建设日照钢铁控股	
34	 施正荣	44	无锡尚德科技	348.2 亿《新财富》2008 20 亿《胡润榜》2013、5.17 亿《理财报》2013 30 亿《胡润榜》2012、30 亿《新财富》2012 40 亿《新财富》2011、28.3 亿《理财报》2011 33.2 亿《福布斯》2011、70 亿《胡润榜》2011 62.6 亿《新财富》2010、48.5 亿《福布斯》2010 75 亿《胡润榜》2010、50 亿《新财富》2009 65 亿《理财报》2009、75.1 亿《福布斯》2009 100 亿《胡润榜》2009、121.7 亿《理财报》2008 102 亿《福布斯》2008、215 亿《胡润榜》2008 200 亿《胡润榜》2007、176.6 亿《新财富》2007 155 亿《胡润榜》2006、150 亿《新财富》2006 113 亿《福布斯》2006、16.2 亿《福布斯》2005	留澳博士 澳大利亚新南威尔士大学	2005 年美国 IPO 尚德科技	带科技成果回国创业 2001 年 8 家企业共同融资成立尚德	太阳能

续表

序号	姓名照片	年龄	企业名称	财富及出处	文化程度	资本运行状况	创业过程	行业
35	 沈文荣	59	江苏沙钢集团	340 亿《胡润榜》2011、110 亿《新财富》2013 11.7 亿《理财报》2013、170 亿《胡润榜》2013 72 亿《福布斯》2013、280 亿《胡润榜》2012 75.6 亿《福布斯》2012、110 亿《新财富》2012 18.2 亿《理财报》2012、245 亿《新财富》2011 340 亿《胡润榜》2011、40.8 亿《理财报》2011 114.4 亿《福布斯》2011、133 亿《福布斯》2010 215 亿《新财富》2010、290 亿《胡润榜》2010 150 亿《胡润榜》2009、95.6 亿《福布斯》2009 200 亿《新财富》2009、120 亿《胡润榜》2008 68 亿《福布斯》2008、93 亿《新财富》2008 90 亿《福布斯》2007、43.7 亿《新财富》2007 150 亿《胡润榜》2007、34 亿《胡润榜》2006 35.1 亿《新财富》2006、47.4 亿《福布斯》2006 42.6 亿《福布斯》2005、32 亿《胡润榜》2005 15.4 亿《新财富》2005、16.1 亿《福布斯》2004 14.6 亿《新财富》2004、15 亿《胡润榜》2004 13.3 亿《福布斯》2003、11.3 亿《新财富》2003 13 亿《胡润榜》2003、12.9 亿《福布斯》2002		大专	出身贫苦，父亲早逝，母子 7 人三间茅房相依为命。1975 年自筹 45 万办小型轧钢厂起家	
36	 张志熔	33	江苏弘耘置业上海恒盛地产上海熔盛重工	329.9 亿《新财富》2011、91.3 亿《新财富》2013 68.9 亿《理财报》2013、110 亿《胡润榜》2013 115 亿《胡润榜》2012、106.5 亿《理财报》2012 106.5 亿《福布斯》2012、160 亿《新财富》2012 191.8 亿《福布斯》2011、255 亿《胡润榜》2011 153 亿《福布斯》2010、180 亿《新财富》2010 200 亿《胡润榜》2010、140 亿《胡润榜》2009 170.7 亿《福布斯》2009、50 亿《新财富》2009 13.9 亿《福布斯》2008、30 亿《胡润榜》2008 30 亿《胡润榜》2007、6.5 亿《福布斯》2001	大学 中央财经大学		11 岁随父亲来到上海，1990 年用打工挣的三万元创办自己的公司，后转房地产开发	房地产
37	 姜滨家族	48	山东歌尔声学	320.9 亿《理财报》2013、175 亿《新财富》2013 375 亿《胡润榜》2013、200 亿《胡润榜》2012 144.9 亿《福布斯》2012、174.3 亿《理财报》2012 114.3 亿《新财富》2012、129.6 亿《新财富》2011 109.3 亿《福布斯》2011、106.3 亿《理财报》2011 130 亿《胡润榜》2011、74 亿《福布斯》2010 41.7 亿《新财富》2010、27.3 亿《福布斯》2009 20 亿《胡润榜》2008、19 亿《新财富》2009 13.6 亿《福布斯》2008、19.62 亿《理财报》2008	北京航空航天大学 清华大学工商管理硕士	2008 年 5 月，歌尔声学上市	山东潍坊人，本科毕业于北京航空航天大学，清华大学工商管理硕士。最初姜滨只不过是潍坊市无线电八厂的一个车间技术员。上世纪 90 年代初，这家主做微型话筒的厂子倒闭，而姜滨则利用了该厂原来的技术，跟几个同事合伙组建了一家小型私营企业，主导产品仍然是话筒。而谁都没有想到，当时一家小小的电子元器件组装企业，后来发展成资产近 80 亿的上市公司。 2008 年 5 月，歌尔声学上市，姜滨家族约 20 亿的身家	

续表

序号	姓名照片	年龄	企业名称	财富及出处	文化程度	资本运行状况	创业过程	行业
38	 周成建	41	浙江温州美特斯邦威集团	320 亿《胡润榜》2011、114.3 亿《新财富》2013 80.4 亿《理财报》2013、115 亿《胡润榜》2013 205 亿《胡润榜》2012、170.1 亿《福布斯》2012 175 亿《新财富》2012、183.9 亿《理财报》2012 305.1 亿《新财富》2011、320 亿《胡润榜》2011 274.6 亿《理财报》2011、281.3 亿《福布斯》2011 143.1 亿《理财报》2010、240 亿《福布斯》2010 198.3 亿《新财富》2010、230 亿《胡润榜》2010 185 亿《胡润榜》2009、204.8 亿《福布斯》2009 166.2 亿《新财富》2009、156.1 亿《理财报》2009 136 亿《福布斯》2008、170 亿《胡润榜》2008 60 亿《胡润榜》2007、16 亿《福布斯》2007 33 亿《胡润榜》2006、3.2 亿《新财富》2004			1986 年，20 岁到温州打工，稍有积蓄后进服装市场销售和生产休闲服装。1993 年赚了几百万后经营品牌，创业初期就迅速脱离温州企业简单加工的固有模式，在全国开设连锁专卖店	服装
39	 陈卓林家族	45	广州雅居乐集团	310 亿《胡润榜》2007、193.9 亿《新财富》2013 133.7 亿《理财报》2013、220 亿《胡润榜》2013 215 亿《胡润榜》2012、75.6 亿《福布斯》2012 123.8 亿《新财富》2012、192.6 亿《理财报》2012 212 亿《新财富》2011、265 亿《胡润榜》2011 244.8 亿《理财报》2011、85.7 亿《福布斯》2011 171 亿《理财报》2010、80 亿《福布斯》2010 218.7 亿《新财富》2010、180 亿《胡润榜》2010 210 亿《胡润榜》2009、75.1 亿《福布斯》2009 83.2 亿《新财富》2009、212.6 亿《理财报》2009 155 亿《理财报》2008、21.8 亿《福布斯》2008 115 亿《胡润榜》2008、287.9 亿《新财富》2008 156.5 亿《福布斯》2007、173.6 亿《新财富》2007 136 亿《胡润榜》2006、92.3 亿《新财富》2006 64.3 亿《福布斯》2006、25 亿《胡润榜》2005 23 亿《福布斯》2005、22.4 亿《新财富》2005 22.1 亿《福布斯》2004、20.2 亿《新财富》2004 20 亿《胡润榜》2004、18 亿《胡润榜》2003	高中		1985 年在家乡投资家具厂； 1992 年转向房地产开发	房地产
40	 鲁冠球	68	浙江万向集团	310 亿《胡润榜》2013、235 亿《新财富》2013 139.3 亿《理财报》2013、260 亿《胡润榜》2012 163.8 亿《福布斯》2012、230 亿《新财富》2012 124.8 亿《理财报》2012、300 亿《胡润榜》2011 260 亿《新财富》2011、300 亿《胡润榜》2011 166.3 亿《理财报》2011、195.6 亿《福布斯》2011 157.5 亿《理财报》2010、220 亿《福布斯》2010 180 亿《新财富》2010、290 亿《胡润榜》2010 210 亿《胡润榜》2009、158.4 亿《福布斯》2009 80 亿《新财富》2009、68.1 亿《理财报》2009 185 亿《胡润榜》2008、80 亿《新财富》2009 108.5 亿《新财富》2008、74.8 亿《福布斯》2008 131.3 亿《福布斯》2007、110 亿《胡润榜》2007 93 亿《新财富》2007、90.5 亿《福布斯》2006 90 亿《胡润榜》2006、67 亿《新财富》2006 80 亿《胡润榜》2005、75 亿《新财富》2005 65.1 亿《福布斯》2005、64.2 亿《福布斯》2004 61 亿《胡润榜》2004、62.7 亿《新财富》2004 57 亿《福布斯》2003、54 亿《胡润榜》2003 52.4 亿《新财富》2003、47.3 亿《福布斯》2002 40 亿《福布斯》2001、29.8 亿《福布斯》2000	初中	1994 年深圳 IPO	上世纪 70 年代创办农机修造厂，后做汽车万向节配件	汽车配件

续表

序号	姓名照片	年龄	企业名称	财富及出处	文化程度	资本运行状况	创业过程	行业
41	 朱孟依	48	广州合生创展、珠江投资	300 亿《胡润榜》2007、80.9 亿《理财报》2013 250 亿《胡润榜》2013 220 亿《胡润榜》2012、51.7 亿《福布斯》2012 100 亿《新财富》2012、47.7 亿《理财报》2012 110 亿《新财富》2011、260 亿《胡润榜》2011 63.5 亿《理财报》2011、55.6 亿《福布斯》2011 88.7 亿《理财报》2010、62 亿《福布斯》2010 120 亿《新财富》2010、240 亿《胡润榜》2010 300 亿《胡润榜》2009、114 亿《福布斯》2009 80 亿《新财富》2009、96.8 亿《理财报》2009 25.2 亿《福布斯》2008、257.8 亿《新财富》2008 200 亿《胡润榜》2008、70.3 亿《理财报》2008 221.7 亿《福布斯》2007、151.7 亿《新财富》2007 165 亿《胡润榜》2006、52.4 亿《福布斯》2006 100 亿《新财富》2006、115.8 亿《福布斯》2005 65 亿《胡润榜》2005、41 亿《新财富》2005 45 亿《胡润榜》2004、30 亿《新财富》2004 36 亿《福布斯》2004、26 亿《福布斯》2003 7.8 亿《新财富》2003、40 亿《胡润榜》2003 9.5 亿《福布斯》2002	高中	合生创展 1998 香港 IPO	上世纪 80 年代中期在故乡广东丰顺做包工头，后帮政府做商业街起家	房地产
42	 黄伟、李萍家族	47	浙江新湖集团	300 亿《胡润榜》2009、180 亿《新财富》2013 145.8 亿《理财报》2013、185 亿《胡润榜》2013 190 亿《胡润榜》2012、138.6 亿《福布斯》2012 150 亿《新财富》2012、178.6 亿《理财报》2012 210 亿《新财富》2011、280 亿《胡润榜》2011 243 亿《理财报》2011、175.8 亿《福布斯》2011 137 亿《福布斯》2010、240 亿《新财富》2010 220 亿《胡润榜》2010、300 亿《胡润榜》2009 163.9 亿《福布斯》2009、54.8 亿《新财富》2009 277 亿《理财报》2009、208.2 亿《新财富》2008 66 亿《福布斯》2008、130 亿《胡润榜》2008 7.3 亿《理财报》2008、85 亿《新财富》2007 207.1 亿《福布斯》2007、250 亿《胡润榜》2007 40 亿《胡润榜》2006、8 亿《福布斯》2006 7.6 亿《福布斯》2005、5 亿《胡润榜》2005	大学 温州师范学院	2000 年收购新湖创业；2003 年收购中宝股份；2004 年收购哈高科	号称资本市场"运动健将"。 1991 年前后，随着股市的兴起，用开眼镜店赚来的两万多块钱，在上海果断买进 800 多张认购证，换来了 800 多万元的原始资本积累	
43	 张士平	67	山东魏桥创业集团	300 亿《新财富》2013、280 亿《胡润榜》2013 152.9 亿《理财报》2013、290 亿《新财富》2012 155 亿《福布斯》2012、250 亿《胡润榜》2012 141.4 亿《理财报》2012、300 亿《胡润榜》2011 268.5 亿《福布斯》2011、220 亿《胡润榜》2010 13 亿《胡润榜》2008、8 亿《福布斯》2006 6.97 亿《福布斯》2005、6.8 亿《福布斯》2004	初中		张士平 1946 年参加工作，前身只是一小型油棉加工厂，现为世界上棉纺织能力最大的企业	纺织

续表

序号	姓名照片	年龄	企业名称	财富及出处	文化程度	资本运行状况	创业过程	行业
44	 孙广信	52	新疆广汇集团	300 亿《胡润榜》2013、200 亿《新财富》2013 193.3 亿《理财报》2013、270 亿《胡润榜》2012 195.3 亿《福布斯》2012、180 亿《新财富》2012、 270 亿《胡润榜》2012、143.5 亿《理财报》2012 300 亿《胡润榜》2011、225 亿《新财富》2011 179 亿《福布斯》2011、152.1 亿《理财报》2011 151 亿《福布斯》2010、230 亿《胡润榜》2010 100 亿《新财富》2010、106.4 亿《理财报》2010 145 亿《胡润榜》2009、24.9 亿《新财富》2009 68.3 亿《福布斯》2009、46.1 亿《理财报》2009 49.3 亿《福布斯》2008、85.5 亿《新财富》2008 68 亿《胡润榜》2008、40 亿《理财报》2008 80 亿《胡润榜》2007、78.8 亿《福布斯》2007 27.1 亿《新财富》2007、25 亿《福布斯》2006 45 亿《胡润榜》2006、38.9 亿《新财富》2006 16.3 亿《新财富》2005、43 亿《胡润榜》2005 22.03 亿《福布斯》2005、42 亿《胡润榜》2004 20.7 亿《福布斯》2004、14.4 亿《新财富》2004 42 亿《胡润榜》2003、21.3 亿《新财富》2003 20.5 亿《福布斯》2003、49.7 亿《福布斯》2002 36 亿《福布斯》2001	大学　安徽陆军指挥学院		1962 年 12 月出生在新疆乌鲁木齐一个多民族的大杂院。父亲是当年从山东走西口“盲流”到新疆落脚的鞋匠。家中兄妹 5 人，除他之外，家中最高的学历连高中文凭都没有。31 岁时，孙广信投身房地产，盖出了当时乌鲁木齐最高的写字楼“广汇大厦”。广汇集团目前有石材建材、房地产、机械加工制造、商业物流、旅游酒店、液化天然气等产业，有 60 多个全资或控股子公司。企业资产总额、主营业务收入、利税总额在全国民营企业中居前六位，2002 年进入全国企业 500 强 178 位	
45	王文银		正威	300 亿《理财报》2013				有色金属、半导体
46	 李金元	56	天津天狮集团	290 亿《胡润榜》2013、280 亿《胡润榜》2012 56.7 亿《福布斯》2012、280 亿《胡润榜》2012 220 亿《胡润榜》2011、74.2 亿《福布斯》2011 40 亿《福布斯》2010、200 亿《胡润榜》2010 175 亿《胡润榜》2009、52 亿《新财富》2009 41 亿《福布斯》2009、10.3 亿《理财报》2009 160 亿《胡润榜》2008、13.6 亿《福布斯》2008 63 亿《新财富》2008、150 亿《胡润榜》2007 31.3 亿《福布斯》2007、22.9 亿《新财富》2007 68 亿《胡润榜》2006、42 亿《福布斯》2006 37.6 亿《新财富》2006、60 亿《胡润榜》2005 25.75 亿《福布斯》2005、38.5 亿《新财富》2005 67.7 亿《新财富》2004、60 亿《胡润榜》2004 24.4 亿《福布斯》2004、13 亿《福布斯》2003 5.4 亿《新财富》2003、12.5 亿《福布斯》2001		2003 年美国收购买壳 SGKA 上市	1958 年 6 月出生于河北沧州，南开大学 EMBA；1995 年天津创立了天狮集团。1998 年进军国际市场。如今，天狮集团已经成为一家涉足生物技术、教育、零售、旅游、金融、国际贸易、电子商务等诸多领域，天狮集团业务辐射全球 190 多个国家，在 110 个国家和地区建立了分公司，拥有 5 万个特许经营店，并与全球众多国家的一流企业结成了战略联盟。天狮集团创新研发的营养保健食品、保健用品、美容护肤品、家居用品等多元化产品，为全球 1600 万个家庭的稳定消费群体带来高品质的生活	保健品直销

续表

序号	姓名照片	年龄	企业名称	财富及出处	文化程度	资本运行状况	创业过程	行业
47	 潘石屹  张欣	51 49	北京SOHO中国	285.3亿《福布斯》2007、181亿《新财富》2013 158.9亿《理财报》2013、230亿《胡润榜》2013 190亿《胡润榜》2012、167亿《福布斯》2011 150.3亿《新财富》2012、176.9亿《理财报》2012 163亿《新财富》2011、210亿《胡润榜》2011 201.5亿《理财报》2011、211亿《福布斯》2011 207亿《福布斯》2010、122.7亿《新财富》2010 150亿《胡润榜》2010、130亿《胡润榜》2009 157亿《福布斯》2009、97.5亿《新财富》2009 140.6亿《理财报》2009、124.6亿《理财报》2008 82.3亿《福布斯》2008、125亿《胡润榜》2008 248.6亿《新财富》2008、270亿《胡润榜》2007 16亿《新财富》2007、285.3亿《福布斯》2007 12.5亿《福布斯》2006、13亿《胡润榜》2006 15亿《新财富》2006、15.9亿《新财富》2005 9亿《福布斯》2005、8.5亿《胡润榜》2005 12.3亿《新财富》2004、8亿《新财富》2003	大学 石油管道学院	2007香港IPO	1988年从石油部下海，到深圳后海南经商；1993年创立万通；1995年成立自己的公司开发SOHO现代城	
48	 史玉柱	52	上海巨人投资	280亿《胡润榜》2007、132.4亿《新财富》2013 158.9亿《理财报》2013、230亿《胡润榜》2013 180亿《胡润榜》2012、116.6亿《福布斯》2012 100亿《新财富》2012、102.3亿《理财报》2012 130亿《新财富》2011、200亿《胡润榜》2011 79.3亿《理财报》2011、116亿《福布斯》2011 64.2亿《理财报》2010、102亿《福布斯》2010 120亿《新财富》2010、150亿《胡润榜》2010 145亿《胡润榜》2009、109.2亿《福布斯》2009 105亿《新财富》2009、90.7亿《理财报》2009 95.2亿《福布斯》2008、169.5亿《新财富》2008、 160亿《胡润榜》2008、129.2亿《理财报》2008 167.5亿《福布斯》2007、53亿《新财富》2007 55亿《胡润榜》2006、17.9亿《福布斯》2006 21.3亿《新财富》2006、30亿《新财富》2005 28亿《胡润榜》2005、6亿《福布斯》2005 25亿《新财富》2004、5亿《胡润榜》2004	大学 浙江大学数学系		1989年4000元起家创业；1992年成立巨人高科技集团；1999年“脑白金”复出	
49	 吕向阳	44	广州融捷投资管理集团	279.9亿《福布斯》2009、98.8亿《理财报》2013 200亿《胡润榜》2013 20亿《胡润榜》2012、58.9亿《福布斯》2012 160亿《胡润榜》2011、72.9亿《福布斯》2011 150亿《新财富》2011、135亿《新财富》2010 197亿《福布斯》2010、45.6亿《新财富》2009 53.7亿《福布斯》2008、60亿《胡润榜》2008 7.8亿《理财报》2008、55.2亿《新财富》2008 28.9亿《新财富》2007、69亿《福布斯》2007 78亿《胡润榜》2007、31亿《胡润榜》2006 13.4亿《新财富》2006、27.7亿《福布斯》2006 33亿《新财富》2005、15亿《福布斯》2005 15亿《胡润榜》2005、29.7亿《新财富》2004 22.4亿《福布斯》2004、21亿《胡润榜》2004 14.3亿《福布斯》2003、17.9亿《新财富》2003 16亿《胡润榜》2003、12亿《福布斯》2002	大专	2002年比亚迪香港IPO	出生农民家庭，后在安徽农业银行工作15年；1993年创办融捷；1995年出资250万和王传福创办比亚迪	投资、充电电池、广州上海房地产

续表

序号	姓名照片	年龄	企业名称	财富及出处	文化程度	资本运行状况	创业过程	行业
50	 陈发树	52	福建新华都实业	274 亿《福布斯》2010、58.2 亿《理财报》2013 260 亿《胡润榜》2013 205 亿《胡润榜》2012、163.8 亿《福布斯》2012 180 亿《新财富》2012、106.2 亿《理财报》2012 255 亿《新财富》2011、260 亿《胡润榜》2011 138.4 亿《理财报》2011、204.6 亿《福布斯》2011 274 亿《福布斯》2010、270 亿《新财富》2010 240 亿《胡润榜》2010、250 亿《胡润榜》2009 218.5 亿《福布斯》2009、115 亿《新财富》2009 61 亿《理财报》2009、160 亿《理财报》2008 64.3 亿《福布斯》2008、85 亿《胡润榜》2008 195.6 亿《新财富》2008、180 亿《胡润榜》2007 75.0 亿《新财富》2007、199.3 亿《福布斯》2007 48.6 亿《福布斯》2006、48 亿《胡润榜》2006 35.9 亿《新财富》2006、23.5 亿《福布斯》2005 13.0 亿《胡润榜》2005、9.5 亿《新财富》2005 16.6 亿《新财富》2004、11.1 亿《福布斯》2004		2003 年香港 IPO 紫金矿业	出身农村，1987 年用几千元办小杂货店后创业新华都商场	
51	 李思廉	49	广州富力地产	271.5 亿《新财富》2008、223 亿《新财富》2013 89.7 亿《理财报》2013 55.7 亿《新财富》2012、90.8 亿《理财报》2012 100 亿《新财富》2011、98.9 亿《理财报》2011 101.8 亿《理财报》2010、128 亿《新财富》2010 81.7 亿《新财富》2009、167.8 亿《理财报》2009 95.2 亿《福布斯》2008、271.5 亿《新财富》2008 49.7 亿《理财报》2008、180.7 亿《新财富》2007 38 亿《新财富》2006、12.3 亿《新财富》2005	大学 香港中文大学	2005 香港上市	大学毕业后从事证券金融业，后从事贸易，相信机会的重要，更强调把握机会。1993 年与张力 2000 万成立富力，建设广州的富力新居住宅楼赚得第一桶金；2006 年实现营业额 102 亿，纯利润 21 亿	
52	 钟声坚	49	上海仁恒置业集团	270 亿《胡润榜》2007、100 亿《新财富》2013 77 亿《理财报》2013、110 亿《胡润榜》2013 55.7 亿《新财富》2012、90.8 亿《理财报》2012 100 亿《新财富》2011、98.9 亿《理财报》2011 101.8 亿《理财报》2010、128 亿《新财富》2010 81.7 亿《新财富》2009、167.8 亿《理财报》2009 95.2 亿《福布斯》2008、271.5 亿《新财富》2008 49.7 亿《理财报》2008、180.7 亿《新财富》2007 38 亿《新财富》2006、12.3 亿《新财富》2005		2006 年新加坡 IPO	早年前往新加坡创业谋生，上世纪 90 年代初在上海、南京等地开发房地产	
53	 李水荣	49	浙江荣盛化纤	270 亿《胡润榜》2011、114.4 亿《新财富》2013 84 亿《理财报》2013、130 亿《胡润榜》2013 185 亿《胡润榜》2012、158.4 亿《理财报》2012 88.2 亿《福布斯》2012、196.9 亿《福布斯》2011 211.7 亿《理财报》2011、131 亿《福布斯》2010 20.5 亿《福布斯》2009、29 亿《新财富》2009 35 亿《胡润榜》2008、88.2 亿《福布斯》2008 20 亿《新财富》2008、13.9 亿《福布斯》2008 30 亿《胡润榜》2007、14.5 亿《新财富》2007 10 亿《福布斯》2006、8.6 亿《新财富》2006 8.6 亿《福布斯》2005、7.1 亿《新财富》2005 5.4 亿《新财富》2004	大学 中央财经大学		1993 年，靠 11 台有梭织机在浙江肖山称为东伯利亚的垦区起家	化纤

续表

序号	姓名照片	年龄	企业名称	财富及出处	文化程度	资本运行状况	创业过程	行业
54	 丁磊	43	广州网易网络	260 亿《胡润榜》2013、154. 8 亿《新财富》2013 230. 3 亿《理财报》2013、256. 2 亿《福布斯》2013 250 亿《胡润榜》2012、213. 5 亿《理财报》2012 185. 9 亿《福布斯》2012、176. 1 亿《新财富》2012 176. 4 亿《福布斯》2011、220 亿《胡润榜》2011 179. 5 亿《理财报》2011、138. 7 亿《新财富》2011 180 亿《胡润榜》2010、149. 6 亿《新财富》2010 146 亿《福布斯》2010、153. 6 亿《福布斯》2009 190 亿《胡润榜》2009、90. 8 亿《新财富》2009 180. 2 亿《理财报》2009、85 亿《福布斯》2008 110 亿《胡润榜》2008、100. 2 亿《理财报》2008 83. 4 亿《新财富》2008、75 亿《福布斯》2007 82. 1 亿《新财富》2007、80 亿《胡润榜》2007 90 亿《胡润榜》2006、86. 9 亿《福布斯》2006 78 亿《新财富》2006、102 亿《胡润榜》2005 70 亿《新财富》2005、102. 6 亿《福布斯》2005 51. 1 亿《新财富》2004、50 亿《胡润榜》2004 55. 4 亿《福布斯》2004、75 亿《胡润榜》2003 89. 3 亿《福布斯》2003、11 亿《福布斯》2000	成都电子科技大学	2000 年美国 NASDAQ 股市 IPO	宁波电信局技术员,1995 年去广州 SYBASE 打工,1997 年借五十万创办网易	互联网络服务
55	祝义材		南京中商	260 亿《胡润榜》2013、67. 7 亿《理财报》2013				商业贸易
56	 王玉锁、赵宝菊家族	42	香港新奥燃气	255 亿《胡润榜》2013、150. 3 亿《理财报》2013 178 亿《新财富》2013 175 亿《胡润榜》2012、153. 1 亿《福布斯》2012 130 亿《新财富》2012、87. 8 亿《理财报》2012 170 亿《胡润榜》2011、135 亿《新财富》2011 96. 5 亿《福布斯》2011、75. 2 亿《理财报》2011 88. 5 亿《福布斯》2010、100 亿《胡润榜》2010 120 亿《新财富》2010、52. 3 亿《理财报》2010 90 亿《胡润榜》2009、90 亿《新财富》2009 75. 1 亿《福布斯》2009、39. 5 亿《理财报》2009 40. 8 亿《福布斯》2008、39. 5 亿《理财报》2008 82 亿《新财富》2008、90 亿《胡润榜》2008 80 亿《胡润榜》2007、46 亿《新财富》2007 68. 7 亿《福布斯》2007、45 亿《胡润榜》2006 37. 6 亿《福布斯》2006、27. 1 亿《新财富》2006 27. 14 亿《福布斯》2005、18. 9 亿《新财富》2005、4 亿《胡润榜》2005、20 亿《胡润榜》2004 19. 9 亿《新财富》2004、17. 3 亿《福布斯》2004 8. 2 亿《新财富》2003、18 亿《胡润榜》2003 20. 3 亿《福布斯》2003、7. 8 亿《福布斯》2002 8. 6 亿《福布斯》2001	大学 纽约技术学院	2002 年香港 IPO	三次高考落榜后开始做小生意。1986 年 100 元倒买液化气发展	城市燃气、房地产

续表

序号	姓名照片	年龄	企业名称	财富及出处	文化程度	资本运行状况	创业过程	行业
57	 童锦泉	59	上海长峰集团	250亿《胡润榜》2007、115亿《新财富》2013 140亿《胡润榜》2013 220亿《胡润榜》2012、113.4亿《福布斯》2012 102亿《新财富》2012、130亿《新财富》2011 230亿《胡润榜》2011、89.5亿《福布斯》2011 88.5亿《福布斯》2010、120亿《新财富》2010 200亿《胡润榜》2010、190亿《胡润榜》2009 103.8亿《福布斯》2009、15亿《新财富》2009 64.9亿《福布斯》2008、170亿《胡润榜》2008 68亿《新财富》2008、60亿《新财富》2007 75亿《福布斯》2007、250亿《胡润榜》2007 29亿《福布斯》2006、9.7亿《新财富》2006 65亿《胡润榜》2006、26.97亿《福布斯》2005 34.5亿《新财富》2005、30亿《胡润榜》2005 30亿《新财富》2004、28亿《胡润榜》2004 22.4亿《福布斯》2004、25亿《新财富》2003 25亿《胡润榜》2003、14.3亿《福布斯》2003	高中		1955年出生于江苏启东，20岁的童锦泉进入启东乒乓球厂工作，据资料显示，这仅是一个村办厂，此后，童当上了该厂厂长。1983年，童锦泉为南通鑫健体育用品公司总经理，任期直到1992年。同年在上海创建长峰房地产开发有限公司，正式进入地产业。据统计，截至2002年，在童锦泉名下开发的楼盘总计为十几座，长峰集团地产开发面积已超过200万平方米，投资总金额100多亿元	
58	 张桂平	63	江苏苏宁建设、苏宁环球	250亿《胡润榜》2012、121亿《新财富》2013 64.2亿《理财报》2013、95亿《胡润榜》2013 62.1亿《福布斯》2012、103.3亿《理财报》2012 80亿《新财富》2012、103亿《新财富》2011 125亿《胡润榜》2011、63.2亿《理财报》2011 61亿《福布斯》2011、99.6亿《理财报》2010 79.5亿《福布斯》2010、150.7亿《新财富》2010 120亿《胡润榜》2010、150亿《胡润榜》2009 150.2亿《福布斯》2009、47.2亿《新财富》2009 151.6亿《理财报》2009、78.4亿《理财报》2008 49亿《福布斯》2008、100亿《胡润榜》2008 112.3亿《新财富》2008、149.7亿《福布斯》2007 44.3亿《新财富》2007、230亿《胡润榜》2007 230亿《胡润榜》2007、42亿《新财富》2006 21亿《福布斯》2006、29亿《新财富》2005 14亿《福布斯》2005、8.7亿《新财富》2004 9.7亿《福布斯》2004、6.7亿《新财富》2003	2005年收购ST吉纸	苏宁环球000718	1951年8月生于安徽天长，后全家迁至江苏南京。1976年毕业于南京工学院建筑系。19岁时，母亲去世;23岁时，父亲去世。长兄为父，身为大哥的他一肩承担起年纪尚小的两个弟弟和一个妹妹的生活，最小的弟弟张近东比他小了12岁。1990年，张桂平带着只有24岁的弟弟张近东在南京市宁海路开了一间名叫“苏宁交家电”的小店。张桂平身兼哥哥、父亲、师傅于一体，以他独特的慧眼带着四弟“出道”，潜入复杂的商海。“虎兄无犬弟”，张近东非常争气，在兄弟俩的努力下，苏宁公司在1993年与八大国营商场展开了一场硬碰硬的“空调大战”。结果是苏宁“以小胜大”、“以弱胜强”，成就了中国电器史的一段经典案例。1999年，兄弟俩分道扬镳，张桂平投身地产行业，张近东则继续他的“中国沃尔玛”霸业	

续表

序号	姓名 照片	年龄	企业 名称	财富及出处	文化 程度	资本运 行状况	创业过程	行业
59	 肖建华	36	北京明天集团	246.2亿《新财富》2013 6亿《新财富》2004	大学 北京大学 法律系	1997年收购明天科技 1999年收购宝商集团 2000年收购爱使股份 2000年收购西水股份	1986年北京大学法律系毕业后担任北大团委干部、国企车间主任、陆军学院教师。1993年联合几个人和北大资源集团合资北大明天资源科技公司,开始收购企业的资本运作	投资
60	 刘沧龙、 刘海龙	50	四川宏达集团	240亿《胡润榜》2011、14亿《理财报》2013 170亿《胡润榜》2013 55.1亿《福布斯》2012、145亿《胡润榜》2012 180亿《新财富》2012、18.2亿《理财报》2012 240亿《胡润榜》2011、200亿《新财富》2011 75.4亿《福布斯》2011、50.4亿《理财报》2011 65.5亿《福布斯》2010、220亿《胡润榜》2010 140亿《新财富》2010、51.1亿《理财报》2010 210亿《胡润榜》2009、120亿《新财富》2009 64.9亿《福布斯》2009、59.1亿《理财报》2009 26.5亿《福布斯》2008、100亿《胡润榜》2008 223.7亿《新财富》2008、151.5亿《福布斯》2007 160亿《胡润榜》2007、60亿《新财富》2007 42亿《胡润榜》2006、15.7亿《福布斯》2006 29.7亿《新财富》2006、21.2亿《新财富》2005 8.0亿《福布斯》2005、18亿《胡润榜》2005 22亿《新财富》2004、18亿《胡润榜》2004 5.4亿《新财富》2004	初中	2001年上海IPO宏达股份 2003年收购金路	创办磷肥化工厂起家	化工、冶金
61	 龚虹嘉、 陈春梅	48	广州富年科技	235亿《胡润榜》2013、120亿《新财富》2013 188.2亿《理财报》2013、175亿《胡润榜》2012、 132.4亿《理财报》2012、131.2亿《福布斯》2012 175亿《胡润榜》2011、123.4亿《福布斯》2011			龚虹嘉先后15次投资创业,集创业者、投资人、被投资人角色于一身。2001年参与创建海康威视(002415,股吧),目前海康威视占国内视频监控领域2/3以上份额。龚曾被IDG和上海联创称为"中国最优秀的天使投资人"	投资

续表

序号	姓名照片	年龄	企业名称	财富及出处	文化程度	资本运行状况	创业过程	行业
62	 祝义才	50	江苏雨润食品	230 亿《新财富》2011、140 亿《新财富》2013 160 亿《胡润榜》2012、102. 7 亿《福布斯》2012 140 亿《新财富》2012、41. 2 亿《理财报》2012 144. 5 亿《福布斯》2011、210 亿《胡润榜》2011 200 亿《新财富》2010、210 亿《福布斯》2010 220 亿《胡润榜》2010、76. 2 亿《新财富》2009 129. 7 亿《福布斯》2009、200 亿《胡润榜》2009 66. 3 亿《福布斯》2008、160 亿《胡润榜》2008 115. 5 亿《新财富》2008、63. 2 亿《理财报》2008 106 亿《新财富》2007、87. 7 亿《福布斯》2007 85 亿《胡润榜》2007、58 亿《胡润榜》2006 52. 9 亿《福布斯》2006、33 亿《新财富》2006 35 亿《胡润榜》2005、34. 26 亿《福布斯》2005 17. 3 亿《新财富》2005、20 亿《胡润榜》2004 11. 2 亿《福布斯》2004、13. 4 亿《新财富》2004 10. 9 亿《新财富》2003、18 亿《胡润榜》2003 10 亿《福布斯》2003、15. 8 亿《福布斯》2002 8. 8 亿《福布斯》2001	大学　合肥理工大学	东成控股 02 香港收购；南京中商 2005 收购；2005 香港 IPO	1989 年安徽省交通厅海运公司 200 元下海做水产品贸易，1992 年创办雨润	肉制品
63	刘国元		中远投资	230 亿《理财报》2011				
64	 王恒	59	南京金鹰集团	225 亿《新财富》2011、105. 1 亿《理财报》2013 148. 1 亿《新财富》2012、176. 4 亿《理财报》2012 225 亿《新财富》2011、199. 6 亿《理财报》2011 194. 1 亿《新财富》2010、199. 6 亿《理财报》2010 71. 9 亿《新财富》2009、106. 6 亿《理财报》2009 22. 4 亿《理财报》2008、113. 7 亿《新财富》2008 95 亿《新财富》2007、52. 5 亿《新财富》2006 28 亿《新财富》2005	留美硕士		1992 年投资成立南京金鹰集团	房地产、零售
65	 丁志忠（丁世忠）	44	福建安踏中国有限公司	222. 1 亿《理财报》2010、80 亿《新财富》2013 32. 3 亿《理财报》2013、135 亿《胡润榜》2013 37. 5 亿《福布斯》2012、65. 1 亿《理财报》2012 107. 6 亿《新财富》2012、178 亿《新财富》2011 145 亿《胡润榜》2011、194. 4 亿《理财报》2011 56. 6 亿《福布斯》2011、222. 1 亿《理财报》2010 89 亿《福布斯》2010、172. 7 亿《新财富》2010 210 亿《胡润榜》2010、150 亿《胡润榜》2009 55 亿《福布斯》2009、53. 2 亿《新财富》2009 126. 8 亿《理财报》2009、19 亿《福布斯》2008 75 亿《胡润榜》2008、171. 9 亿《新财富》2008 145 亿《胡润榜》2007、49. 9 亿《福布斯》2007 11 亿《福布斯》2006	初中		1986 年，在福建省一个普通的海滨小镇陈埭，有一位 16 岁的普通少年丁志忠，他最大的心愿就是去首都北京闯荡一番。攥着 1 万块钱，丁志忠走遍了小镇上的所有鞋厂，挑出 600 双他认为最好卖的鞋，乘汽车去福州，花 48 元买一张去北京的火车票。两天两夜后，北京呈在眼前。丁志忠一头扎进一个鞋子大卖场——大康鞋城，在那里租了一个柜台，600 双鞋很快就卖光了。5 年后，丁志忠回到家乡，与父兄共同创立了“安踏”品牌。如今，安踏在整个体育用品的份额上已经连续三年市场占有率第一，运动服占第一	体育用品

续表

序号	姓名照片	年龄	企业名称	财富及出处	文化程度	资本运行状况	创业过程	行业
66	 傅利泉、陈爱玲夫妇	47	浙江大华技术	221.7 亿《理财报》2013、100.9 亿《新财富》2013 220 亿《胡润榜》2013、110 亿《胡润榜》2012 107.1 亿《福布斯》2012、91.7 亿《理财报》2012 54 亿《新财富》2012、67.1 亿《福布斯》2011 75 亿《胡润榜》2011、64 亿《理财报》2011 45.4 亿《新财富》2011、46 亿《福布斯》2010 50 亿《胡润榜》2010、40.1 亿《理财报》2010 24.6 亿《新财富》2010、13.6 亿《新财富》2009 16 亿《胡润榜》2009、14.4 亿《理财报》2009 13.8 亿《理财报》2008、12 亿《胡润榜》2008	大学		从学校毕业后加入了杭州通达电子设备厂，痴迷技术的他很快干上了技术科长的位置。从工厂出来单干后，组织了几个技术工人，开始捣鼓通讯产品。从刚创立大华时的 20 万元开始，到如今一个多亿的销售，大华已经是市场认可的硬盘录像机领先的品牌之一	电子设备
67	 黄如论	55	福建世纪金源投资集团	220 亿《胡润榜》2013、157.5 亿《福布斯》2012 100 亿《新财富》2012、150 亿《胡润榜》2012 170 亿《胡润榜》2011、170 亿《胡润榜》2011 90 亿《新财富》2011、90.1 亿《福布斯》2011 86.5 亿《福布斯》2010、105 亿《胡润榜》2010 70 亿《新财富》2010、70 亿《胡润榜》2009 65 亿《新财富》2009、75.1 亿《福布斯》2009 65.3 亿《福布斯》2008、70 亿《胡润榜》2008 95 亿《新财富》2008、97.5 亿《福布斯》2007 40 亿《新财富》2007、39 亿《胡润榜》2006 30 亿《福布斯》2006、17 亿《新财富》2006 20 亿《福布斯》2005、17 亿《胡润榜》2005 4.5 亿《新财富》2005、18.1 亿《福布斯》2004 3.8 亿《新财富》2004、15 亿《胡润榜》2004 3 亿《新财富》2003		2004 年中国企业家捐款排行榜第一名	出身贫苦农民家庭，1966 年经商创业，后去菲律宾发展，再去香港，1991 年回乡投资	
68	 朱炳洋		北京恒丰永业	215 亿《胡润榜》2007、63 亿《胡润榜》2013 45.8 亿《新财富》2012、75 亿《新财富》2011 80 亿《胡润榜》2011、76.3 亿《理财报》2011 79.5 亿《新财富》2010、81 亿《胡润榜》2010 85 亿《胡润榜》2009、56.1 亿《新财富》2009 75 亿《胡润榜》2008、215 亿《胡润榜》2007 65.3 亿《新财富》2007、42 亿《胡润榜》2006			公开的关于朱炳洋的信息极少，外界只知其为平安保险股权造就的若干富豪之一。2006 年初，朱炳洋从刘方手中接收恒丰永业 80%股权，因恒丰永业持有源信行投资有限公司 50%股权，而源信行为平安保险第五大股东，持有 3.8 亿股。因此，朱炳洋间接持有平安保险 1.52 亿股，此人名列胡润 2007 年百富榜 23 名，其财富超过 200 亿	

续表

序号	姓名照片	年龄	企业名称	财富及出处	文化程度	资本运行状况	创业过程	行业
69	张志东		腾讯控股	210亿《胡润榜》2013、162亿《理财报》2013				软件服务
70	 沈国军	52	北京中国银泰	205亿《胡润榜》2011、75.4亿《理财报》2013 180亿《胡润榜》2013 150亿《胡润榜》2012、115.9亿《福布斯》2012 115.9亿《福布斯》2012、74亿《理财报》2012 127.9亿《福布斯》2011、160亿《新财富》2011 134亿《福布斯》2010、170亿《胡润榜》2010 110亿《新财富》2010、54.3亿《理财报》2010 107.2亿《福布斯》2009、100亿《胡润榜》2009 76亿《新财富》2008、50亿《新财富》2009 44.9亿《福布斯》2008、29.5亿《理财报》2008 68亿《胡润榜》2008、75亿《胡润榜》2007 57.8亿《福布斯》2007、21亿《新财富》2007 25亿《胡润榜》2006、10亿《福布斯》2006 21亿《新财富》2006、20亿《胡润榜》2005 6.5亿《福布斯》2005、18亿《新财富》2005		银泰股份2000收购；金果实业2004收购	1962年出生于浙江省宁波奉化市莼湖镇栖凤渔业村，是海边长大的孩子。大学毕业后的沈国军被分配到中国建设银行的一个分行工作。1997年1月，30多岁的银行干部沈国军辞职下海，在北京首都大酒店的一间套房里创办了“中国银泰投资公司”。公司以房地产、百货、资源开发为三大主业。公司拥有多家国内上市公司和40余家下属全资或控股公司。集团的总资产达450多亿元，员工6万人，跃入中国民营企业领先行列	房地产、零售
71	 方威	40	辽宁方大集团	202.4亿《理财报》2011、112亿《理财报》2013 135亿《胡润榜》2013 68.7亿《福布斯》2012、88.9亿《新财富》2012 105亿《胡润榜》2012、83.1亿《理财报》2012 150亿《胡润榜》2011、95亿《新财富》2011 79.9亿《福布斯》2011、81.5亿《福布斯》2010 100亿《胡润榜》2010、50亿《新财富》2010 42.1亿《理财报》2010、100亿《胡润榜》2009 13.5亿《新财富》2009、99亿《福布斯》2009 45.2亿《理财报》2009、60亿《胡润榜》2008 41.5亿《福布斯》2008、23.6亿《新财富》2008 22亿《胡润榜》2007			方威，辽宁抚顺人，方大炭素的实际控制人。方大炭素前身是ST海龙，由于连续两年亏损，2006年底公司濒临退市。面对这样一家上市公司，辽宁方大于2006年9月通过司法拍卖获得了公司51.62%的股权，成为新的控股股东，并更名方大炭素。两年来，方大炭素实现了质的飞跃，目前，方大炭素无论从产能还是市场占有率角度，都是国内行业龙头，产量位居亚洲第一、世界第三	金属制造

续表

序号	姓名照片	年龄	企业名称	财富及出处	文化程度	资本运行状况	创业过程	行业
72	 王伟		北京裕昌隆工贸	200.8 亿《新财富》2008、59 亿《胡润榜》2013 45.8 亿《新财富》2012、70 亿《胡润榜》2011 75 亿《新财富》2011、71.5 亿《理财报》2011 79.5 亿《新财富》2010、76 亿《胡润榜》2010 80 亿《胡润榜》2009、56.1 亿《新财富》2009 169.5 亿《新财富》2008、68 亿《胡润榜》2008 120 亿《胡润榜》2007、61.4 亿《新财富》2007		平安保险，2004 年 6 月、2007 年 3 月分别 IPO	2006 年初王伟从刘方手中受让裕昌隆工贸 75% 股权，因裕昌隆工贸持有源信行投资有限公司 50% 股权	
73	 黄俊钦	37	北京新恒基集团	200 亿《胡润榜》2007、2.35 亿《理财报》2013 130 亿《胡润榜》2008、25.8 亿《福布斯》2008 60 亿《新财富》2008、56.6 亿《福布斯》2007 58 亿《新财富》2007、65 亿《胡润榜》2006 47.8《新财富》2006、25 亿《福布斯》2006 55 亿《胡润榜》2005、20 亿《福布斯》2005 24.7 亿《新财富》2005、27 亿《胡润榜》2004 17.3 亿《福布斯》2004、24.1 亿《新财富》2004 24 亿《新财富》2003、15.5 亿《福布斯》2003	大专		家乡在广东省汕头市凤壶村，黄俊钦一家是他们村里最贫困家庭之一。1985 年，19 岁的黄俊钦带着 17 岁的弟弟黄光裕走出这个村庄北上创业。公开资料称其创业资本是 4000 块钱，他们的生意从贩卖小电器开始。一年后，黄俊钦兄弟二人转战北京，不久后在北京珠市口经营一家面积不足 100 平方米的门面，1987 年 1 月 1 日，十多年后成为全国电器零售之首的“国美电器店”的招牌在这家小店的门前挂出	
74	 黄文仔	53	广州宏宇集团	200 亿《胡润榜》2007、120 亿《新财富》2013 125 亿《胡润榜》2013 120 亿《胡润榜》2012、53.6 亿《福布斯》2012 105 亿《新财富》2012、120 亿《新财富》2011 160 亿《胡润榜》2011、63.9 亿《福布斯》2011 73 亿《福布斯》2010、100 亿《新财富》2010 220 亿《胡润榜》2010、165 亿《胡润榜》2009 75.1 亿《福布斯》2009、25 亿《新财富》2009 24.8 亿《福布斯》2008、110 亿《胡润榜》2008 43 亿《新财富》2008、9 亿《新财富》2007 41.9 亿《福布斯》2007、200 亿《胡润榜》2007 25 亿《胡润榜》2006、9.5 亿《福布斯》2006 8 亿《新财富》2006、8.5 亿《福布斯》2005 8.2 亿《新财富》2005、7.2 亿《新财富》2004			1994 年创办宏宇集团，开发广州星河湾等著名房地产项目	

续表

序号	姓名照片	年龄	企业名称	财富及出处	文化程度	资本运行状况	创业过程	行业
75	 黄茂如、张静	41	深圳茂业集团	200亿《新财富》2008、150亿《新财富》2013 67.5亿《理财报》2013、120亿《胡润榜》2013 120亿《胡润榜》2012、55.8亿《福布斯》2012 150亿《新财富》2012、71.9亿《理财报》2012 170.2亿《新财富》2011、185亿《胡润榜》2011 172.7亿《理财报》2011、93.3亿《福布斯》2011 112.7亿《理财报》2010、129亿《福布斯》2010 153亿《新财富》2010、185亿《胡润榜》2010 145亿《胡润榜》2009、81.9亿《福布斯》2009 100亿《新财富》2009、87.4亿《理财报》2009 32.6亿《福布斯》2008、200亿《新财富》2008 100亿《胡润榜》2008、79.1亿《理财报》2008 50亿《新财富》2007、50亿《胡润榜》2007 41.6亿《福布斯》2007、38亿《福布斯》2006 43亿《胡润榜》2006、48亿《新财富》2006 40亿《胡润榜》2005、28.4亿《福布斯》2005 49.2亿《新财富》2005、48亿《新财富》2004 30亿《胡润榜》2004、24.9亿《福布斯》2004			1995年创建茂业集团，是深圳最早参与城市经营的地产商	
76	 张志祥	39	北京建龙钢铁	200亿《胡润榜》2008、100亿《新财富》2013 170亿《胡润榜》2013 130亿《胡润榜》2012、84.4亿《福布斯》2012 100亿《新财富》2012、125亿《新财富》2011 170亿《胡润榜》2011、74.2亿《福布斯》2011 104亿《福布斯》2010、120亿《新财富》2010 220亿《胡润榜》2010、180亿《胡润榜》2009 116.1亿《福布斯》2009、80亿《新财富》2009 99.7亿《新财富》2008、76.8亿《福布斯》2008 200亿《胡润榜》2008、100亿《胡润榜》2007 45亿《新财富》2007、97.5亿《福布斯》2007 55亿《胡润榜》2006、32亿《福布斯》2006 35.9亿《新财富》2006、35亿《胡润榜》2005 24.2亿《福布斯》2005、10.1亿《新财富》2005 21亿《胡润榜》2004、16.4亿《福布斯》2004 8.4亿《新财富》2004、11.9亿《福布斯》2003 10.5亿《胡润榜》2003、7亿《新财富》2003 7.2亿《福布斯》2002	大学		1994年浙江上虞物资局干部，5万元钢材贸易起家	
77	 戴永革	45	黑龙江人和商业	200亿《新财富》2010 80.6亿《新财富》2012、28.4亿《理财报》2012 160亿《新财富》2011、128.1亿《理财报》2011 18.4亿《福布斯》2008、75亿《胡润榜》2008			生于1968年，人和商业集团执行董事兼行政总裁，2008年9月该集团在香港上市。戴永革的企业从地下商业区的开发和经营管理，以“地下服装商业地产”闻名，主要为大型人防商场及服装批发集散地，项目均在注入哈尔滨、广州、郑州等各大省会城市	商业地产

续表

序号	姓名照片	年龄	企业名称	财富及出处	文化程度	资本运行状况	创业过程	行业
78	 薛光林、薛光春	47	深圳光汇石油集团	197.5亿《理财报》2010、75亿《胡润榜》2013 88.8亿《福布斯》2012、102.3亿《福布斯》2011 100亿《胡润榜》2011、122.5亿《福布斯》2010 80亿《胡润榜》2010、23.3亿《理财报》2009 33.1亿《福布斯》2009、30亿《新财富》2009 45亿《胡润榜》2009、30亿《胡润榜》2008 22亿《福布斯》2007、13亿《胡润榜》2007 20亿《福布斯》2006	博士 南京大学哲学系		1967年生于安徽省天长市界牌乡，毕业于南京大学哲学系，博士，1990年，23岁的薛光林身揣2000元只身南下深圳，并在两年后创立了光汇石油的前身新鸿光集团。主要依靠成品油贸易积累了第一桶金。后来，依靠敏锐嗅觉，新鸿光成为少数依然涉足石油贸易链条的民营企业之一。随后几年，凭借着在石油行业下游产业链的发力，2004年中国成品油批发和零售市场开放后，光汇石油不知不觉笼络了一大半海外客户，成为当时国内的第二大燃料油进口商	石油
79	 曹德旺	61	福建福耀集团	193.6亿《新财富》2008、68.7亿《新财富》2013 29.5亿《理财报》2013、70亿《胡润榜》2013 65.2亿《福布斯》2012、62.8亿《新财富》2012 75亿《胡润榜》2011、74.8亿《福布斯》2011 75亿《胡润榜》2011、122.5亿《福布斯》2010 125亿《胡润榜》2010、112.7亿《福布斯》2009 120亿《胡润榜》2009、42亿《新财富》2009 48.3亿《福布斯》2008、65亿《胡润榜》2008 181.9亿《福布斯》2007、125亿《胡润榜》2007 79.8亿《新财富》2007、44.4亿《福布斯》2006 40亿《胡润榜》2006、12亿《新财富》2006 14亿《胡润榜》2005、9.5亿《福布斯》2005 10.5亿《新财富》2005、8.9亿《新财富》2004 8.8亿《福布斯》2004、13亿《胡润榜》2004 6.6亿《新财富》2003、7.2亿《福布斯》2002 5.3亿《福布斯》2001	初中	1993年上海IPO福耀玻璃	出身贫困农民家庭，乡镇企业小玻璃厂起家	汽车玻璃
80	 黄怒波	50	北京中坤集团	190亿《胡润榜》2013、125亿《胡润榜》2012 61.7亿《福布斯》2012、80亿《新财富》2012 70亿《新财富》2011、95亿《胡润榜》2011 65.2亿《福布斯》2011、53亿《新财富》2010 80亿《胡润榜》2010、59亿《福布斯》2010 67亿《胡润榜》2009、52.6亿《福布斯》2009 40亿《新财富》2009、40.5亿《福布斯》2008 52.5亿《福布斯》2007、46亿《新财富》2008 45亿《胡润榜》2007、40亿《新财富》2007 42亿《福布斯》2006、30亿《胡润榜》2006 23.5亿《福布斯》2005	大学 北京大学		中学毕业曾在宁夏农村插队，1977年在北京大学中文系学习，1981年中央宣传部工作，1990年至今，在建设部中国市长协会工作。1995年至今任中坤集团董事长	房地产

续表

序号	姓名照片	年龄	企业名称	财富及出处	文化程度	资本运行状况	创业过程	行业
81	 高彦明	50	河北远洋运输	190 亿《胡润榜》2011、58 亿《新财富》2013 80 亿《胡润榜》2013 56.7 亿《福布斯》2012、150 亿《胡润榜》2012 60 亿《新财富》2012、46.6 亿《理财报》2012 190 亿《胡润榜》2011、50 亿《新财富》2011 63.9 亿《福布斯》2011、17.4 亿《理财报》2011 60 亿《福布斯》2010、250 亿《胡润榜》2010 41 亿《新财富》2010、39.9 亿《理财报》2010 60 亿《胡润榜》2009、40 亿《新财富》2009 41 亿《福布斯》2009、145.5 亿《理财报》2009 37.7 亿《福布斯》2008、60 亿《胡润榜》2008 35 亿《新财富》2008、30 亿《福布斯》2007 130 亿《胡润榜》2007	大学		起步于香港。1990 年，他只身一人来到香港，在这个世界船运业的中心，创建了"香港北方船务"这个品牌。1998 年，高彦明接手河北远洋运输公司，在很短的时间让一个濒临破产的地方航运企业起死回生，并成为民营航运排名第一的国际化远洋运输集团。目前，河北远洋运输集团拥有和控制的运力达到 100 多艘船舶、1000 多万载重吨，承运的货物主要有铁矿石、谷物、原油、煤炭等	航运
82	 蔡奎		重庆龙湖地产	189.7 亿《新财富》2013、141.5 亿《理财报》2013 180 亿《胡润榜》2013			上世纪 90 年代初，吴亚军的丈夫蔡奎由重庆机场公司派驻深圳，后来下海开起了电脑公司。蔡奎和吴亚军 1992 年结婚后回到重庆，吴亚军 1993 年离开《中国市容报》下海创业，但并没有加入蔡奎的公司，而是另外成立一家公司，做一些贸易、建材、出版的生意，卖进口焊机和进口建材。后来吴亚军的公司发展得比蔡好，到 1995 年两口子合起公司来做房地产的时候，吴亚军的股份就要大些	房地产

续表

序号	姓名照片	年龄	企业名称	财富及出处	文化程度	资本运行状况	创业过程	行业
83	 邓耀家族		深圳百丽	189.6亿《新财富》2013、82亿《理财报》2013			上世纪50年代，邓耀开始当学徒，60年代拥有自己的小型工厂，70年代初自设鞋店。经过20多年的发展，他的"鞋履王国"已遍布中国内地的各个省市，Belle(百丽)这个品牌，也在1979年于香港面世。2007年5月23日，百丽国际在港上市	鞋业
84	 朱兴良家族	55	江苏金螳螂集团	189亿《新财富》2013、168.1亿《理财报》2013 140亿《胡润榜》2013 126亿《福布斯》2012、145.4亿《理财报》2012 100.6亿《新财富》2012、102.5亿《理财报》2011 92.7亿《福布斯》2011、95.7亿《新财富》2011 120亿《胡润榜》2011、63亿《胡润榜》2010 52.3亿《理财报》2010、70亿《福布斯》2010 24亿《胡润榜》2009、24亿《胡润榜》2009 17.8亿《理财报》2009、29.3亿《新财富》2008 23.9亿《福布斯》2009、15.3亿《新财富》2009 27.9亿《理财报》2008、15亿《胡润榜》2008 26亿《胡润榜》2007、23.3亿《福布斯》2007 12.2亿《新财富》2007	苏州城建环保学院		1959年5月出生，大专学历，工程师，1987年毕业于苏州城建环保学院(现苏州科技学院)工民建专业，历任吴县建筑装潢园林工程公司技术科长、副总经理，苏州金螳螂企业(集团)有限公司董事长。金螳螂已成为中国建筑装饰行业百强企业第一名、中国建筑装饰行业第一股(002081)	装修装饰
85	 林立	44	深圳立业集团	186.7亿《新财富》2008、58亿《新财富》2013 100亿《胡润榜》2013 89.5亿《福布斯》2012、50亿《新财富》2012、 70亿《新财富》2011、90亿《胡润榜》2011 86.3亿《福布斯》2011、52.6亿《理财报》2011 75亿《福布斯》2010、85亿《新财富》2010 75亿《胡润榜》2010、80亿《胡润榜》2009 88.8亿《福布斯》2009、46.5亿《新财富》2009 59.2亿《福布斯》2008、75亿《胡润榜》2008 186.7亿《新财富》2008、168.3亿《福布斯》2007 140亿《胡润榜》2007、76.0亿《新财富》2007 57亿《福布斯》2006			投资平安保险	保险

续表

序号	姓名照片	年龄	企业名称	财富及出处	文化程度	资本运行状况	创业过程	行业
86	 陈义红	56	北京中国动向体育	186. 4 亿《新财富》2008 120 亿《胡润榜》2012、36. 5 亿《福布斯》2012 29. 9 亿《新财富》2012、99 亿《新财富》2011 50 亿《胡润榜》2011、58. 8 亿《福布斯》2011 130 亿《福布斯》2010、182. 4 亿《新财富》2010 120 亿《胡润榜》2010、145 亿《胡润榜》2009 126. 3 亿《福布斯》2009、61 亿《新财富》2009 50. 7 亿《福布斯》2008、186. 4 亿《新财富》2008 103. 1 亿《理财报》2008、85 亿《胡润榜》2008 120 亿《胡润榜》2007、97. 5 亿《福布斯》2007			1958 年出生，原李宁体育用品有限公司行政总裁。其创立的中国动向为中国领先的国际运动服装品牌企业之一。2009 年全年销售额上升 19. 5% 至人民币 39. 7 亿。截至 2010 年，上半年中国分部销售总额上升 16. 6% 至 19. 57 亿元	服装
87	 马兴田	39	广东普宁康美药业	186 亿《理财报》2013、160 亿《胡润榜》2013 110. 5 亿《理财报》2012、113. 4 亿《福布斯》2012 91 亿《新财富》2012、 102. 9 亿《福布斯》2011、140 亿《新财富》2011 82. 2 亿《理财报》2011、115 亿《胡润榜》2011 75 亿《胡润榜》2010、97 亿《福布斯》2010 105. 1 亿《新财富》2010、55. 3 亿《理财报》2010 40 亿《胡润榜》2009、40. 6 亿《理财报》2009 20. 5 亿《新财富》2009、55. 6 亿《福布斯》2009 15 亿《胡润榜》2008、22. 1 亿《福布斯》2008 22. 2 亿《新财富》2008、21. 3 亿《福布斯》2007 8. 2 亿《新财富》2007、24 亿《胡润榜》2007 8 亿《新财富》2006、4. 2 亿《新财富》2005 3. 8 亿《新财富》2004、3. 5 亿《新财富》2003	大专	2001 年上海 IPO 康美药业	先在家乡普宁开设一家经营药品的门市部，后 1997 年创办“康美药业”进入制药业。2002 年，“康美”建成国内最大的中药饮片生产基地。2003 年，生产“甲磺酸多沙唑嗪”	制药
88	王文学		华夏幸福	185 亿《胡润榜》2013、176. 3 亿《理财报》2013				房地产
89	贾跃亭		乐视网等	185 亿《胡润榜》2013、128. 6 亿《理财报》2013				信息服务
90	 朱共山	55	香港协鑫集团	185 亿《胡润榜》2011、64 亿《理财报》2013 110 亿《胡润榜》2013 147 亿《福布斯》2011、76. 2 亿《福布斯》2012 117. 5 亿《福布斯》2010、105 亿《胡润榜》2010 105. 8 亿《福布斯》2009、97 亿《胡润榜》2009 30 亿《胡润榜》2008		2006 香港上市	出生于江苏省盐城阜宁，1978 年始朱共山先后做过不少普通工作，包括售货员等；到了 1990 年，在香港创立协鑫集团；其后在 1996 年，他创办公司和新海康航业组成新海康协鑫热电有限公司。之后在 2006 年，他创立协鑫硅业科技控股有限公司（协鑫光伏电力科技控股有限公司前身），展开了太阳能电硅，事业再创高峰，其后把旗下保利协鑫能源在香港上市	

续表

序号	姓名照片	年龄	企业名称	财富及出处	文化程度	资本运行状况	创业过程	行业
91	 孔健岷家族	39	广东合景泰富	184.4 亿《福布斯》2007、81.1 亿《新财富》2013 55.3 亿《理财报》2013、80 亿《胡润榜》2013 120 亿《胡润榜》2012、52.9 亿《福布斯》2012 36.5 亿《新财富》2012、65.9 亿《理财报》2012 85 亿《新财富》2011、75 亿《胡润榜》2011 51.1 亿《福布斯》2011、85.7 亿《理财报》2010 71 亿《福布斯》2010、89 亿《新财富》2010 70 亿《胡润榜》2010、85 亿《胡润榜》2009 62.5 亿《福布斯》2009、34.2 亿《新财富》2009 63.5 亿《理财报》2009、19.7 亿《福布斯》2008 55 亿《胡润榜》2008、180.5 亿《新财富》2008 165 亿《胡润榜》2007	广州暨南大学	合景泰富 2007 年 6 月在香港上市	1989 年毕业于广州暨南大学，主修计算机专业。孔健岷在创立合景之前，任职于内地工商银行的信贷部，1994 年下海从商，1994 年 11 月与合夥人联合成立新恒昌公司，从事房地产开发，合景泰富 2007 年 6 月在香港上市	房地产
92	 潘政民、吴春媛夫妇	47 45	深圳AAC声学科技	180 亿《胡润榜》2013、117.3 亿《新财富》2013 125 亿《胡润榜》2012 75.5 亿《新财富》2012、77 亿《新财富》2011 90 亿《胡润榜》2011、48 亿《新财富》2010 70 亿《胡润榜》2010、47 亿《胡润榜》2009 48.5 亿《福布斯》2009、20.1 亿《新财富》2009 23.5 亿《福布斯》2008、33 亿《胡润榜》2008 56.9 亿《新财富》2008、50.9 亿《福布斯》2007 48 亿《胡润榜》2007、47 亿《新财富》2007 51 亿《胡润榜》2006、57.7 亿《福布斯》2006 24.46 亿《福布斯》2005	大学	2005 香港上市	1993 年成立深圳远宇，是全球著名的电声元器件制造商之一	声学器材
93	施文博		恒安国际	180 亿《胡润榜》2013、148.7 亿《理财报》2013				保健护理用品
94	 叶立培	62	上海仲盛集团	180 亿《胡润榜》2012、48 亿《新财富》2013 4.62 亿《理财报》2013、100 亿《胡润榜》2013 40 亿《福布斯》2012、45 亿《新财富》2012 180 亿《胡润榜》2012、170 亿《胡润榜》2011 51.4 亿《新财富》2011、40 亿《福布斯》2011 40 亿《福布斯》2010、150 亿《胡润榜》2010 42 亿《新财富》2010、130 亿《胡润榜》2009 40 亿《新财富》2009、41 亿《福布斯》2009 100 亿《胡润榜》2008、39.8 亿《福布斯》2008 60 亿《新财富》2008、30 亿《福布斯》2007 58 亿《新财富》2007、29.5 亿《福布斯》2006 49.5《新财富》2006、60 亿《胡润榜》2006 29.97 亿《福布斯》2005、53.8 亿《新财富》2005 50 亿《胡润榜》2005、46.8 亿《新财富》2004 45 亿《胡润榜》2004、30 亿《福布斯》2004 48 亿《胡润榜》2003、34.9 亿《福布斯》2003 29.2 亿《新财富》2003、44.8 亿《福布斯》2002	中专	1999 年上海 IPO 天辰，已卖出	上世纪 70 年代中学教师，辞职做火车押运员。1978 年移居澳大利亚，纺织品贸易起家	上海房地产

续表

序号	姓名照片	年龄	企业名称	财富及出处	文化程度	资本运行状况	创业过程	行业
95	 黄世再		广东大中华国际	180 亿《胡润榜》2012、100 亿《新财富》2013 160 亿《胡润榜》2013 64.9 亿《福布斯》2012、85 亿《新财富》2012 80 亿《新财富》2011、170 亿《胡润榜》2011 78 亿《胡润榜》2011、145 亿《胡润榜》2010 60 亿《新财富》2010、33.5 亿《福布斯》2010 80 亿《胡润榜》2009、34.1 亿《福布斯》2009 50 亿《新财富》2009、170 亿《胡润榜》2008 70 亿《胡润榜》2008、29.9 亿《福布斯》2008 50 亿《胡润榜》2007、50 亿《新财富》2008			1951 年 6 月出生于广东惠来县，早年在国外留学，20 世纪 80 年代作为爱国华侨，在香港创办大中华国际投资集团公司，涉足房地产开发、财务顾问、基金管理、贸易、百货、物流等行业。20 世界 80 年代末，在深圳成立大中华国际实业（深圳）有限公司，并先后投资开发了布吉“龙珠花园”、“汇展阁”、“大中华国际交易广场”等数十个项目，面积超过 100 万平方米，总投资达 55 亿	房地产
96	 孙伟杰	51	烟台杰瑞	180 亿《胡润榜》2013、101.2 亿《新财富》2013 174.4 亿《理财报》2013	中国煤炭经济学院	2012 年 2 月深交所上市	生于 1963 年，毕业于中国煤炭经济学院。历任烟台黄金技校团委书记，烟台黄金经济发展公司总经理，现任杰瑞石油董事长兼总经理	油田专用设备
97	何猷龙		新濠博亚娱乐	178.2 亿《理财报》2011				
98	 许连捷 （许自连）	53	福建恒安集团	175 亿《胡润榜》2013、146 亿《理财报》2013 137 亿《新财富》2013、157.2 亿《理财报》2012 154.4 亿《福布斯》2012、132.3 亿《新财富》2012 150 亿《胡润榜》2012、154.2 亿《理财报》2012 145 亿《胡润榜》2011、124 亿《新财富》2011 124 亿《福布斯》2011、136.2 亿《理财报》2011 141 亿《福布斯》2010、150 亿《胡润榜》2010 110 亿《新财富》2010、98 亿《胡润榜》2009 51.7 亿《新财富》2009、55.3 亿《福布斯》2009 71.2 亿《理财报》2009、71.4 亿《新财富》2008 43.4 亿《理财报》2008、55.1 亿《福布斯》2008 57.5 亿《福布斯》2007、60 亿《胡润榜》2008 50 亿《胡润榜》2007、41 亿《新财富》2007 38 亿《福布斯》2006、30 亿《胡润榜》2006 19 亿《新财富》2006、17 亿《胡润榜》2005 11.3 亿《新财富》2005、15 亿《福布斯》2005 10 亿《新财富》2004、10 亿《福布斯》2004 4.5 亿《新财富》2003、9.6 亿《福布斯》2003	高中	1998 香港上市	农村卖鸡蛋，1985 年和施文博创业	妇女用品

续表

序号	姓名照片	年龄	企业名称	财富及出处	文化程度	资本运行状况	创业过程	行业
99	 高德康	62	江苏波司登集团	174 亿《福布斯》2010、89 亿《新财富》2013 65.5 亿《理财报》2013、120 亿《胡润榜》2013 140 亿《胡润榜》2012、116.6 亿《福布斯》2012 93 亿《新财富》2012、135.8 亿《新财富》2011 120 亿《胡润榜》2011、108.7 亿《福布斯》2011 174 亿《福布斯》2010、78.9 亿《新财富》2010 130 亿《胡润榜》2010、65 亿《胡润榜》2009 81.9 亿《福布斯》2009、33.2 亿《新财富》2009 60 亿《胡润榜》2008、51.3 亿《福布斯》2008 113.6 亿《新财富》2008、170 亿《胡润榜》2007 120.8 亿《福布斯》2007、35 亿《新财富》2007 35 亿《胡润榜》2006、8.8 亿《福布斯》2006 6.5 亿《福布斯》2005、5.8 亿《新财富》2003 3.8 亿《新财富》2004	中学		弃农从工,从 8 台缝纫机 11 名村民的集体小厂创业搞服装经营。1990 年,注册波司登商标。1994 年,轻薄休闲型波斯登品牌羽绒服打响并赞助一系列体育活动和科考活动	羽绒服
100	 李书福	51	浙江吉利集团	170.1 亿《理财报》2011、128.2 亿《新财富》2013 90.4 亿《理财报》2013、160 亿《胡润榜》2013 115 亿《胡润榜》2012、51.7 亿《新财富》2012 88.2 亿《福布斯》2012、138.6 亿《理财报》2012 63 亿《胡润榜》2011、108 亿《新财富》2011 51.7 亿《福布斯》2011、71 亿《胡润榜》2010 94.2 亿《新财富》2010、127 亿《福布斯》2010 83.3 亿《理财报》2010、68 亿《胡润榜》2009 13.9 亿《新财富》2009、88.8 亿《福布斯》2009 46.4 亿《理财报》2010、15 亿《福布斯》2008 29 亿《理财报》2008、15 亿《胡润榜》2008 22 亿《新财富》2008、23 亿《福布斯》2007 40 亿《胡润榜》2007、40.2 亿《新财富》2007 34 亿《福布斯》2006、20 亿《胡润榜》2006 19.2 亿《新财富》2006、24 亿《胡润榜》2005 22.2 亿《新财富》2005、18.2 亿《福布斯》2005 22 亿《胡润榜》2004、18.1 亿《福布斯》2004 20 亿《新财富》2004、4.6 亿《新财富》2003 10.8 亿《福布斯》2002、9.1 亿《福布斯》2001 7.8 亿《福布斯》2000	大学 纽约技术学院	2005 年香港买壳上市	1963 年 6 月 25 日出生于浙江省台州路桥,李书福 19 岁,高中毕业。父亲给了 120 元,先给人照相后开照相馆。 1984 年,办黄岩县石曲冰箱配件厂。1986 年,组建了黄岩县北极花电冰箱厂,生产北极花电冰箱。 1992 年 ~ 1995 年,燕山大学学习。 1994 年,摩托车生意红火的李书福有了一个惊人的决定——造汽车。 1998 年 8 月 8 日,没有准生证的第一辆两厢“吉利豪情”车下线。2001 年 12 月,国家经贸委发布了第七批车辆生产企业及产品公告,吉利终于获得了轿车生产资格。 2010 年 3 月 28 日,吉利汽车与美国福特汽车正式达成协议,吉利汽车以 18 亿美元的价格收购瑞典汽车企业沃尔沃 100% 的股权	汽车、摩托车、教育

续表

序号	姓名照片	年龄	企业名称	财富及出处	文化程度	资本运行状况	创业过程	行业
101	 陈天桥家族	41	上海盛大科技	170 亿《胡润榜》2009、69. 1 亿《新财富》2013 45. 6 亿《理财报》2013、120 亿《胡润榜》2013 70. 6 亿《福布斯》2012、120 亿《胡润榜》2012 80. 7 亿《新财富》2012、46. 6 亿《理财报》2012 90 亿《胡润榜》2011、81. 6 亿《新财富》2011 54. 3 亿《福布斯》2011、117. 4 亿《理财报》2011 71. 5 亿《福布斯》2010、125 亿《胡润榜》2010 112. 1 亿《新财富》2010、139. 9 亿《理财报》2010 170 亿《胡润榜》2009、69 亿《新财富》2009 88. 8 亿《福布斯》2009、145. 5 亿《理财报》2009 54. 4 亿《福布斯》2008、95 亿《胡润榜》2008 71. 8 亿《理财报》2008、101. 7 亿《新财富》2008 86. 3 亿《福布斯》2007、70. 4 亿《新财富》2007 100 亿《胡润榜》2007、60 亿《胡润榜》2006 53 亿《新财富》2006、33. 2 亿《福布斯》2006 117 亿《胡润榜》2005、81 亿《福布斯》2005 150 亿《新财富》2005、105. 9 亿《福布斯》2004 88 亿《胡润榜》2004、30 亿《新财富》2004 40 亿《福布斯》2003、41 亿《胡润榜》2003	复旦大学　经济系	2004 年美国 NASDAQ 股市 IPO	1999 年，50 万人民币创业	网络游戏
102	 朱林瑶	44	香港华宝国际集团	170 亿《胡润榜》2011、105 亿《新财富》2013 32. 2 亿《理财报》2013、145 亿《胡润榜》2013 121. 6 亿《福布斯》2012、150 亿《胡润榜》2012 100 亿《新财富》2012、46. 6 亿《理财报》2012 170 亿《胡润榜》2011、225 亿《新财富》2011 140. 6 亿《福布斯》2011、117. 4 亿《理财报》2011 224 亿《福布斯》2010、180 亿《胡润榜》2010 150 亿《新财富》2010、139. 9 亿《理财报》2010 185 亿《胡润榜》2009、97. 2 亿《新财富》2009 146. 8 亿《福布斯》2009、145. 5 亿《理财报》2009 97. 2 亿《新财富》2009、91. 8 亿《福布斯》2008 130 亿《胡润榜》2008、146. 1 亿《新财富》2008 138. 2 亿《福布斯》2007、135 亿《胡润榜》2007 86. 6 亿《福布斯》2006		2006 年 8 月华宝国际借壳上市	1970 年出生在四川，1990 年在北京成立了自己的第一家香精香料贸易公司，开始了事业的起步阶段。并将自己的香精香料生意从上海带到香港。2004 年成立华宝国际。2006 年 8 月华宝国际借壳上市	香料香精生产销售

＊部分资料未公开。